JN446509

Deep Learning with
Pytorch

Pytorch를 이용한

기초 딥러닝 코딩

Pytorch를 이용한

기초 딥러닝 코딩

인　쇄: 2022년 2월 15일 초판 1쇄
발　행: 2022년 2월 25일 초판 1쇄

저　자: 김재훈 · 김한솔
발행인: 송 준
발행처: 도서출판 홍릉
주　소: 01093 서울시 강북구 인수봉로 50길 10
등　록: 1976년 10월 21일 제5-66호

전　화: 02-999-2274~5
팩　스: 02-905-6729
e-mail: hongpub@hongpub.co.kr
http://www.hongpub.co.kr
ISBN: 979-11-5600-953-5(93000)

정　가: 29,000원

낙장 및 파본은 구입처나 본사에서 교환하여 드립니다.
판권 소유에 위배되는 사항(인쇄, 복제, 제본)은 법에 저촉됩니다.

저자와의 협의하에 인지는 생략합니다

Deep Learning with Pytorch

Pytorch를 이용한

기초 딥러닝 코딩

김재훈 · 김한솔 지음

도서출판 홍릉

저자소개

김재훈

1997~현재 한국해양대학교 인공지능공학부 교수
1992~1996 한국과학기술원 전산학과 (공학박사)
1986~1988 한국과학기술원 전산학과 (공학석사)
1982~1986 계명대학교 전자계산학과 (이학사)
2007~2008 UIUC, Beckman Institute, 방문연구원
2001~2002 USC, Information Sciences Institute, 방문연구원
1988~1997 한국전자통신연구원, 선임연구원
https://sites.google.com/site/nlpatkmu

김한솔

2019~현재 한국해양대학교 인공지능공학부 부교수
2012~2018 연세대학교 전기전자공학과 (공학박사)
2011~2012 연세대학교 전기전자공학과 (공학석사)
2006~2011 한양대학교 전자컴퓨터공학부 (공학사)
2018~2019 삼성전자 무선사업부, 책임연구원
https://rclab.kmou.ac.kr
https://github.com/solpeng/pytorch_basics

머리말

최근 들어 딥러닝 기술이 발전하고 상용화 되면서 우리 주변에서 인공지능 기술이 접목된 제품을 찾아보는 것은 더 이상 어려운 일이 아닙니다. 특히 일상에서 사용하는 스마트폰, 노트북, 자동차 등에도 영상 인식, 자율 주행, 게임, 자연어 처리 기술이 적용되어 있어 친숙합니다. 인공지능이 공상과학 속의 먼 이야기처럼 느껴지는 시대는 이미 지났습니다.

그럼에도 우리는 이러한 인공지능 기술이 매우 어렵기 때문에 극소수의 전문가만이 연구할 수 있는 것이라 여기지만, 사실 그 기저에 있는 기술은 학부 수준의 지식으로도 충분히 이해할 수 있습니다. 그렇기 때문에 최근 많은 대학에서는 교과과정을 재정비하여 인공지능과 딥러닝에 대한 교과목을 앞다투어 편성하고 있습니다.

대학에서 강의를 하는 사람으로서, 학부 강의에서 비교적 최신 학문인 딥러닝을 어느 정도 선까지 다루어야 하는지에 대한 많은 고민이 있었습니다. 이 책에 저자가 그러한 고심 속에 강의를 하며 정리한 내용을 오롯이 담았습니다.

이 책에서는 컴퓨터 공학에 대한 심도 있는 지식을 갖추지 못한 학부 1, 2학년생이 머신러닝과 딥러닝 기술의 기초적인 지식과 이를 코드로 구현하는 능력을 기를 수 있도록 돕는 것을 목표로 합니다. 이를 위해 다음의 내용을 다루고 있습니다.

1. 인공지능과 딥러닝의 기본 개념 정립
2. Python 언어 기본 문법 정리
3. 선형 및 로지스틱 회귀 분석
4. 다중 클래스 분류
5. 합성곱 신경망

각 장에서 학습하는 이론은 최대한 수식 없이 설명했으나, 전공으로써 학습하는 데에도 부족함이 없도록 노력했습니다. 또한, 다수의 실습 예제를 통해 학습한 내용을 코드로 구현하고 실행결과를 눈으로 확인하여 이해도를 높일 수 있도록 했습니다. 또한 이 책에서는 모든 인공신경망의 구현에서 PyTorch 프레임워크와 Google Colab 개발 환경을 이용합니다.

여러분도 알다시피, 전통적으로는 Tensorflow라는 딥러닝 프레임워크가 주된 관심을 받았습니다. Tensorflow라는 대중화된 프레임워크가 있음에도 불구하고 이 책에서 추천하는 PyTorch로 딥러닝을 시작해야 하는 이유는 무엇일까요? 그 답은 PyTorch가 가진 장점에 있습니다.

배우기 쉽습니다.

PyTorch는 문법적으로 Numpy와 매우 유사하며, Define by Run의 구조로 인해 Python의 다른 module과 쉽게 통합이 가능하며, breakpoint를 이용하여 Tensor가 흘러가는 과정을 쉽게 디버깅할 수 있습니다.

코드 작성이 쉽습니다.

Tensorflow에 비해 직관적인 코드 스타일을 가지기 때문에 Python 코딩에 익숙하지 않더라도 이론적으로 구현한 딥러닝 모델과 PyTorch으로 구현한 모델의 1:1 대응 관계를 쉽게 이해할 수 있습니다.

자료를 찾기 쉽습니다.

인터넷에 많은 자료가 공유되고 있으므로, 코드를 작성하며 막히는 부분의 해답을 찾거나 이미 구현된 딥러닝 모델을 얻는 것이 용이합니다.

이러한 이점들로 컴퓨터공학의 대표적인 학술대회라고 할 수 있는 CVPR나 ICLR 등에서 최근 PyTorch의 점유율이 Tensorflow를 넘어서고 있습니다.

이상의 내용을 바탕으로 이 책에서는 입문자가 PyTorch로 딥러닝을 시작하기를 강력히 추천합니다. 특히 이 책에서는 다루는 모든 실습을 Google Colab 환경에서 진행하므로, 딥러닝 모델의 학습을 위해 고가의 GPU나 Amazon AWS와 같은 클라우드 플랫폼이 필요하지 않기에 수업 교재로 사용하거나 독학에도 매우 유용합니다. 또한, 이 책의 모든 실습 코드는 저자의 깃허브 페이지 https://github.com/solpeng/pytorch_basics 에서 다운로드 받을 수 있습니다. 부디 이 책이 딥러닝을 시작하는 학생들에게 좋은 밑거름이 될 수 있기를 바랍니다.

이 책이 완성되기까지 많은 분들의 도움을 받았습니다. 집필하느라 많은 시간을 함께 하지 못했던 가족들에게 미안하고 감사합니다. 또한, 코드 작성과 오탈자 수정에 많은 도움을 준 로봇제어연구실 학생들에게도 감사의 마음을 전합니다.

2022년 2월

저자 일동

목차

CHAPTER 01

딥러닝 시작하기

CHAPTER 02

Python 복습

CHAPTER 05

다중 클래스 분류

CHAPTER 06

합성곱 신경망

01

딥러닝 시작하기

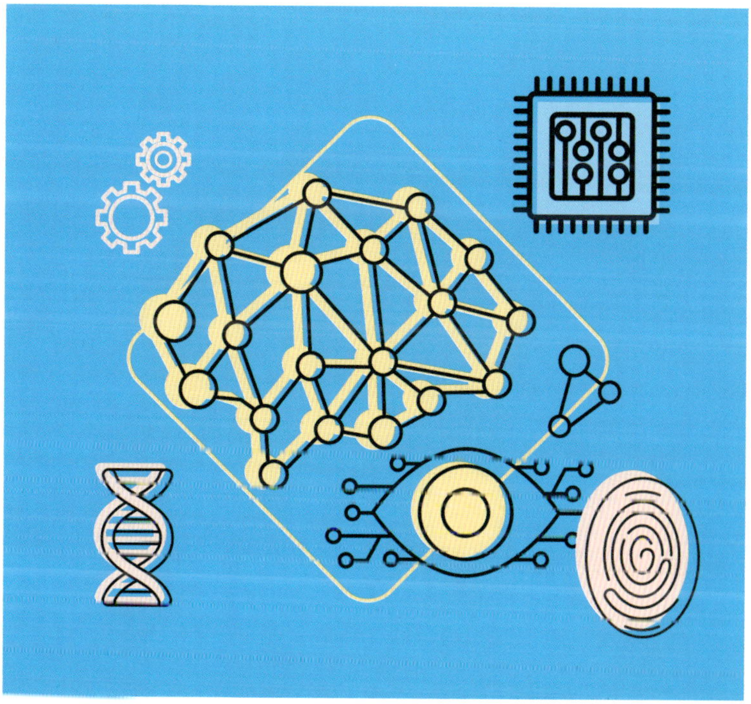

1.1 딥러닝 이란

딥러닝이 주목받는 이유

최근 인공지능, 특히 딥러닝(deep learning)과 그와 관련한 애플리케이션이 엄청난 주목을 받고 있습니다. 전공자가 아니더라도 한 번쯤은 인터넷이나 언론을 통해 딥러닝이라는 단어를 들어 보았을 겁니다. 물론 아직 완벽한 것은 아니지만, 일반인들도 쉽게 접할 만큼 딥러닝 기술은 이미 우리 일상생활에 많이 적용되어 있습니다.

최근 들어 딥러닝 기술이 이런 엄청난 주목을 받게 된 이유는 무엇일까요? 사실 딥러닝 기술이 아주 새로운 이론은 아닙니다. 딥러닝의 근간이 되는 인공신경망(artificial neural network)은 이미 1940년대에 연구가 시작되었을 만큼 오래된 학문입니다. 최근 들어 주목받는 데에는 여러 가지 이유가 있겠지만, 저자는 컴퓨터의 성능 발달로 인해 비로소 일상생활에서 사용할 만한 수준의 성능을 내게 되었기 때문이라고 생각합니다. 또한, 컴퓨터 성능의 발달과 더불어 최근에 개발된 딥러닝 기반의 여러 애플리케이션이 대중들에게 신선한 충격을 줄 수 있을 만큼 참신하기 때문에 언론의 주목을 받은 것은 아닐까 생각됩니다.

그림 1.1.1[1]은 딥러닝을 이용한 여러 애플리케이션의 예입니다. 그림에서 볼 수 있듯이, 딥러닝 기술은 영상처리 및 인식, 게임, 자연어처리, 예술 등 다양한 분야에서 성공적인 결과를 내고 있습니다. 아직은 막연히 동경의 대상이지만 이 책을 통해 앞으로 차근차근 알아보고 구현해봅시다.

1) (a) https://pjreddie.com/darknet/yolo/, (b) https://youtu.be/zlkBYwdkuTk, (c) https://luda.ai/,
(d) https://neurohive.io/en/state-of-the-art/twin-gan-cross-domain-translation-of-human-portraits/

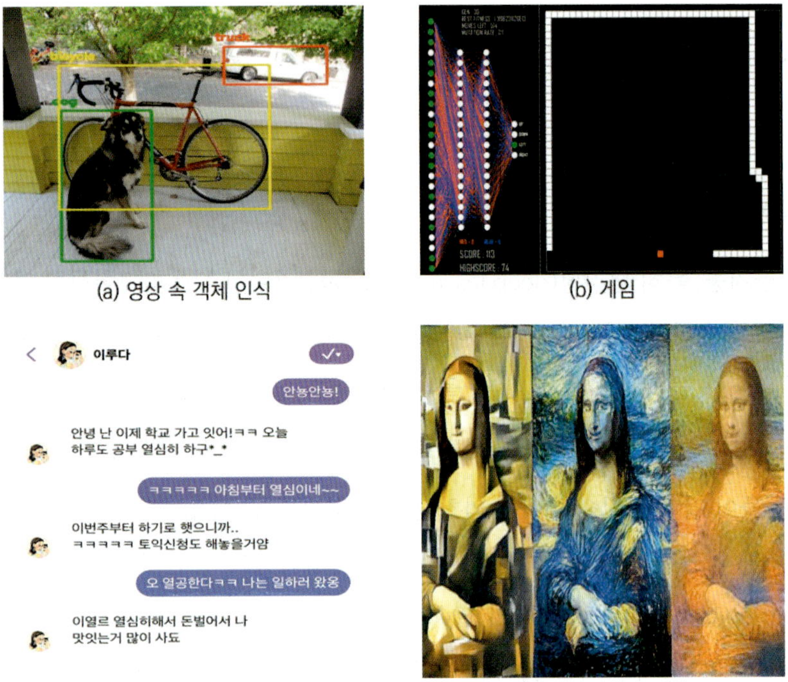

(a) 영상 속 객체 인식

(b) 게임

(c) 자연어 처리

(d) 이미지 화풍 변화

그림 1.1.1 다양한 딥러닝 애플리케이션

인공지능

인공지능은 무엇일까요? 이것을 정의하기 전에 우선 지능이란 무엇인지 정의를 해야겠습니다. 굉장히 심오하고 철학적인 개념이기 때문에 이 책에서 '지능이 무엇이다.'라고 정확하게 정의할 수는 없지만, 지능이 있는 사람에 대해 예를 들어 지능을 정의해보고자 합니다.

여러분은 어떤 이유로 지금 가지고 있는 스마트폰을 구매했나요? 액정의 크기, 무게, 연산 속도, 디자인, 브랜드 가치, 취향, 가격 등 다양한 정보를 바탕으로 이 스마트폰을 사는 것이 가장 좋다는 추론을 했을 것입니다. 또, 오늘 먹은 점심은 어떤 이유로 결정했나요? 마찬가지로 주어진 다양한 정보들을 바탕으로 '오늘은 이 메뉴가 좋겠다'

라고 추론했을 것입니다.

또한 우리는 자동차의 생김새, 크기, 브랜드 등의 정보를 바탕으로 이 자동차의 가격이 얼마 정도 할지 예측할 수도 있습니다. 공부한 시간과 노력, 이해도 등을 바탕으로 시험을 치기 전에 내가 합격할 수 있을지 예측하기도 합니다.

앞선 분석에 따라 이 책에서는 지능이란 '사전에 주어진 여러 정보를 바탕으로 결과를 추론하거나 예측하는 행위'라고 정의하겠습니다. 인공지능(artificial intelligence) 역시 비슷한 맥락에서 '사전에 주어진 여러 정보를 학습하여 이를 바탕으로 결과를 추론하거나 예측하는 알고리즘'이라고 정의할 수 있습니다. 여기서 '학습(learning)', '추론(inference)', '예측(prediction)'이라는 중요한 개념이 등장합니다.

우리나라에서 태어난 사람이나 미국에서 태어난 사람이나 신체 구조나 두뇌의 성능 등은 비슷할 것입니다. 그러나 우리는 김치를 보면 이떤 맛일지 '예측'이 가능하고 어떤 김치가 더 맛있을지 '추론'할 수 있습니다. 그러나 일반적으로 미국에서 태어난 사람은 한국 음식에 대한 '학습'이 되지 않았기 때문에 이러한 '예측'과 '추론'이 어려울 것입니다. 여기서 '학습'한다는 것은 어떤 의미일까요? 이 책에서는 주어진 정보들을 바탕으로 더 나은 예측을 하도록 발전하는 것을 학습(learning)이라고 하겠습니다. 한국 음식 경험이 없는 미국인은 어떤 김치가 맛있는 김치인지 처음에는 잘 판단하지 못하지만, 여러 김치의 맛을 보고 어떤 김치가 맛있는 김치인지 학습하여 점점 잘 예측하게 될 것입니다.

즉, 더 좋은 '예측'을 위해 많은 김치의 맛을 봐야 하듯이, 인공지능이 더 좋은 '추론' 혹은 '예측'을 위해서는 많은 양의 학습 데이터가 필요합니다. 게다가 단순히 많은 학습 데이터가 필요한 것이 아니고, 양질의 데이터가 많을수록 더 좋은 성능을 냅니다. 그렇다면 더 좋은 성능이란 무엇을 의미할까요? 예를 들어 김치의 맛있는 정도가 실제로는 100인데, 인공지능 알고리즘이 80이라고 예측을 하면 20 만큼의 오차(error, loss)가 발생합니다. 당연히 성능이 좋다는 것은 이 오차가 작다는 것을 의미하고, 딥러닝 알고리즘의 학습 목표는 주어진 데이터로부터 이러한 오차가 최소화되는 어떤 파라미터를 찾는 것입니다. 파라미터라는 단어가 뜬금없이 나와서 조금 당황스럽겠지만 아직은 자세히 다루지 않고 넘어가도록 하겠습니다. 쉽게 얘기하면 '오차가 최소화되도록 알고리즘을 개선하는 것이 학습이다.'라고 할 수 있습니다.

머신러닝과 딥러닝

그렇다면 인공지능과 딥러닝은 다른 개념일까요? 인공지능은 지능적인 연산을 할 수 있는 모든 알고리즘을 지칭하는 단어라고 할 수 있습니다. 가장 대표적으로는 지식 베이스(knowledge base)와 같은 알고리즘을 꼽을 수 있습니다. 지식 베이스는 어떤 특정 작업에 능통한 전문가와의 인터뷰를 통해 전문가의 행동 결정 방법을 모델링하여 이를 수학적으로 구현한 알고리즘입니다. 예를 들어 김치 명인에게 맛있는 김치의 조건을 물어본 후 맛있는 김치에 대한 판단 조건을 수립합니다. 사용자는 특정 김치에 대한 정보를 입력하고 알고리즘은 사전에 수립된 판단 조건에 따라 김치의 맛있는 정도를 추론합니다. 전문가의 지식을 프로그래밍한 것이므로, 알고리즘이 스스로 '학습'하지 못합니다.

이러한 한계에 착안하여 인공지능 알고리즘이 학습하는 개념을 도입한 것이 머신러닝(machine learning)입니다. 머신러닝은 문자 그대로 알고리즘이 주어진 정보를 스스로 '학습'하여 더욱 향상된 성능을 낼 수 있도록 개선하는 알고리즘을 의미합니다. 그러나 알고리즘은 주어진 정보로부터 어떤 것을 학습해야 더 좋은 결과를 낼 수 있는지 알지 못합니다. 따라서 알고리즘 개발자는 주어진 정보에서 어떤 특징(feature)들을 추출(extraction)해야 하는지 알고리즘에게 알려줘야 한다는 한계를 지닙니다. 그럼에도 알고리즘이 스스로 학습하는 특성으로 인해 주목할 만한 성능을 낼 수 있었기에, 최근까지도 널리 연구되고 있습니다. 머신러닝은 이러한 알고리즘을 통칭하는 것으로, 머신러닝 기법을 구현하는 알고리즘은 매우 다양합니다.

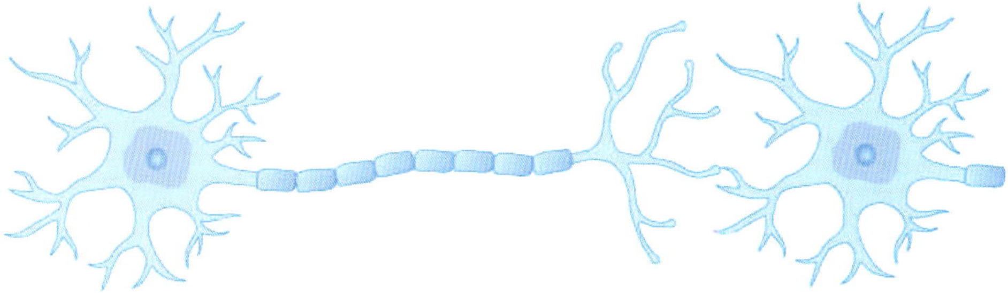

그림 1.1.2 신경 세포의 구성

그중에서 최근 주목받고 있는 알고리즘은 누가 뭐라 해도 인공신경망일 것입니다. 사람의 신경계는 그림 1.1.2와 같은 많은 수의 신경 세포들이 서로 연결되어 있고, 이들의 정보 전달을 통해 복잡한 사고를 할 수 있습니다. 인공신경방은 이러한 신경 세포들의 관계를 모사하여 머신러닝 기법을 구현하는 알고리즘입니다. 상식적으로 많은 수의 신경 세포들이 서로 깊은 계층으로 연결될수록 더욱 복잡하고 정교한 사고를 할 수 있을 것입니다. 이러한 점에 착안하여 계층을 깊게(deep) 쌓은 인공신경망 구조를 이용하는 알고리즘을 특별히 딥러닝(deep learning)이라고 얘기합니다. 그림 1.1.3에 인공지능, 머신러닝, 그리고 딥러닝의 상관관계를 정리했습니다.

그림 1.1.3 인공지능, 머신러닝, 딥러닝의 상관관계[2]

2) https://www.flaticon.com

딥러닝은 단순히 층이 깊은 인공신경망일 뿐일까요? 그렇지 않습니다. 일반적인 머신러닝과 아주 큰 차이가 있는데, 이것이 딥러닝을 주목받게 하는 이유입니다. 머신러닝에서는 알고리즘 개발자가 어떤 특징을 학습해야 하는지 알고리즘에 알려줘야 한다고 얘기했습니다. 만약 맛있는 김치를 판단하는 알고리즘을 머신러닝으로 구현한다면, 개발자는 알고리즘에 주어진 김치로부터 어떤 특징을 학습해야 하는지 알려줄 것입니다. 예를 들면, 색이나 온도, 모양, 냄새 같은 특징(feature)들을 생각할 수 있습니다. 그런데 만일 알고리즘 개발자가 잘못 생각하여 김치의 공기저항이나 끓는점 등의 특징을 학습하도록 한다면 전혀 관련 없는 특징이 학습되므로, 알고리즘을 아무리 많은 데이터로 학습시키더라도 절대로 맛있는 김치를 찾아내지 못할 것입니다. 이러한 한계를 극복한 것이 딥러닝입니다. 딥러닝은 깊은 계층 구조를 통해 알고리즘이 스스로 주어진 데이터로부터 학습에 필요한 중요한 특징을 추출(feature extraction)하고 그러한 특징으로부터 결과를 추론합니다. 따라서 알고리즘 개발자의 주관이 최소한으로 반영되므로 데이터를 냉정하게 학습할 수 있게 됩니다.

그림 1.1.4는 이상의 내용을 정리한 그림입니다. 고전적인 지식 베이스에서는 전문가로부터 맛있는 김치라면 온도는 어떤 범위여야 하는지, 색은 어때야 하는지 등을 인터뷰하여 프로그래밍합니다. 프로그램은 김치에서 해당 정보를 확인하여 전문가의 인터뷰 결과를 바탕으로 맛있는 정도를 예측합니다. 머신러닝은 맛있는 김치를 판별하려면 어떤 정보를 학습해야 하는지 알고리즘에 알려주며, 알고리즘은 주어진 데이터로부터 온도나 색 등의 특징들이 어떤 범위에 해당해야 맛있는 김치인지 스스로 학습합니다. 마지막으로 딥러닝 알고리즘은 맛있는 김치에 대한 모든 데이터로부터 어떤 특징을 기준으로 분류해야 맛있는 김치를 판단할 수 있는지와 맛있는 김치라면 해당 특징이 어떤 값을 가져야 하는지를 스스로 학습하여 맛있는 김치를 판별합니다. 따라서 설계자의 주관이 최소한으로 반영되므로, 알고리즘 스스로 자신이 가장 좋은 성능을 낼 수 있는 방향으로 학습합니다.

그림 1.1.4 지식 베이스, 머신러닝, 딥러닝의 차이

지도학습과 비지도학습

머신러닝은 학습데이터의 성격에 따라 지도학습과 비지도학습으로 나뉘고, 지금껏 설명한 개념은 지도학습에 관한 내용이었습니다.

지도학습(supervised learning)에서는 알고리즘이 특징 데이터와 정답 레이블(label)을 이용해 학습합니다. 즉, 김치의 온도나 색과 같은 특징 데이터와 함께 이 데이터에 해당하는 김치가 어느 정도 맛있는지에 대한 정답 레이블을 이용합니다. 이를 바탕으로 분류(classification)나 회귀(regression) 문제를 해결할 수 있는데, 자세한 내용은 3~5장에서 다루도록 하겠습니다.

비지도학습(unsupervised learning)은 데이터만을 이용해서 학습합니다. 예를 들면, 김치들의 특징 데이터를 모으면, 분명히 맛있는 김치와 맛없는 김치는 서로 다른 양상을 보일 것입니다. 알고리즘은 어떤 김치가 맛있는 김치인지는 모르지만 두 집단이 데이터상으로 어떻게 다른지는 알 수 있습니다. 이렇게 정답은 모르지만 주어진 데이터를 서로 비슷한 것끼리 그룹으로 묶는 것을 군집화(clustering)라고 하며, 이 책에서는 다루지 않지만, 분명히 많은 분야에서 활발하게 사용되는 기법이므로 관심이 있는 독자는 이 책의 내용을 학습한 후, 추가적으로 학습해 보시기 바랍니다.

이 외에도 지능 제어나 게임 인공지능 등에서 많이 사용되는 강화학습(reinforcement learning) 기법이 있습니다. 이는 데이터를 제공받는 것이 아니고 환경으로부터 스스로 행동하며 더 나은 행동을 하도록 훈련되는 기법이지만, 이 역시 이 책의 범위를 벗어나는 주제이므로 다루지 않겠습니다.

1.2 딥러닝 프레임워크: PyTorch

프레임워크의 필요성

인공지능은 이미 오래전부터 연구가 되어 온 학문 분야로 수학과 공학 등 다양한 이론을 기반으로 합니다. 따라서 간단한 인공지능 알고리즘을 프로그램으로 구현하려면 기초가 되는 많은 이론을 먼저 코드로 구현해야 하는 어려움이 있습니다. 물론 어느 정도 노력을 투입하면 충분히 구현할 수 있는 수준이고, 실제로도 많은 입문서에서 기초부터 모든 알고리즘을 직접 구현하는 방법을 알려주고 있습니다. 이러한 방식을 통해 기초적인 배경지식에 대한 이해도가 높아질 수도 있습니다. 그러나 정작 딥러닝 알고리즘을 배우기도 전에 지쳐서 포기할 가능성도 무시할 수 없습니다. 그뿐만 아니라 개발한 알고리즘이 정말 맞게 구현되었는지 확인할 수도 없습니다.

전 세계의 많은 개발자가 딥러닝 알고리즘을 개발하고 있습니다. 알고리즘 자체는 새로울지라도 그 알고리즘이 기반으로 하는 기본적인 이론은 아마도 서로 비슷할 것입니다. 그런데 그러한 기본적인 것들마저 개발자들이 독자적으로 개발한다면 낭비가 아닐까요? 이러한 문제를 해결하기 위해 프레임워크가 도입됩니다. 프레임워크(framework)는 기본적인 기능이 미리 구현되어 있어 가져다 사용하기만 하면 되는 코드 덩어리라고 생각하면 됩니다. 딥러닝 분야에도 이미 많은 프레임워크가 무료로 배포되어 널리 사용되고 있습니다.

그런데도 딥러닝의 모든 알고리즘을 밑바닥부터 개발하고 싶은 독자들에게는 유명한 문구를 들려드리고 싶습니다. '바퀴를 다시 발명하지 마라'. 바퀴는 이미 개발되어 있으니 바퀴는 가져다 쓰고 그 위에 자동차를 개발하는 것이 더 현명하지 않을까요?

딥러닝 프레임워크

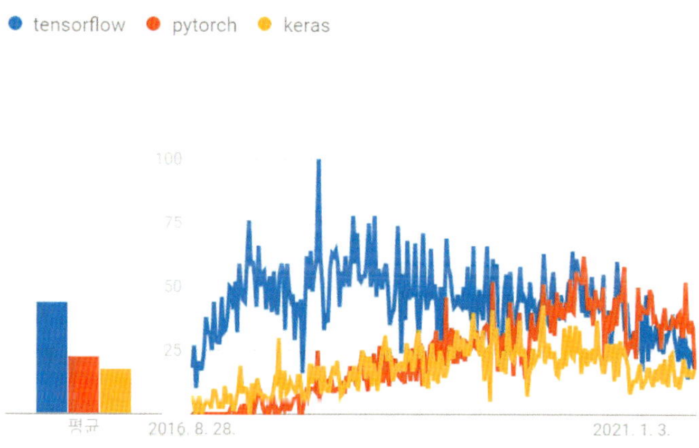

그림 1.2.1 주요 딥러닝 프레임워크의 구글 검색량 추이

딥러닝 프레임워크는 문자 그대로 딥러닝을 구현하는 데 사용되는 코드 덩어리를 의미합니다. 현재 가장 유명하고 널리 사용되는 딥러닝 프레임워크는 TensorFlow[3]입니

다. TensorFlow는 Google에서 개발하여 2015년 11월 9일에 아파치 2.0 오픈 소스 라이선스로 공개된 프레임워크입니다. TensorFlow를 이용한 딥러닝 입문과 관련한 서적도 시중에서 많이 찾아볼 수 있습니다. 또한 개발된 앱을 임베디드 보드나 스마트폰에 쉽게 배포할 수 있어 확장성도 매우 좋습니다. 그러나 TensorFlow는 직관적이지 못한 프로그래밍 스타일로 진입장벽이 높고, 코드의 작성과 분석이 어렵다는 단점으로 인해 예전만 한 인기를 누리지는 못하고 있습니다.

Keras[4]는 독자적인 딥러닝 프레임워크는 아닙니다. TensorFlow와 같은 외부 프레임워크 상에서 동작하여 프로그래머가 TensorFlow를 더 쉽게 사용할 수 있도록 만들어 주는 코드 뭉치입니다. 사용의 편의성으로 인해 최근 많은 주목을 받고 있습니다.

한편, 이 책에서 다루는 PyTorch[5]는 Facebook의 AI research lab에서 개발한 딥러닝 프레임워크로 2016년 9월에 최초로 공개되었습니다. 이름에서 알 수 있듯이 Python에서 사용 가능합니다. TensorFlow와 달리 직관적이며 사용하기 매우 쉬우므로 최근 들어 PyTorch를 사용하는 개발자가 늘어나는 추세입니다. 그림 1.2.1은 2021년 8월 기준으로 Google Trends[6]로 살펴본 최근 5년간의 TensorFlow, Keras, 그리고 PyTorch의 검색량 추이입니다. 그림으로부터 PyTorch의 검색량이 상승 중이라는 것을 알 수 있습니다. 그러므로 이 책에서는 PyTorch를 이용해서 여러 딥러닝 알고리즘을 학습하고 구현해 보겠습니다.

3) https://www.tensorflow.org/?hl=ko

4) https://keras.io/

5) https://pytorch.org/get-started/locally/

6) https://trends.google.com/trends/?geo=KR

1.3 개발환경 구축

Google Colab

PyTorch를 이용해 딥러닝 알고리즘을 구현하고 실험해 보기 위해서는 PyTorch 개발환경이 구축되어야 합니다. 가장 고전적이면서도 직관적인 방법은 본인의 컴퓨터에 직접 Python, PyTorch, 혹은 기타 필요한 라이브러리 등을 설치하고 코드를 작성하고 실행하기 위한 IDE(Integrated development environment)를 설치하는 것입니다. 이 방법은 개발환경 구축에 매우 많은 노력이 들어간다는 단점이 있습니다. 또한 딥러닝 알고리즘은 많은 연산량을 요구하며, 효율적인 구동을 위해서는 GPU가 필요한데, 직접 개발환경을 구축하기 위해서는 고가의 GPU를 구매해야 합니다. 이는 개발환경 구축에 큰 비용이 필요하다는 것을 의미하기도 합니다.

따라서 이 책에서는 클라우드 환경에서 이미 구축된 개발환경을 이용하겠습니다. Google에서는 학생들의 효율적인 학습을 위해서 Google Colab[7]이라는 무료 클라우드 환경을 제공하고 있습니다. Google Colab은 무료이면서 PyTorch와 같은 라이브러리가 이미 설치되어 있기에 사용이 간편합니다. 또한 Jupyter notebook을 기반으로 하는 웹페이지 환경이므로 코드 개발도 편리하며, 특히 고가의 GPU를 무료로 제공하기에 딥러닝 학습 시에 매우 유용합니다.

물론 단점도 존재합니다. 클라우드 환경이기에 개발한 애플리케이션을 배포하여 실시간으로 서비스할 수 없지만, 우리는 아직 배우는 단계이기 때문에 크게 문제가 되는 것은 아니라고 생각합니다. 따라서 이 책에서는 Google의 Colab 환경에서 개발하는 것을 추천하겠습니다.

7) https://colab.research.google.com/?hl=ko

Colab 시작하기

Colab을 이용하기 위해서는 Google 계정이 필요하므로 계정 가입 후 아래 절차를 따라 접속하시기 바랍니다.

1. Google Colab에 접속합니다.

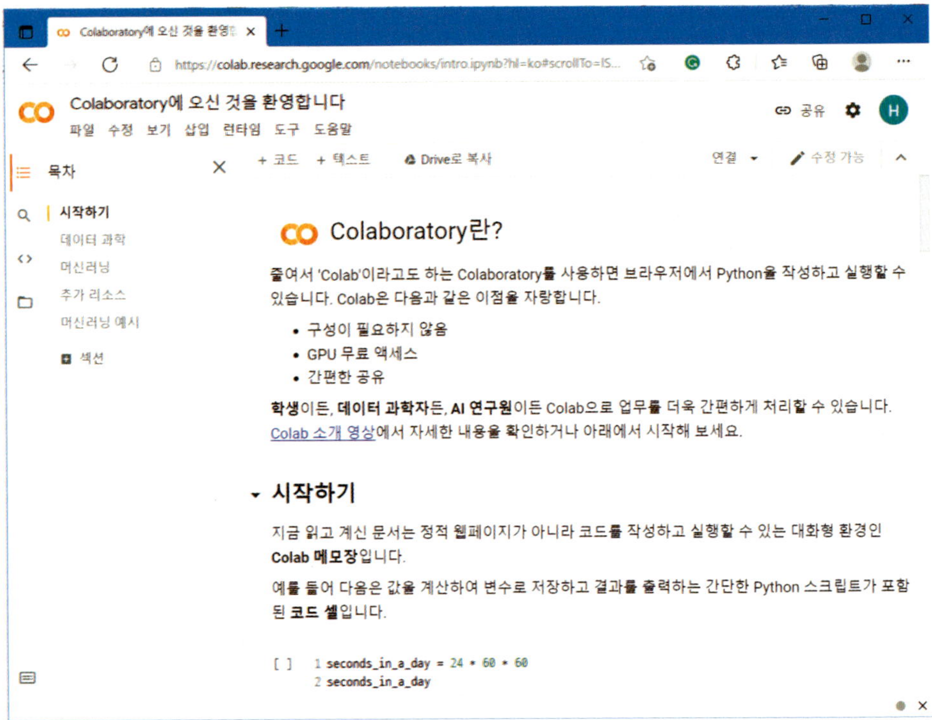

그림 1.3.1 Google Colab 기본 화면

접속 주소는 https://colab.research.google.com입니다.

2. 우측 상단의 로그인 버튼을 클릭하여 로그인합니다.

로그인하면 그림 1.3.2와 같이 최근에 사용한 notebook 등의 목록이 보입니다. 여기서 우측 하단의 '새 노트'를 클릭하면 새로운 notebook 파일을 생성할 수 있습니다. 여기서 notebook 파일이란 Colab에서 사용되는 코드 형식을 의미합니다. Colab에서는 Jupyter notebook과 같이 코드와 텍스트 블록을 이용해 코드를 작성하고 실행할 수 있습니다.

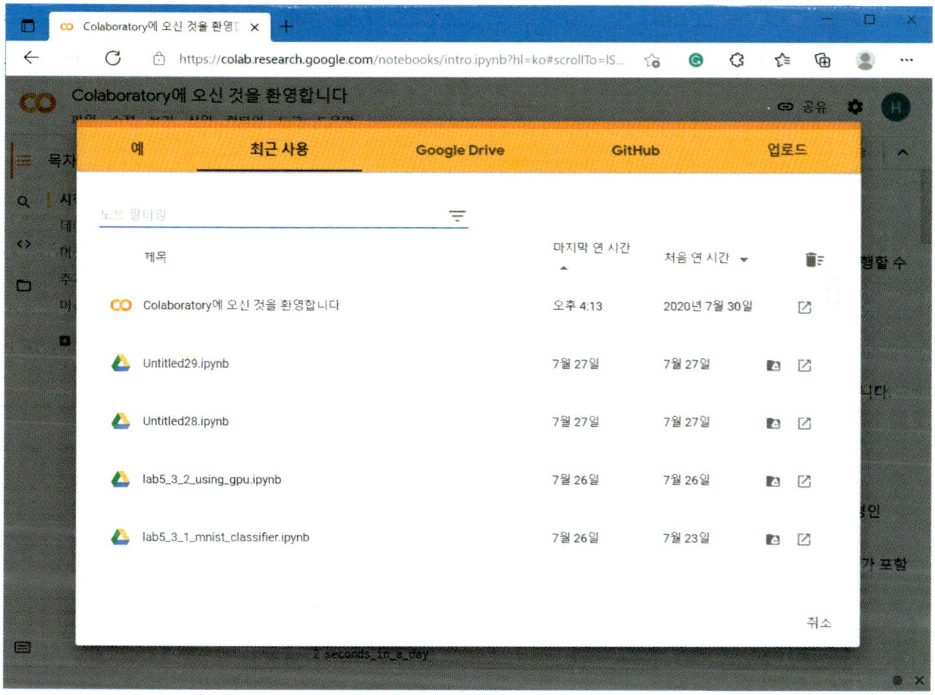

그림 1.3.2 코드 열기 대화상자

3. 새 notobook을 생성합니다.

새 notebook 파일이 생성되면 코드 파일명이 Untitled#.ipynb로 지정되어 있습니다. 마우스로 코드 파일명을 선택한 후 코드 파일명을 원하는 대로 수정할 수 있습니다.

코드 블록은 Python 코드를 작성하고 실행하는 영역이고, 텍스트 블록은 코드에 대한 설명이나 기타 텍스트로 표현하고 싶은 내용을 적을 수 있는 영역입니다. 코드와 텍스트 블록은 좌측 상단에 위치한 버튼을 이용해 언제든 추가할 수 있습니다.

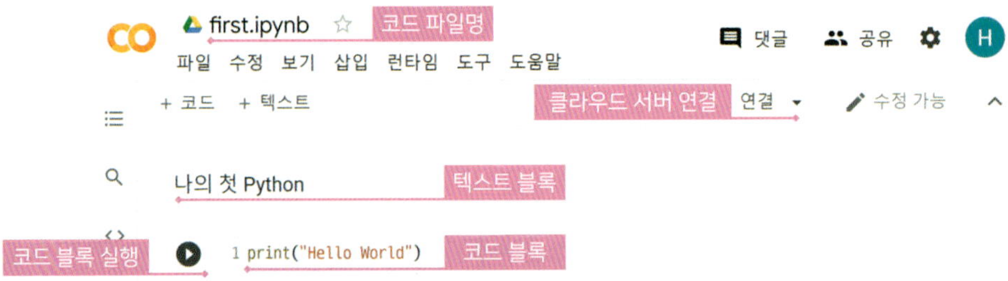

그림 1.3.3 Colab 코드 작성 화면

이제 Colab을 이용해 간단한 Python 코드를 작성하고 실행해 보겠습니다. 다음 예제는 두 개의 값에 대한 합과 곱을 계산해 화면에 출력하는 Python 코드입니다. 코드의 내용을 몰라도 지금은 괜찮습니다.

예제 1.3.1

Colab으로 코드를 생성하고 실행해 봅시다.

1. 코드 파일명을 first.ipynb로 수정하세요.
2. 다음의 코드를 입력한 후 실행 결과를 확인해 봅시다.

```
x=3
y=5
add = x + 6
mult = x * y
print("{0}+{1}={2}입니다.".format(x, y, add))
print("%d*%d=%d입니다." % (x, y, mult))
```

그림 1.3.4는 예제 1.3.1을 Colab에서 실행한 결과 이미지입니다. 여러분도 똑같이 나왔나요?

지금까지 Colab을 이용한 PyTorch 개발환경을 살펴보았습니다. 복잡하게 Python 개발환경을 구축할 필요도, 고가의 GPU가 필요하지도 않았습니다. 우리가 해야 하는 일은 Google 계정을 생성하고 Colab에 접속하는 것뿐이었습니다. 또한 Colab은 웹에서 구동되기 때문에 Windows나 Mac, Linux 등 어떤 운영체제에서도 쉽게 사용 가능하며, 심지어는 스마트폰이나 태블릿에서도 활용할 수 있습니다.

```
[1]  x=3
     y=5
     add = x + 6
     mult = x * y
     print("{0}+{1}={2}입니다.".format(x, y, add))
     print("%d*%d=%d입니다." % (x, y, mult))

     3+5=9입니다.
     3*5=15입니다.
```

그림 1.3.4 예제 1.3.1 실행 결과

이제 개발환경이 구축되었으니 빨리 무언가를 개발해 보고 싶지 않나요? 다음 장에서는 PyTorch 기반의 딥러닝 코드를 실행해 보며 이런 욕구를 해결해 보겠습니다.

1.4 개발환경 구축

지금까지 딥러닝 알고리즘을 구현하기 위한 기본적인 배경지식과 개발환경을 알아보았습니다. 호기롭게 딥러닝 세상에 발을 들여놓긴 했지만, 혹시 코드로 구현하거나 알고리즘을 이해하는 것이 너무 복잡하지는 않을까 걱정이 됩니다. 그래서 이번 장에서는 간단한 딥러닝 코드의 맛을 보고 딥러닝 알고리즘이 어떻게 구현되고 어떻게 동작하는지 살펴보겠습니다.

MNIST 데이터

이번 장에서는 손으로 쓴 숫자 이미지를 보고 그 이미지가 어떤 숫자를 쓴 것인지 맞히는 딥러닝 알고리즘을 코드로 구현해 보겠습니다. 갓난아이는 우리와 똑같은 시신경과 두뇌를 가지고 있지만 손 글씨를 구분하지 못합니다. 그 이유는 1.1절에도 설명해

드렸다시피 아직 손 글씨를 학습하지 못했기 때문입니다. 마찬가지로, 우리가 딥러닝 알고리즘을 아무리 잘 구현했더라도 손 글씨를 학습하지 않으면 손 글씨를 분류할 수 없습니다. 손 글씨를 효과적으로 학습하려면 많은 사람이 다양하게 쓴 손 글씨 이미지가 필요합니다. 우리도 시험공부를 할 때 여러 문제집을 다양하게 풀어봐야 성적이 높아지듯이 딥러닝 알고리즘도 다양하게 생긴 손 글씨 이미지를 학습해야 손 글씨를 더 잘 인식합니다.

충분한 학습을 위해서는 정말 많은 수의 이미지가 필요합니다. 우리가 일일이 손으로 써서 이미지화하기에는 너무나도 많은 노력과 시간이 필요할 겁니다. 다행히도 이미 미국 국립표준기술연구소 (NIST, National Institute of Standard and Technology)에서 이런 수고스러운 작업을 해서 무료로 배포해 주었습니다. 이미지와 각 이미지의 정답을 묶어둔 모음을 데이터세트(dataset)라고 하는데, NIST에서 제공한 손 글씨 숫자 이미지 데이터세트의 이름은 MNIST(Modified NIST) 데이터세트라고 합니다. MNIST 데이터세트는 총 7만 장의 28×28 픽셀의 8bit gray scale 이미지로 구성되어 있습니다. 각 이미지는 0~9 사이의 숫자가 하나 적혀있고, 그 숫자가 어떤 숫자인지 정답도 제공됩니다. 그림 1.4.1은 전체 데이터세트 중 일부를 뽑아 놓은 이미지입니다. 그림을

그림 1.4.1 MNIST 데이터세트

보면 사실 손 글씨가 깔끔하게 적혀있는 것은 아니라서 과연 컴퓨터가 알아볼 수 있을지 살짝 걱정되기도 합니다만, 한 번 얼마나 잘 알아보는지 확인해 볼까요?

나의 첫 딥러닝 코드

실습을 위해 저자의 깃허브 페이지에서 chap1/lab1_mnist.ipynb 코드를 다운로드 받으세요. 다운로드 받은 lab1_mnist.ipynb 파일은 총 세 개의 코드 블록으로 구성됩니다. 첫 번째 코드 블록은 코드 1.4.1과 같습니다. 코드의 1~5번 줄은 실행에 필요한 각종 모듈을 임포트(import)하며, 7~27번 줄에서는 MNIST 데이터세트를 서버에서 받아오고 학습에 사용할 수 있도록 준비합니다.

그림 1.4.2 런타임 유형

우선 첫 번째 코드 블록부터 실행해 보겠습니다. 바로 실행하기 전에 클라우드 서버의 GPU를 사용할 수 있도록 메뉴의 '런타임'-'런타임 유형 변경'을 선택하세요. 그러면 하드웨어 가속기 부분에 기본으로 None이 선택되어 있을 텐데요, 그림 1.4.2와 같이 GPU를 선택하고 저장을 클릭합니다. 이제 코드 창의 우측 상단의 '연결' 버튼을 클릭하고 잠시 기다리면, 우리가 사용할 서버가 할당되게 됩니다. 이제 코드 블록의 왼쪽 화살표 아이콘을 클릭하면 첫 번째 블록이 실행됩니다. 처음으로 코드를 실행하면

그림 1.4.3과 같이 MNIST 데이터를 서버에서 불러오는 과정이 진행됩니다. 실행이 완료되고 다시 실행을 하면 이미 서버에서 MNIST 데이터세트를 불러왔기 때문에 이제는 다운로드 받는 작업이 진행되지 않습니다.

코드 1.4.1 MNIST분류를 위한 코드 (1/3)

```
import torchvision.datasets as datasets
import torchvision.transforms as transforms
from torch.utils.data import DataLoader
import torch
import matplotlib.pyplot as plt

mnist_train = datasets.MNIST(root='MNIST_data/',
                             train=True,
                             transform=transforms.ToTensor(),
                             download=True)

mnist_test = datasets.MNIST(root='MNIST_data/',
                            train=False,
                            transform=transforms.ToTensor(),
                            download=True)

BATSIZE = 10000

train_loader = DataLoader(dataset=mnist_train,
                          batch_size=BATSIZE,
                          shuffle=True,
                          num_workers=0)

test_loader = DataLoader(dataset=mnist_test,
                         batch_size=len(mnist_test),
                         shuffle=False,
                         num_workers=0)

device = 'cuda' if torch.cuda.is_available() else 'cpu'
```

```
Downloading http://yann.lecun.com/exdb/mnist/train-images-idx3-ubyte.gz
Failed to download (trying next):
HTTP Error 503: Service Unavailable

Downloading https://ossci-datasets.s3.amazonaws.com/mnist/train-images-idx3-ubyte.gz
Downloading https://ossci-datasets.s3.amazonaws.com/mnist/train-images-idx3-ubyte.gz to MNIST_data/MN
9913344/? [00:02<00:00, 6756947.73it/s]
Extracting MNIST_data/MNIST/raw/train-images-idx3-ubyte.gz to MNIST_data/MNIST/raw
```

그림 1.4.3 첫 번째 코드 블록 실행 결과

이제 두 번째 코드 블록으로 넘어가 보겠습니다. 두 번째 코드 블록은 코드 1.4.2와 같습니다. 1~18번 줄에서는 우리가 사용할 딥러닝 모델을 정의하고, 21~22번 줄에서는 학습에 필요한 함수들을 정의합니다. 그리고 대망의 딥러닝 학습은 25~39번 줄에서 진행됩니다. 이제 두 번째 코드 블록을 실행해 보겠습니다. 딥러닝 코드의 실행 시간 중 가장 많은 시간을 할애하는 부분이 딥러닝 알고리즘의 학습입니다. 여유 있게 딥러닝 학습 과정을 지켜봅시다.

코드 1.4.2 MNIST분류를 위한 코드 (2/3)

```
001 class Net(torch.nn.Module):
002     def __init__(self):
003         super(Net, self).__init__()
004         self.fc1 = torch.nn.Linear(784, 1024)
005         self.fc2 = torch.nn.Linear(1024, 512)
006         self.fc3 = torch.nn.Linear(512, 256)
007         self.fc4 = torch.nn.Linear(256, 128)
008         self.fc5 = torch.nn.Linear(128, 10)
009         self.relu = torch.nn.ReLU()
010 
011     def forward(self, x):
012         x = x.view(-1, 784)
013         x = self.relu(self.fc1(x))
014         x = self.relu(self.fc2(x))
015         x = self.relu(self.fc3(x))
016         x = self.relu(self.fc4(x))
```

```python
        z = self.fc5(x)
        return z

net = Net().to(device)
cel = torch.nn.CrossEntropyLoss()
optimizer = torch.optim.Adam(net.parameters(), lr=0.01)

EPOCHS = 10
for epoch in range(EPOCHS):
    l_sum = 0

    for batch_idx, (x,y) in enumerate(train_loader):
        x, y = x.to(device), y.to(device)
        z = net(x)
        loss = cel(z, y)

        optimizer.zero_grad()
        loss.backward()
        optimizer.step()
        l_sum += loss.item()

    print(f'Epoch: {epoch+1:2d} / {EPOCHS}',
          f'Loss: {l_sum:0.6f}')
```

실행 결과

```
Epoch:  1 / 10 Loss: 12.962327
Epoch:  2 / 10 Loss: 7.848407
Epoch:  3 / 10 Loss: 4.075088
Epoch:  4 / 10 Loss: 2.514812
Epoch:  5 / 10 Loss: 1.628267
Epoch:  6 / 10 Loss: 1.148621
Epoch:  7 / 10 Loss: 0.853224
Epoch:  8 / 10 Loss: 0.659473
Epoch:  9 / 10 Loss: 0.525826
Epoch: 10 / 10 Loss: 0.449598
```

실행 결과에서 총 10개의 epoch에 대한 loss 값이 출력됩니다. 여기서 epoch이란 전체 데이터세트를 1번 끝까지 학습한 횟수를 의미하며, loss는 전체 데이터에 대해 딥러닝 모델이 예측한 답과 실제 정답 간의 차이가 어느 정도 나는지 측정한 것으로 작은 값일수록 정답을 잘 맞힌다는 것을 의미합니다. 따라서 첫 번째 줄이 의미하는 것은 전체 데이터세트를 한 번 끝까지 학습한 후에 오차가 1.628267만큼 났다는 것입니다. 그리고 결과로부터 매회 전체 데이터세트를 학습할 때마다 예측한 답의 오차가 줄어들어 최종적으로 0.449598까지 개선이 된다는 것을 알 수 있습니다.

아직은 loss의 값이 어떤 의미인지 감이 오지는 않겠지만, 어찌 되었든 학습을 반복함에 따라 딥러닝 모델이 손 글씨를 더 잘 분류한다는 것을 예상할 수 있습니다. 우리도 영어 단어를 공부할 때 단어장을 반복해서 학습할수록 더 잘 암기하듯이 딥러닝 모델도 같은 데이터를 반복해서 학습할수록 정답을 더 잘 맞힌다는 아주 재미있는 결론에 도달했습니다.

그러면 이제 마지막으로 우리의 딥러닝 모델이 손 글씨를 정말 잘 인식하는지 확인해 봅시다. 코드 1.4.3은 마지막 세 번째 코드 블록으로 학습된 딥러닝 모델을 이용해서 직접 손 글씨를 분류해보는 작업을 수행합니다. 테스트에는 총 1만 개의 손 글씨 이미지를 사용합니다. 모두 다 확인을 해볼 수도 있지만, 여기서는 몇 개의 이미지를 선택해서 정답을 잘 맞히는지 확인해 보겠습니다. 코드에서 index는 몇 번째 손 글씨 이미지를 확인해 볼 것인지 지정하는 값으로 당연히 0~9999중 여러분이 원하는 값으로 지정하면 됩니다. index의 값을 원하는 값으로 설정하고 세 번째 코드 블록을 실행하면 정답과 예측한 값, 그리고 실제 이미지를 확인할 수 있습니다. 코드 1.4.3의 실행 결과는 index가 10일 때의 예측 결과를 나타내고 있습니다. 결과에서 Label: 0이라는 것은 이 이미지의 정답은 숫자 0이라는 것을 의미하고, 다음 줄의 Prediction: 0은 우리의 딥러닝 모델이 숫자 0이라고 예측했다는 것을 의미합니다. 따라서 정답을 잘 맞혔다는 것을 알 수 있습니다. 그리고 아래의 실제 이미지를 보면 우리가 보기에도 숫자 0이 맞습니다.

코드 1.4.3 MNIST분류를 위한 코드 (3/3)

```
index = 10

net.eval()
x = mnist_test[index][0].view(28,28).to(device)
y = mnist_test[index][1]

z = net(x)
pred = torch.max(z, 1)[1].item()

print(f'Predicted: {pred}')
print(f'Label: {y}')

plt.imshow(x.cpu(), cmap='Greys')
plt.show()
```

실행 결과

```
Predicted: 0
Label: 0
```

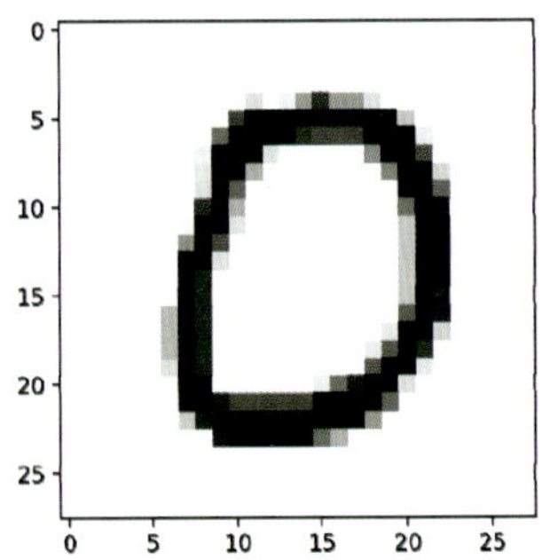

이렇게 해서 손 글씨 숫자 이미지를 분류하는 아주 간단한 딥러닝 코드를 실행하고 분석해 보았습니다. 아직 코드의 내용은 이해할 수 없지만, 생각보다는 코드가 그렇게 복잡하지만은 않다는 느낌을 받을 수 있을 겁니다. 지금은 외계어처럼 보일 수도 있지만, 이 책을 읽고 나서 다시 보면 '정말 간단한 코드였구나!'라고 생각하게 될 것입니다.

연습 문제 딥러닝 시작하기

1.1 인공지능, 머신러닝, 딥러닝의 차이를 기술하시오.

1.2 PyTorch, Tensorflow, Keras의 장단점을 비교하고 분석하시오.

1.3 지도학습이란 무엇이며 지도학습이 적용될 수 있는 문제들을 두 가지 이상 나열하시오.

1.4 비지도학습이란 무엇이며 비지도학습이 적용될 수 있는 문제들을 두 가지 이상 나열하시오.

1.5 딥러닝 기술이 적용된 앱을 찾아보고, 각 앱에 어떤 인공지능 기술이 적용되었는지 논하시오.

1.6 코드 1.4.3을 수정하여, 학습 완료된 모델이 틀린 예측값을 내는 경우를 확인하고 그때의 이미지를 출력하는 코드를 작성하시오.

1.7 인공지능 기술의 발전은 경제, 사회, 문화, 환경 등에 많은 영향을 주고 있으나 항상 좋은 영향만 주는 것은 아니다. 긍정적 영향을 극대화하고 부정적 영향을 최소화해야 한다. 인공지능 기술 중 하나인 딥페이크(deepfake)[8]은 인공지능 이미지 합성 기술이다. 딥페이크 기술이 우리 사회에 미친 긍정적인 영향과 부정적인 영향을 조사하고, 부정적인 영향을 최소화할 수 있는 대책을 기술하시오.

1.8 GPT-3는 자연언어 생성 기술이며 인류 역사상 가장 뛰어난 인공지능 기술이라고 극찬이 쏟아지고 있다. 우리나라에서도 SKT를 중심으로 한국어판 GPT-3를 만들려고 한다[9]. GPT-3를 활용해서 어떤 일을 할 수 있는지를 조사해 보시오.

1.9 인공지능 기술이 10년 후 우리의 삶에 어떤 영향을 줄 것인지 상상해 보시오.

8) https://en.wikipedia.org/wiki/Deepfake
9) https://www.hankyung.com/it/article/202104077044i

02

Python 복습

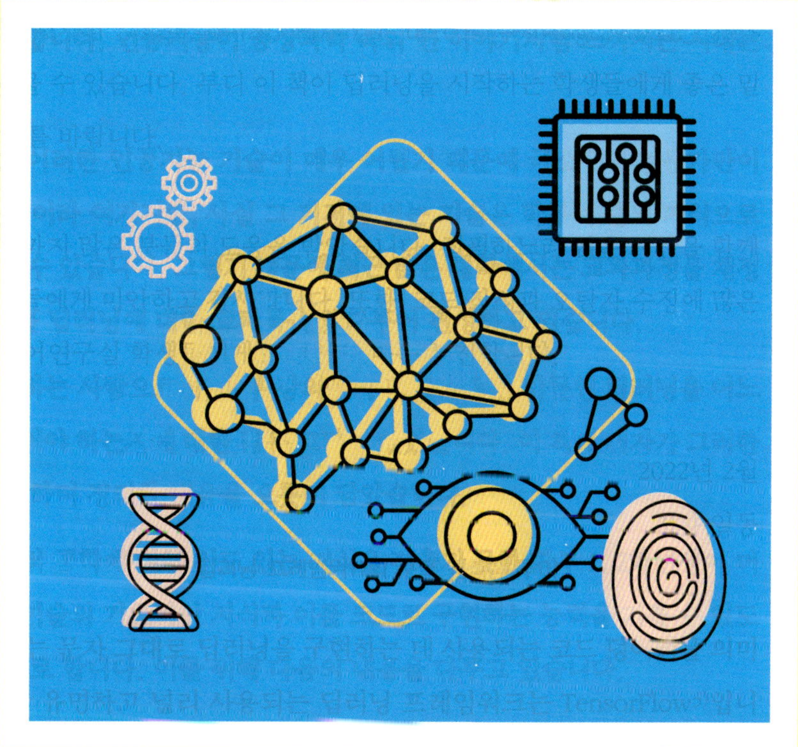

딥러닝을 제대로 이해하고 구현하기 위해서는 이론적인 측면뿐 아니라 코드 구현 및 분석 능력도 중요합니다. 이 책에서는 딥러닝 알고리즘의 구현을 위해 PyTorch 프레임워크를 이용합니다. PyTorch는 이름에서도 알 수 있듯이 Python을 위한 딥러닝 프레임워크이기 때문에 Python에 대한 기초적인 배경지식이 필수입니다.

이번 장에서는 PyTorch를 이용한 딥러닝 코드 구현에 필수적인 Python 문법을 복습합니다. 프로그래밍 언어를 자유자재로 구사하기 위해서는 문법을 알아야만 자유자재로 구사할 수 있지만, 반대로 문법만 알아서는 안 됩니다. 문법을 익히고 자유자재로 구사하기 위해서는 직접 코드를 구현하는 것이 무엇보다 중요합니다. 따라서 본 장에 있는 모든 코드 예제를 따라서 작성하고 분석하시기 바랍니다.

본 장에서 다루는 내용은 Python 언어를 학습한 적은 있으나 오래되어 복습이 필요한 독자를 대상으로 합니다. 따라서 Python 언어가 처음인 독자는 시중의 다른 교재를 이용해 Python 언어에 먼저 익숙해진 후 3장부터 학습하시기 바랍니다. 또한, 이미 Python 언어에 익숙하거나 딥러닝 알고리즘의 학습에만 관심이 있는 독자는 이번 장은 넘어가도 됩니다. 추후 학습을 진행하며 막히는 부분이 있을 때 이번 장으로 돌아오시기를 바랍니다.

2.1 변수와 연산자

변수

우리는 업무를 볼 때 중요한 내용을 메모지에 기록하고 필요할 때마다 다시 내용을 확인하기도 하고, 기록된 내용을 바꿔 적기도 합니다. 컴퓨터 프로그램도 어떠한 값을 임시로 저장하고 나중에 필요할 때 사용하는 기능이 필요합니다. 임시로 값을 저장하는 공간을 변수라고 하는데, 변수는 말 그대로 변하는 수를 의미합니다. 다음의 예제를 봅시다.

코드 2.1.1 변수 사용 예1

```
001 a=3
002 b=4.5
003 print(a)   # a에 저장된 값 출력
004 print(b)   # b에 저장된 값 출력
005 print(a+b) # a와 b를 더한 값 출력
```

실행 결과

```
3
4.5
7.5
```

코드 2.1.1을 보면 아직 자세히는 모르겠지만 실행 결과가 7.5가 되는 것이 왠지 이해는 되는 것 같습니다. 이제 코드를 자세히 살펴봅시다. 1~2번 줄은 각각 a와 b라는 변수를 만들고 정수 3과 실수 4.5를 기록하라는 의미입니다. Python의 변수는 C언어 등 기존의 프로그래밍 언어에서와는 구별되는 다음의 특징을 가집니다.

1. 변수를 선언하는 과정이 따로 없고 자동으로 선언된다.
2. 변수의 자료형은 저장되는 값에 따라 결정된다.
3. 변수는 값을 저장하는 공간이 아니며 값이 저장된 공간을 가리킨다[10)].

3~4번 줄에서는 각각 a와 b에 저장된 값을 화면에 출력합니다. 마지막으로 5번 줄에서는 a와 b에 저장된 값을 합한 결과를 화면에 출력합니다.

1~2번 줄로부터 변수를 만들고 값을 저장하려면 아래와 같이 코드를 작성해야 한다는 것을 알 수 있습니다.

10) Python에서는 변수에 값이 저장되는 것이 아닌 저장된 값을 변수가 가리키는(pointing) 것이지만 이 책에서는 쉬운 이해를 위해 변수에 값이 저장되는 것으로 설명합니다.

```
변수명 = 저장할 값
```

변수의 이름은 알아보기 쉽고 명확하게 짓는 것이 좋습니다. 그런데 아무렇게나 지을 수는 없고, 다음의 규칙을 따릅니다.

1. 영문으로 시작해야 한다.
2. _(언더바)를 제외한 특수 문자와 공백은 이름에 포함될 수 없다.
3. 대소문자가 구분된다.
4. Python에서 이미 지정된 키워드(keyword)는 사용할 수 없다.

수학에서 = 기호는 왼쪽과 오른쪽이 같다는 의미입니다. 반면, Python에서는 오른쪽의 값을 왼쪽 변수에 대입하라는 의미로, **대입연산자**라고 합니다. 따라서 = 연산자의 왼쪽에는 반드시 변수가 위치합니다.

3~5번 줄로부터 화면에 값을 출력하기 위해서는 `print()`라는 명령어를 사용한다는 것을 알 수 있습니다. 나중에 다시 알아보겠지만, print는 화면에 값을 출력하는 함수이고 ( ) 안에 있는 것은 함수의 매개변수라고 합니다.

또한 3~5번 줄의 오른쪽에는 #으로 시작하는 문장이 있습니다. 이는 **주석**(comment)이라고 하며, 코드의 실행에 아무런 영향을 주지 않는 문장입니다. 주석을 이용해서 코드의 내용을 설명할 수 있습니다.

코드 2.1.2 변수 사용 예2

```
001  a=3
002  b=4.5
003  a=5
004  c=a+b
005  print(c)
```

코드 2.1.2의 실행 결과 화면에 출력되는 값은 무엇일까요? 1번 줄에서 a라는 변수에 3을 저장했고, 2번 줄에서는 b에 4.5를 저장했습니다. 그런데 3번 줄에서 다시 a에 5를 대입했습니다. 기존 a에 저장되어 있던 3은 없어지고 이제 a는 5만을 저장하고 있습니다. 4번 줄에서는 a와 b에 저장된 값을 더한 결과인 9.5를 c라는 변수에 저장합니다. 따라서 5번 줄에 의해 c에 저장된 값 9.5가 화면에 출력될 것입니다.

연산자

표 2.1.1 산술연산자의 종류와 기능

분류	연산자	기능	연산자	기능
산술	+	덧셈	*	곱셈
	-	뺄셈	/	나눗셈
	//	나눗셈의 몫	%	나눗셈의 나머지
	**	제곱		
대입	=	우변을 좌변에 대입		
비교	>	좌변이 더 큼	<	좌변이 더 작음
	>=	좌변이 크거나 같음	<=	좌변이 작거나 같음
	==	서로 같음	!=	서로 다름
논리	and	논리 and	or	논리 or
	not	논리 not		
비트	&	비트 and	|	비트 or
	^	비트 xor	>>	비트 오른쪽 쉬프트
	<<	비트 왼쪽 쉬프트		
멤버십	in	구성원에 있음		
식별	is	같은 객체임		

Python의 연산자는 크게 산술, 대입, 비교, 논리, 비트, 멤버쉽(membership), 식별 연산자로 분류할 수 있습니다. 분류별 연산자의 목록과 기능을 표 2.1.1에 정리했습니다.

우선 산술연산자부터 살펴보겠습니다. 코드 2.1.3에서 정수 5와 2에 대한 7종류의 산술연산 예시 코드를 확인할 수 있습니다. 코드로부터 **print()** 함수에서 쉼표(,)를 이용하면 동시에 여러 내용을 출력할 수 있음을 알 수 있습니다. C언어에 익숙한 독자들은 **a/b**의 결과가 2가 아닌 2.5인 것이 새로울 것입니다. Python은 정수의 나눗셈이라도 결과가 실수면 실수가 반환됩니다. 또한 C언어에는 없는 제곱 연산자도 있음을 확인할 수 있습니다.

코드 2.1.3 산술연산자의 예

```
a=5
b=2
print(a+b, a-b, a*b, a/b, a//b, a%b, a**b)
```

실행 결과

```
7 3 10 2.5 2 1 25
```

이제 대입연산자를 살펴보겠습니다. 우리는 이미 변수에 값을 대입하는 = 연산자의 사용법을 알고 있습니다. 대입연산자는 한 가지 더 특별한 기능이 있는데요, 코드 2.1.4를 보면 산술연산과 대입연산을 축약할 수 있다는 것을 알 수 있습니다.

코드 2.1.4 대입연산자의 예

```
a=5
print(a)
a+=3
print(a)
```

실행 결과

```
5
8
```

코드 2.1.4의 3번 줄은 다음과 같이 풀어서 쓴 것과 동일합니다.

```
a = a + 3
```

따라서 기존에 저장된 a의 값에 3을 추가하여 다시 a에 저장한다고 생각할 수 있습니다. +연산 외에도 모든 산술연산을 축약하여 사용할 수 있습니다.

다음으로 비교연산자를 살펴보겠습니다. 비교연산자는 좌변과 우변을 비교하여 비교식이 참일 경우 **True**를 반환하고, 그렇지 않으면 **False**를 반환합니다. 여기서 **True**와 **False**는 문자가 아닌 참과 거짓을 나타내는 Python의 값입니다. 또한, 비교연산자는 추후 살펴볼 조건문과 반복문에서 많이 사용되는 연산자입니다. 코드 2.1.5을 살펴보는 것으로 비교연산자의 설명을 마치겠습니다.

코드 2.1.5 비교연산자의 예

```
a=5
b=2
print(a>b, a<b, a>=b, a<=b, a==b, a!=b)
```

실행 결과

```
True False True False False True
```

마지막으로 논리연산자의 사용을 확인하고 이번 절을 마무리하겠습니다. 비트연산자는 딥러닝 코드 작성에서는 잘 사용되지 않기 때문에 여기에서는 다루지 않겠습니다. 또한, 멤버쉽과 식별 연산자는 이어지는 절에서 다루도록 하겠습니다.

논리연산자는 논리 **and**, **or**, **not** 연산을 하고 결과를 반환하는 연산자로, 표 2.1.2의 진리표에 따라 두 값을 연산한 결과를 반환합니다. 표 2.1.2에서 F와 T는 각각 **False**와 **True**를 의미합니다. 쉽게 생각하여 **and** 연산은 둘 다 참일 때만 참이고, **or** 연산은 둘 중 하나만 참이면 참이 됩니다. 논리연산도 비교연산자처럼 조건문과 반복문에서 많이 사용됩니다.

표 2.1.2 논리연산의 진리표

X	Y	and	or
F	F	F	F
T	F	F	T
F	T	F	T
T	T	T	T

이전의 연산자들이 이항 연산자이었던 것과 달리 **not** 연산자는 단항 연산자로 피연산자의 수가 한 개만 필요합니다. not 연산자는 피연산자와 반대되는 결과를 반환하는데요, 예를 들어 **not True**이면 **False**가 반환됩니다. 코드 2.1.6으로부터 논리연산자의 실행 결과를 확인할 수 있습니다.

코드 2.1.6 논리연산자의 예

```
a=True
b=False
print(a and b, a or b, not a)
```

실행 결과

```
False True False
```

2.2 자료형

Python에서 연산에 사용되는 모든 값은 고유의 자료형을 가지고 있습니다. 예를 들어 3이라는 값은 정수인 숫자형이고, “Hello”는 문자열 자료형입니다. Python에서는 자료형을 사용자가 새롭게 정의할 수도 있습니다. 이번 절에서는 Python에서 기본으로 제공되는 몇 가지 자료형을 살펴보겠습니다.

숫자형

Python에서는 정수와 실수, 그리고 복소수를 숫자형으로 사용할 수 있습니다. 특히, 정수형은 10진수 뿐 아니라, 16진수나 8진수 등으로 표현할 수 있습니다. 코드 2.2.1를 통해 정수를 각 진수로 어떻게 표현하고 사용하는지 확인해 보겠습니다.

코드 2.2.1 정수형의 사용 예

```
a=15              # 10진수로 15
b=0b1111          # 2진수:  0 + 영문자 b + 2진수 숫자
c=0o17            # 8진수:  0 + 영문자 o + 8진수 숫자
d=0xF             # 16진수: 0 + 영문자 x + 16진수 숫자
print(a, b, c, d)
```

실행 결과	15 15 15 15

코드에서 a, b, c, d에 저장된 값이 모두 다르게 보이지만, 진수 표현만 다를 뿐 모두 10진수로 15의 숫자를 의미합니다. 따라서 화면 출력은 모두 15로 같은 값이 나오게 됩니다. 코드로부터 알 수 있듯이 10진수 외의 진수로 숫자를 표현할 때는 숫자 0과 진

수를 표현하는 문자로 수를 시작하면 됩니다. 2진수는 `0b`, 8진수는 `0o`, 16진수는 `0x`로 시작합니다.

실수형은 두 가지 표현 방법이 있습니다. 우리가 일반적으로 실수를 표현할 때 "정수부.실수부"의 형태로 표현하듯이 Python에서도 소수점을 이용해 실수를 표현할 수 있습니다. 그러나 공학이나 과학에서 때로 매우 크거나 작은 값을 사용하는 경우가 있는데, 이럴 때는 **과학적 표기법**(sciencific notation)을 사용합니다. 과학적 표기법은 아래와 같습니다.

$$\text{aeb} = a \times 10^b$$

과학적 표기법에서 e는 소문자나 대문자 모두 가능하며 결과는 같습니다. 코드 2.2.2에서 두 가지 실수 표기법의 예를 확인할 수 있습니다.

코드 2.2.2 실수형의 사용 예

```
a=123.456          # 123.456
b=1.23456e2        # 1.23456×10^2
c=123456E-3        # 123456×10^-3
print(a, b, c)
```

실행 결과

```
123.456 123.456 123.456
```

코드에서 a는 일반적으로 우리가 실수를 표현하는 방법이고, b와 c는 과학적 표기법을 사용했습니다. b에서 e2는 10^2을 의미하고, c에서 E-3은 10^{-3}을 의미하는데, b와 c에서 e를 소문자로 쓰는 것과 대문자로 쓰는 것에는 아무런 차이가 없다는 것을 알 수 있습니다.

문자열

문자열은 문자나 단어들이 모인 집합입니다. Python에서 문자열은 작은따옴표 (')나 큰따옴표 (")를 이용해 다음과 같이 네 가지 방법으로 정의할 수 있습니다.

```
"Hello World"          # 큰따옴표 한 개로 양쪽 감싸기
'Hello World'          # 작은따옴표 한 개로 양쪽 감싸기
"""Hello World"""      # 큰따옴표 세 개로 양쪽 감싸기
'''Hello World'''      # 작은따옴표 세 개로 양쪽 감싸기
```

문자열을 정의하는 방법이 네 가지나 있는 이유는 무엇일까요? 예를 들어 Say "Hello World" 라는 문자열을 정의하고 싶다면 어떻게 해야 할까요? 문자열에 큰따옴표가 포함되기 때문에 다음과 같이 정의하면 오류가 발생합니다.

```
"Say "Hello World""
```

컴퓨터가 봤을 때 문자열은 "Say "에서 정의가 끝이 납니다. 그런데 문자열의 정의 끝에 난데없이 Hello World라는 알 수 없는 명령어가 이어지고 빈 문자열 ""가 그 뒤를 따른다고 생각하게 됩니다. 컴퓨터는 Hello World라는 명령어가 무엇인지 모르기 때문에 오류가 발생합니다. 따라서 이 경우는 아래와 같이 작은따옴표를 이용해 문자열을 정의하는 편이 좋습니다.

위와 같이 작은따옴표를 이용해 문자열을 정의하면 중간에 포함된 큰따옴표는 문자라고 생각하기 때문에 아무런 오류가 발생하지 않습니다. 마찬가지로 문자열 중간에 작은따옴표를 사용해야 한다면 다음과 같이 큰따옴표를 이용해 문자열을 정의해야 합니다.

```
"She's gone."
```

만일 문자열이 큰따옴표와 작은따옴표를 모두 포함하면 어떻게 해야 할까요? 다음의 예를 보겠습니다.

```
'I think \"You\'re wrong.\"'
```

위의 문자열은 I think "You're wrong."을 의미합니다. 즉, 큰따옴표와 작은따옴표 자체는 \"와 \'를 이용해 문자열 중간에서 정의할 수 있습니다. 이런 경우 문자열을 큰따옴표나 작은따옴표 어느 것으로 감싸더라도 상관없습니다. 한편, \로 시작하는 문자를 **이스케이프 코드**(escape code)라고 하는데, 이들은 특별한 기능을 합니다. 표 2.2.1에 몇 가지 이스케이프 코드를 요약해 놓았습니다.

표 2.2.1 이스케이프 코드

코드	설명
\n	줄 바꿈
\r	커서를 현재 줄에서 가장 앞으로 이동
\t	문자열 탭(tab)
\’	작은 따옴표 출력
\“	큰 따옴표 출력
\\	역슬래쉬 (\) 출력
\b	백 스페이스

코드 2.2.3 이스케이프 코드 사용 예

```
a = 'Hello \nMy name is Hansol.\rMy name is Solkimm\b.'
print(a)
```

화면 출력

```
Hello.
My name is Solkim.
```

예측한 결과가 맞았나요? 우선 **"Hello."** 다음 \n에 의해 다음 줄로 이동하게 됩니다. **"My name is Hansol."** 다음 \r에 의해 커서가 두 번째 줄의 가장 앞으로 이동합니다. 그런데 **"My name is Solkimm"**이 다시 나오게 되면서 기존의 **"My name is Hansol"** 대신 **"My name is Solkimm"**이 적히게 됩니다. 마지막으로 \b에 의해 **"Solkimm"**의 마지막 문자 m이 하나 지워져 두 번째 줄은 **"My name is Solkim."**이 됩니다.

그런데 아직 풀리지 않은 의문이 있습니다. 따옴표 세 개를 감싸서 표현하는 문자열은 어떤 이유로 있는 것일까요? 따옴표 세 개는 여러 줄의 문자열을 정의할 때 편리하게 사용됩니다. 예를 들어 다음의 예는 오류가 발생합니다.

```
"Hello.
My name is Hansol."
```

Python은 코드에서 줄이 바뀌는 위치에서 명령어가 끝난다고 가정합니다. 따라서 첫 번째 줄에서 "Hello.는 문자열이 끝났다는 따옴표가 없으므로 코드에 오류가 발생합니다. 마찬가지로 두 번째 줄은 문자열이 아닌 My로 시작하는 명령어라고 생각하기 때문에 또 오류가 발생합니다. 이 경우 앞서 살펴봤던 이스케이프 문자 ₩n를 이용하면 다음과 같이 오류 없이 문자열을 정의할 수 있습니다.

```
"Hello.\nMy name is Hansol."
```

Python 문법적으로는 문제가 없지만, 우리의 눈에 잘 들어오는 코드는 아닙니다. 이 경우 따옴표 세 개를 사용하면 우리가 보는 것과 동일하게 문자열을 정의할 수 있습니다. 다음과 같이 말이죠.

```
a='''Hello.
My name is Hansol.'''
print(a)
```

문자열도 값이기 때문에 변수에 저장하거나 각종 연산자를 이용해 연산하는 것이 가능합니다. 표 2.2.2에 대표적으로 사용되는 문자열 연산자를 정리했습니다.

문자열의 길이는 len()이라는 함수를 사용하면 됩니다. len() 함수는 문자열을 입력받아 문자열의 길이를 정수로 반환합니다.

표 2.2.2 문자열 연산자

코드	설명
문자열 + 문자열	두 문자열을 이어 붙여서 새로운 문자열 생성
문자열 * 정수	문자열을 정수만큼 반복하여 새로운 문자열 생성

```
a = "Hello."
b = len(a)
print(b)
```

위의 코드에서 b에는 변수 a에 저장된 문자열 "Hello."의 길이 즉, 6이 저장됩니다.

문자열 포맷팅 (formatting)

다른 변수의 값이나 함수의 반환값, 어떤 연산의 결과 등을 문자열에 포함하고 싶은 경우 문자열 포맷팅을 이용합니다. 문자열 포맷팅은 크게 세 가지 방법이 있습니다. 그러나 이 책에서는 Python을 자세히 학습하는 것이 목표가 아니기 때문에 가장 최근에 나온 방법인 f문자열 포멧팅[11]만을 살펴보겠습니다. 가장 최근에 나온 만큼 사용하기 가장 편리하고 직관적입니다.

```
age = "30"
say = f"I am {age} years old."
```

11) Python 3.6 버전 이상부터 사용 가능합니다.

f로 문자열 정의가 시작되면 f문자열 포맷팅을 사용하겠다는 의미입니다. 문자열 안에 { }로 감싸진 부분은 문자열로 변환되며, 변수의 이름이나 식, 함수의 반환값 등이 포함될 수 있습니다. 다음의 코드에서는 연산 결과가 문자열로 변환되어 화면에는 1 + 2 = 3이 출력됩니다.

```
print(f'1 + 2 = {1+2}')
```

f문자열 포맷팅을 이용하면 출력하는 숫자의 자릿수 조절이나 좌우 정렬 등을 할 수 있습니다. 코드 2.2.4는 정수의 f문자열 포맷팅을 통한 정렬을 나타냅니다. 코드 2.2.4에서 2번 줄은 여섯 개의 빈칸을 만들고 변수 A의 값을 오른쪽에서부터 채우라는 의미입니다. 3번 줄에서 >는 마찬가지로 오른쪽 정렬을 의미하므로, 2번 줄과 동일한 출력이 나타나며, 4번 줄에서 <는 왼쪽 정렬을 의미하므로 여섯 개의 빈칸 중 왼쪽 두 개의 칸에 정수 12가 표현된 것입니다. 마찬가지로 5번 줄의 ^는 가운데 정렬을 의미하며, 6번 줄에서 @는 빈칸을 @ 문자로 대체하라는 의미로 어떤 문자를 사용해도 괜찮습니다.

코드 2.2.3 정수의 f문자열 포맷팅을 통한 정렬

```
001  A = 12
002  print(f'{A:6}')
003  print(f'{A:>6}')
004  print(f'{A:<6}')
005  print(f'{A:^6}')
006  print(f'{A:@^6}')
```

실행 결과

```
    12
    12
12
  12
@@12@@
```

실수의 경우도 정수와 같은 방법으로 f문자열 포맷팅을 이용한 정렬이 가능합니다. 다음의 코드를 간단하게 살펴보겠습니다.

```
PI = 3.1415926
print(f'pi={PI:!<8.4f}')
```

위의 코드의 실행 결과는 어떻게 될까요? 8.4f의 의미는 8개의 칸을 만들고 소수점 밑으로는 네 개의 숫자를 표현하라는 의미입니다. 따라서 소수부 .1415296의 네 자리인 1416 (반올림)이 출력될 것입니다. !<의 의미는 왼쪽 정렬을 하되 빈칸에는 ! 문자를 넣으라는 의미입니다. 따라서 3.1416!!이 출력될 것입니다.

2.3 조건문

만약 "만약 학점이 좋으면 장학금을 받고 그렇지 않으면 혼난다."라는 기능을 Python으로 구현하려면 어떻게 해야 할까요? "학점이 좋다"라는 조건을 컴퓨터가 검사하고 조건의 참 또는 거짓에 따라 다른 기능을 수행할 수 있도록 코드를 작성해야 합니다. Python에서는 이러한 조건문의 기능을 if를 이용해 구현합니다.

if문

if 문은 조건에 따라 명령을 분기하는 것으로 다음의 구조를 가집니다.

```
if 조건문:
        문장1
        문장2
        ...
```

조건문은 Python이 True 또는 False로 판단할 수 있는 문장이 위치하며 조건문 끝에는 반드시 콜론 (:)이 위치해야 합니다. 문장1, 2, …은 조건문이 참일 때 실행될 문장입니다. 간단한 예제를 살펴보겠습니다.

코드 2.3.1 간단한 if문의 예

```
001 Hakjum = 4.3
002 if Hakjum > 4:
003     print('장학금을 받습니다')
004     print('신난다!')
```

실행 결과

```
장학금을 받습니다
신난다!
```

코드 2.3.1에서 조건문은 **Hakjum > 4**로 **Hakjum**이라는 변수에 담긴 값이 4 이상이면 **True**를 반환하는 문장입니다. **Hakjum**에는 4.3이 담겨 있으므로 조건문이 참이 되어 **if**문 안의 문장이 실행됩니다. 3~4번 줄을 자세히 보면 **print** 앞에 공백이 있는 것을 확인할 수 있습니다. 3~4번 줄은 들여쓰기를 한 것이고, **if**문에 포함된 문장은 반드시 들여쓰기해야 합니다. 들여쓰기는 다음의 규칙을 따릅니다.

1. 공백은 space bar나 tab 키를 이용해 만든다.
2. 공백의 수는 코드 작성자가 보기 편하게 자유롭게 정할 수 있다.
3. 같은 **if**문에 속한 문장은 모두 같은 수의 공백을 가져야 한다.

위의 세 번째 조건에 따라 다음의 코드들은 모두 오류가 발생합니다.

```
Hakjum = 4.3
if Hakjum > 4:
        print('장학금을 받습니다')
        print('신난다!')
```

```
Hakjum = 4.3
if Hakjum > 4:
        print('장학금을 받습니다')
   print('신난다!')
```

코드 2.3.2는 오류는 발생하지 않지만, 우리가 의도한 대로 실행되지 않습니다.

코드 2.3.2 잘못 표현한 들여쓰기의 예

```
001 Hakjum = 2.5
002 if Hakjum > 4:
003     print('장학금을 받습니다')
004 print('신난다!')
```

실행 결과	신난다!

실행 결과 학점이 2.5로 조건문이 False임에도 불구하고 "신난다!"가 출력되었습니다. 4번 줄의 print 함수가 들여쓰기가 되어 있지 않아 if와 상관없는 문장으로 컴퓨터가 판단했기 때문에 조건문의 참 또는 거짓과 상관없이 항상 실행됩니다. 만약 테스트 중 우연히 조건문이 참이였다면 프로그램을 작성할 당시에는 오류를 모르고 넘어갈 수 있습니다. 따라서 코드를 작성할 때 들여쓰기를 항상 주의해야 합니다.

else

if문은 조건이 참이면 정해진 동작을 실행합니다. 만약 조건이 거짓일 때 다른 동작을 하고 싶다면 어떻게 해야 할까요? 이때는 다음과 같이 else를 사용하면 됩니다.

```
if 조건문:
        문장1
        ...
else:
        문장2
        ...
```

조건문이 참이면 조건문 아래의 문장이 실행되며 거짓이면 **else** 아래의 문장이 실행됩니다. 따라서 우리가 이번 절 처음에 언급했던 "만약 학점이 좋으면 장학금을 받고 그렇지 않으면 혼난다."의 조건문은 코드 2.3.3과 같이 **if-else** 구조를 이용하여 작성할 수 있습니다.

코드 2.3.3 if-else 예제

```
Hakjum = 3.5
if Hakjum > 4:
    print('장학금을 받는다')
else:
    print('혼난다')
```

실행 결과	혼난다

elif

else는 **if**의 조건이 거짓이면 반드시 실행됩니다. 만약 **if**의 조건이 거짓일 때 다른 조건을 검사하고 싶다면 어떻게 할까요? 영어의 관점에서 생각해보면, else가 '그렇지 않으면'의 뜻이니 else if라고 하면 '그렇지 않은데 만약 ~라면?'이라고 생각할 수 있습니다. Python에서는 else if를 줄인 **elif**를 이용하여 새로운 조건을 추가할 수 있습니다. 구조는 다음과 같습니다.

```
if 조건문1:
        문장1
        ...
elif 조건문2:
        문장2
        ...
else:
        문장3
        ...
```

조건문 1이 참이라면 문장 1이 실행되고 거짓이라면 조건문 2로 넘어갑니다. 만약 조건문 2가 참이면 문장 2를 실행하지만, 조건문 2 역시 거짓이라면 문장 3을 실행합니다.

elif와 **else** 사용 시에는 주의해야 할 점이 있습니다. **elif**는 **if**문 안에서 작성자가 원하는 만큼 추가할 수 있습니다. 그러나 **else**는 **if**문 안에서 반드시 한 개만 존재해야 하며, 앞의 모든 조건이 거짓일 경우에만 마지막으로 실행되는 조건입니다.

코드 2.3.4 if-else 예제

```
Hakjum = 3.5
if Hakjum > 4:
    print('장학금을 받는다')
elif Hakjum > 3:
    print('혼나지는 않겠다')
else:
    print('혼난다')
```

실행 결과	혼나지는 않겠다

코드 2.3.4는 이러한 구조를 설명하는 예제입니다. 예제에서 변수 `Hakjum`에 담긴 값을 여러 가지로 바꿔보면 `if`문의 동작 원리가 쉽게 이해될 것입니다.

조건부 표현식

"학점이 4.0 이상이면 100만원을 받는다."라는 문장은 다음의 Python 코드와 같이 구현할 수 있습니다.

```
Hakjum = 4.3
if Hakjum >= 4:
        money = 100
else:
        money = 0
```

충분히 간단한 코드이지만 굳이 단점을 꼽자면, 사람의 언어 체계와 비교했을 때 직관적이지 않고 코드가 길어 눈에 잘 들어오지 않습니다. Python에서는 다음과 같이 직관적인 "조건부 표현식"을 제공합니다.

```
money = 100 if Hakjum >= 4 else 0
```

위의 코드를 직역하면, "money는 100이다 만약 학점이 4 이상이면, 그렇지 않으면 0이다"라고 생각할 수 있습니다. 조건부 표현식을 사용하니 코드가 한결 간단하고 직관적으로 바뀌었다는 것을 알 수 있습니다. 따라서 간단한 조건의 경우 조건부 표현식을 사용하는 편이 좋습니다. 한편, 위의 코드는 크게 세 부분으로 나뉘는데 각각의 의미는 다음과 같습니다.

```
100                # 조건이 참이면 반환할 값
if Hakjum >= 4     # 조건
else 0             # 조건이 거짓이면 반환할 값
```

2.4 반복문

컴퓨터는 같거나 비슷한 일을 반복하는 데에 특화되어 있습니다. 이러한 반복 작업을 코드로 표현할 때 반복문을 사용합니다. Python에서는 반복문을 표현하기 위해 `while`과 `for`를 제공합니다.

while 문

먼저 while 문을 살펴보겠습니다. `while`은 반복과 조건이 합쳐진 기능을 구현합니다. `while`문의 구조는 다음과 같습니다.

```
while 조건문:
        수행할 문장 1
        수행할 문장 2
        ...
```

`if`와 마찬가지로 어떤 조건이 만족되면 코드를 실행하는데, if와 다른 점은 조건이 만족되는 동안에는 코드가 반복적으로 실행된다는 점입니다. 코드 2.4.1은 1에서 10까지 화면에 출력하는 코드입니다.

코드 2.4.1 while문 예제

```
001  n = 0
002  while n < 10:
003      print(n)
004      n += 1
```

2번 줄에서 n이 10 미만인지 확인하고 참이라면 3~4번 줄을 실행합니다. 3번 줄에서는 화면에 n의 값을 출력하고 4번 줄에서는 n의 값을 1 만큼 증가합니다. if 문이었다면 여기서 실행이 종료되겠지만, while은 반복문이므로 다시 2번 줄로 돌아갑니다. 현재 n은 1인 상태이므로 조건문이 참이 되어 또다시 3~4번 줄이 실행됩니다. 이러한 반복은 화면에 9를 출력한 후 n이 10이 된 상태로 2번 줄에 돌아갔을 때 조건이 거짓이 되어 끝이 납니다.

continue

반복 코드를 실행하는 도중 어떤 특정 조건이 만족하면, 이후의 작업을 하지 않고 바로 다음 번의 반복으로 넘어가야 하는 경우가 있습니다. 코드 2.4.1에서 3의 배수는 화면에 출력하지 않으려면 다음과 같이 continue를 사용하면 됩니다.

코드 2.4.2 continue 예제

```
001 n = 0
002 while n < 10:
003     n += 1
004     if n % 3 == 0:
005         continue
006     print(n)
```

코드 2.4.2의 4번 줄이 의미하는 것은 무엇일까요? n을 3으로 나눈 나머지(n % 3)가 0이면 조건이 참이 됩니다. 즉, n이 3의 배수이면 참이 됩니다. 5번 줄의 continue는 더 이상 밑으로 진행하지 말고 다시 반복의 처음으로 돌아가라는 의미를 지닙니다. 즉, 5번 줄이 실행되면 프로그램은 6번 줄의 print 함수를 실행하지 않고 2번 줄로 돌아가 다시 조건을 계산합니다. 따라서 n이 3의 배수일 때 화면에 값이 출력되지 않습니다.

break

반복의 처음이 아니라 아예 반복을 그만하고 싶을 때는 break를 사용하면 됩니다. 프로그램은 break를 만나면 남은 코드를 실행하지 않고 그 즉시 반복문 밖으로 나가게 됩니다.

코드 2.4.3은 간단한 break 사용 예입니다. 4번 줄에서 n이 만약 5가 되면 조건이 참이 되어 5번 줄이 실행됩니다. 5번 줄의 break에 의해 6번 줄을 실행하지 않고 코드 밖인 7번 줄로 넘어가게 됩니다. 따라서 화면에는 1에서 4까지의 정수가 출력된 후 "반복 끝"이라는 문장이 출력될 것입니다. 코드 2.4.3은 조금 억지스러운 예제이긴 하지만 break는 실제로 반복문에서 자주 사용되니, 익숙해지면 좋습니다.

코드 2.4.3 break 예제

```
001  n = 0
002  while n < 10:
003      n += 1
004      if n == 5:
005          break
006      print(n)
007  print("반복 끝")
```

for 문

while 문은 어떤 조건을 만족하는 동안 같은 작업을 반복하는 데 사용합니다. 반면에 for 문은 특정 횟수만큼 반복할 때 사용합니다. for 문의 구조는 다음과 같습니다.

```
for 변수 in 반복가능형:
        수행할 문장 1
        수행할 문장 2
        ...
```

아직 다루지 않은 것도 있지만 반복 가능형이란 list, tuple, dictionary, String 등이 될 수 있습니다. 이미 프로그래밍 언어를 접한 경험이 있다면 배열이 반복 가능형이라고 생각하면 됩니다. for 문은 반복 가능형에서 원소를 하나씩 가지고 와서 변수에 넣어줍니다. 그리고 모든 원소를 가지고 올 때까지 반복을 수행합니다. 코드 2.4.4를 보면 이해가 빠를 것 같습니다. 문자열 변수인 str에는 'Hello'가 저장되어 있습니다. 2번 줄에서 str의 첫 번째 문자인 'H'를 변수 s에 저장합니다. 그 후 3번 줄에서 s에 저장된 값인 'H'를 화면에 출력하고 다시 2번 줄로 돌아갑니다. 이제는 두 번째 문자인 'e'를 변수 s에 저장하고 3번 줄에서 화면에 값을 출력합니다. 이러한 작업은 str에 저장된 모든 문자에 대해서 반복되고 나서야 끝이 납니다.

코드 2.4.4 if-else 예제

```
001  str = 'Hello'
002  for s in str:
003      print(s)
```

실행 결과

```
H
e
l
l
o
```

range

for 문은 반복 가능한 변수로부터 원소를 하나씩 가지고 와서 반복합니다. 1에서 10까지와 같이 특정 횟수만큼 반복하고 싶은 경우에는 1에서 10까지의 정수를 하나씩 내보내는 반복자가 필요합니다. Python에서는 range가 이 역할을 합니다.

```
range(시작, 끝, 단계)
```

위의 코드와 같이 시작, 끝, 단계를 입력하면 시작에서 끝까지 지정한 단계만큼 간격을 두는 반복 가능형이 생성되는데 이때 주의할 점은 끝은 포함되지 않으며, 시작, 끝, 단계는 모두 정수만 가능하다는 것입니다.

```
for n in range(1,11,2):
        print(n)
```

위의 코드에서 range는 1, 3, 5, 7, 9를 원소로 가지는 반복 가능형을 생성합니다. 따라서 print() 함수에 의해 화면에는 1, 3, 5, 7, 9가 차례대로 출력됩니다.

만약 0부터 시작하고 단계가 1이라면 끝점만 지정해 주면 됩니다. 다음과 같이 말이죠.

```
for n in range(11):
        print(n)
```

위의 코드에서 range(11)은 0, 1, 2, 3, 4, 5, 6, 7, 8, 9, 10을 원소로 포함하는 반복 가능형을 생성합니다. 이것은 range(0,11,1)과 같은 표현이지만 간단하게 축약하여 표현된 것입니다.

2.5 시퀀스 자료형

Python은 2.2절에서 살펴본 간단한 자료형 외에도 유용한 시퀀스 자료형을 기본으로 제공합니다. 이 절에서는 list와 tuple을 살펴보겠습니다.

리스트(list)

list는 C언어 등의 프로그래밍 언어에서 배열의 역할을 하는 자료형이지만 배열에는 없는 많은 편리한 기능을 제공합니다. list는 다음의 코드를 통해 정의할 수 있습니다.

```
list명 = [원소1, 원소2, 원소3, ...]
```

Python에서 **list**는 대괄호[,]로 원소를 감싸서 표현합니다. **list**의 원소는 정수나 실수 같은 간단한 자료형에서부터 문자열이나 심지어 **list** 자체와 같이 더욱 복잡한 자료형도 포함할 수 있습니다. 다음 코드 예시를 통해 다양한 **list** 정의 방법을 확인할 수 있습니다.

```
l1 = []                         # 비어 있는 list
l2 = [1, 2, 3]          # 정수를 원소로 포함하는 list
l3 = [1, 2.5, 3.5, 4]           # 정수와 실수를 포함하는 list
l4 = ['Hello', 'World']         # 문자열을 원소로 포함하는 list
l5 = [1, 3.5, 'He', ['ll', 'o']]          # 다양한 자료형을 포함하는 list
```

list에서 **n**번째 원소의 값을 가지고 오는 것을 indexing이라고 합니다. 다음의 코드에서 변수 **a**에는 **list**인 **l**의 2번째 원소의 값인 30이 저장됩니다.

```
l = [10, 20, 30]
a = l[2]
```

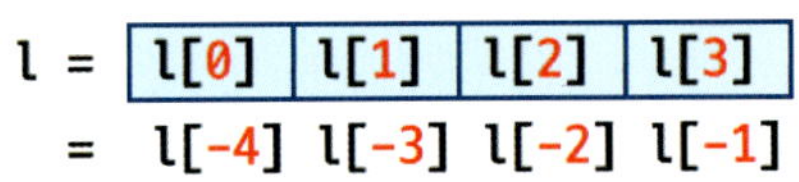

그림 2.5.1 list의 indexing

그런데 두 번째 원소는 20인데 왜 30이 저장될까요? Python에서 index는 항상 0부터 시작하기 때문입니다. 따라서 첫 번째 원소는 `l[0]`이 됩니다. **list**는 뒤에서부터 샐 수도 있는데, 이때는 index가 음수가 됩니다. **list**의 indexing을 그림 2.5.1을 통해 확인할 수 있습니다.

Indexing을 통해 원소의 값을 바꾸는 것도 가능합니다. 다음의 코드는 두 번째 원소의 값을 바꾸는 예입니다. 코드가 실행된 후 l에는 `[10, 5, 30]`이 저장되게 됩니다.

```
l = [10, 20, 30]
l[1] = 5
```

또한, list의 원소로 list가 포함된 경우 그림 2.5.2와 같이 indexing을 여러 번 할 수 있습니다. 그림에서 l[1]은 l의 원소인 list를 의미하며, l[1]의 2번째 원소를 l[1][2]와 같이 표현합니다.

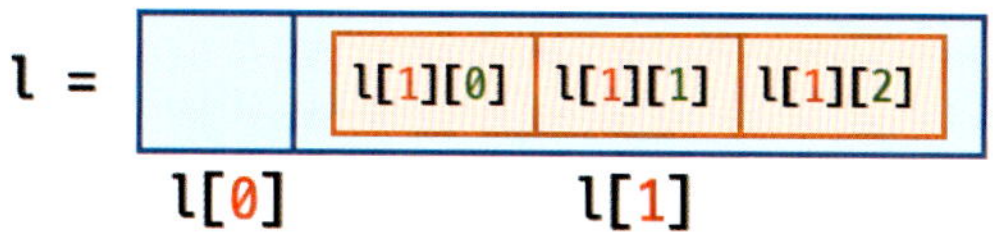

그림 2.5.2 list의 중복 indexing

코드 2.5.1은 list의 indexing 예제이며, 다양한 방법으로 indexing이 가능함을 알 수 있습니다. 실행 결과를 확인하기 전에 손으로 직접 풀어서 정답을 맞혀보세요.

list에서 특정 구간을 잘라서 새로운 list를 만들 수 있습니다. 이렇게 특정 구간을 자르는 것을 slicing이라고 합니다.

코드 2.5.1 list의 indexing 예

```
l = ['a', 'b', ['c', 'd', ['e', 'f']]]
print(l[1])
print(l[2])
print(l[2][1])
print(l[2][2])
print(l[2][2][1])
```

실행 결과

```
b
['c', 'd', ['e', 'f']]
d
['e', 'f']
f
```

```
리스트명[시작:끝:단계]
```

시작, 끝, 단계는 앞선 2.4절에서 다룬 **range**와 같은 법칙을 따릅니다. 즉, 끝점은 포함되지 않고, 단계가 1인 경우 생략 가능합니다. 다음의 코드는 **l1**의 2, 3, 4번째 원소를 가지고 와서 새로운 **list**인 **l2**를 생성하는 동작을 수행합니다.

```
l1 = [1, 2, 3, 4, 5, 6]
l2 = l1[2:5]
```

Slicing을 통해 선택된 부분 **list**를 통해 원래 **list**의 원소를 통째로 바꿀 수 있습니다. 다음의 예는 **l1**의 2, 3, 4번째 원소를 **l2**로 바꾸는 코드를 의미합니다.

```
l1 = [1, 2, 3, 4, 5, 6]
l2 = [30, 40, 50]
l1[2:5] = l2
```

list에 원소를 추가하거나 삭제하는 것도 가능합니다. 원소를 추가하기 위해서는 **list**의 매서드(method)인 **append()**를 사용해야 하는데요, 매서드가 무엇인지는 이후에 다시 다루도록 하고 지금은 함수라고 생각하고 넘어가겠습니다.

```
리스트명.append(추가할 원소)          # 원소를 제일 마지막에 추가
del(리스트명[index])                 # index번 째 원소를 삭제
del(리스트명[시작:끝:단계])                  # 지정한 구간의 원소를 모두 삭제
```

list는 그 밖에도 많은 기능이 있습니다. 더 자세한 정보는 Python 공식 홈페이지[12]에서 확인할 수 있습니다.

12) https://docs.python.org/3/library/stdtypes.html

리스트 내포

1에서 5까지의 정수를 2로 나누고, 이 값을 원소로 하는 list를 정의하는 것은 다음에서 볼 수 있듯이 간단합니다.

```
l = [0.5, 1.0, 1.5, 2.0, 2.5]
```

그러나 1에서 50까지의 정수를 2로 나누고, 이를 원소로 하는 list를 만드는 것은 간단하지 않습니다. 일일이 키보드로 타이핑하기에는 원소의 수가 너무 많기 때문입니다. 이런 경우에는 리스트 내포를 이용하면 쉽게 정의할 수 있습니다. 리스트 내포는 다음과 같이 사용합니다.

```
[표현식 for 항목 in 반복가능형 (if 조건문)]
```

위의 코드에서 if 조건문 부분은 생략 가능합니다. 리스트 내포를 이용해서 1에서 50까지의 정수를 2로 나누고, 이를 원소로 하는 list를 생성하는 코드는 다음과 같습니다.

```
l = [n/2 for n in range(1,51)]
```

코드를 살펴보면, for에 의해 n이 1에서 50까지 1씩 증가합니다. 그리고 이렇게 얻어진 각각의 n의 값을 2로 나누고, 이것을 list의 원소로 추가합니다. 만약 이번에는 1에서 50까지의 정수 중 3의 배수를 2로 나눈 수를 원소로 하는 list를 만드려면 어떻게 해야 할까요? 이제는 3의 배수라는 조건이 생겼습니다. 따라서 다음의 코드처럼 if 조건문을 추가해야 합니다.

```
l = [n/2 for n in range(1,51) if n%3 == 0]
```

튜플(tuple)

다음으로 tuple 자료형을 알아보겠습니다. tuple은 기본적으로 list와 같은 기능을 하지만, 가장 큰 차이는 원소를 수정할 수 없다는 것입니다. list는 생성 후에도 원소의 값을 바꾸고, 추가하고, 심지어 삭제도 할 수 있었습니다. 그러나 tuple은 한 번 생성된 후에는 값을 바꿀 수도, 추가할 수도, 삭제할 수도 없습니다.

list는 대괄호 [,]를 이용해 원소를 감쌌지만, tuple은 소괄호 (,)를 이용해 원소를 감싸서 정의합니다.

```
tuple명 = (원소1, 원소2, 원소3, ...)
tuple명 = 원소1, 원소2, 원소3, ...
```

다음은 tuple을 정의하는 몇 가지 예입니다. t1에서 t5까지의 정의는 앞서 list를 본 적이 있으니 어렵지 않을 것입니다. 그러나 t6과 t7은 주의해서 봐야 합니다. 얼핏 보기에는 둘 다 정수 1 한 개만을 원소로 가지고 있는 tuple이라고 생각할 수 있습니다. 그러나 t7은 tuple이 아니고 정수 1을 단순히 소괄호 (,)로 감싼 것에 지나지 않습니다. 따라서 t6은 원소가 한 개인 tuple이고 t7은 정수 1을 의미합니다.

```
t1 = ()                         # 비어 있는 tuple
t2 = (1, 2, 3)          # 정수를 원소로 포함하는 tuple
t3 = (1, 2.5, 3.5, 4)           # 정수와 실수를 포함하는 tuple
t4 = ('Hello', 'World')         # 문자열을 원소로 포함하는 tuple
t5 = (1, (3, 4), [4, 5])        # 다양한 자료형을 포함하는 tuple
t6 = (1,)                       # 원소가 한 개인 tuple
t7 = (1)                        # tuple이 아닌 정수 1
```

tuple은 값을 바꿀 수 없기 때문에 append()나 del()과 같은 기능은 사용할 수 없습니다. 다만, indexing과 slicing을 통해 저장된 값을 가지고 오는 것은 가능합니다.

코드 2.5.2 tuple의 indexing과 slicing의 예

```
t = ('a', 'b', ('c', 'd', ('e', 'f')))
print(t[1])
print(t[2])
print(t[2][1])
print(t[2][2])
print(t[2][2][1])
print(t[0:2])
```

실행 결과

```
b
('c', 'd', ('e', 'f'))
d
('e', 'f')
f
('a', 'b')
```

코드 2.5.2에서 주의해야 할 점은 **tuple**이라도 indexing과 slicing을 위해서는 대괄호[,]를 사용해야 한다는 점입니다.

in 연산자

list와 **tuple**에 공통적인 기능에 대해서 조금 더 살펴보도록 하겠습니다. 어떤 원소가 **list**나 **tuple** 같은 반복 가능형에 속한 원소인지 알고 싶을 때 in 연산자를 사용할 수 있습니다. in 연산자는 다음과 같이 사용할 수 있으며, 원소가 반복 가능형에 속하면 **True**, 그렇지 않으면 **False**가 반환됩니다.

```
원소 in 반복가능형
```

코드 2.5.3은 in 연산자의 간단한 예를 보여줍니다. **foodlist**에는 주문 가능한 음식의 목록이 저장되어 있습니다. 4번 줄의 **food in foodlist**는 **foodlist**의 원소 중 **food**의

값인 '라면'이 있는지 확인하는 코드입니다. 현재 **food**의 값인 '라면'이 **foodlist**의 3번째 원소값과 같으므로 **True**가 반환됩니다. 따라서 화면에는 "라면이 있네"가 출력됩니다. 그러나 코드 2.5.3에서 **food**에 저장된 값을 **foodlist**에 속하지 않은 원소인 '짜장면'으로 변경하면 **food in foodlist**의 연산 결과 **False**가 반환되므로 화면에는 "짜장면이 없네"가 출력됩니다.

코드 2.5.3 in 연산자의 예

```
foodlist = ('피자', '치킨', '라면', '햄버거')
food = '라면'

print(f'{food}이 있네' if food in foodlist
      else f'{food}이 없네')
```

실행 결과	라면이 있네

2.6 함수

그림 2.6.1 함수의 예

숫자 3이 적힌 이미지를 넣으면 이 이미지가 숫자 3이라고 출력해주는 장치가 있다고 가정합시다. 이 장치는 입력받은 이미지에 미지의 연산을 한 후 이미지에 적힌 숫자에 해당하는 값을 출력합니다. 따라서 이 장치에 숫자 2가 적힌 이미지를 넣으면 마찬가지로 숫자 2라고 출력될 것입니다. 그림 2.6.1처럼 어떤 값이 입력되었을 때 입력된 값에 대해 사전에 정의한 연산을 한 후 결과를 출력하는 것을 함수(function)라고 합니다.

Python에서의 함수

Python에서 함수는 다음과 같이 정의합니다.

```
def 함수명(매개변수 목록):
        연산1
        연산2
        ...
        return 반환값
```

함수를 정의하겠다는 의미에서 def 키워드를 함수명 앞에 적고 함수명 오른쪽에는 함수의 입력값을 받을 변수의 이름들을 나열합니다. 여기서 함수의 입력값을 받을 변수를 매개변수라고 합니다. 주의해야 할 점은 def 키워드가 속한 문장의 가장 오른쪽 끝은 반드시 콜론(:)으로 끝나야 한다는 점입니다.

이어서 함수 내부에서 수행할 연산과 작업들에 대한 코드를 작성하면 됩니다. 반복문과 조건문에서와 마찬가지로 들여쓰기를 맞춰 주어서 이 문장이 함수에 속한 문장임을 알 수 있도록 코드를 작성해야 합니다.

연산이 완료된 후 결괏값을 함수 밖으로 내보내기 위해서는 return이라는 키워드를 사용하고 반환할 값을 적어주면 됩니다. Python에서는 return 키워드를 만나면 그 즉시 반환값을 함수의 출력으로 내보내고 함수의 실행을 종료합니다. 즉, return 문보다 아래에 있는 문장들은 실행되지 않습니다.

간단한 예를 살펴보겠습니다.

코드 2.6.1 간단한 함수의 예

```
001 def mult(x, y):
002     return x * y
003 
004 a = 5
005 b = 9
006 c = mult(a, b)
007 print(c)
```

실행 결과	45

먼저 1번 줄에서 함수 이름이 mult인 함수를 정의합니다. mult 함수의 매개변수는 x와 y 두 개입니다. 2번 줄에서는 함수 내부의 연산이 정의되어 있는데 여기서는 입력받은 x와 y를 곱하여 출력으로 내보냅니다. 프로그램의 시작은 4번 줄부터 시작합니다. 4~5번 줄에서 a와 b의 값을 각각 5와 9로 정의합니다. 방금 정의한 mult 함수는 6번 줄에서 호출됩니다. 함수의 호출이란, 함수의 매개변수에 값을 입력하고 함수의 내부 연산을 수행한 후 함수의 반환값을 돌려받는 것을 의미합니다. mult(a, b)는 mult라는 함수를 호출하는데, mult의 매개변수 x에는 a라는 변수에 있는 값을 대입하고, 매개변수 y에는 b라는 변수에 저장된 값을 대입하라는 의미입니다. 여기서 a와 b를 인수라고 합니다. 그러면 6번 줄 다음으로 2번 줄로 이동하여 mult 함수의 내용이 실행됩니다. 여기서는 입력된 a와 b에 대해곱셈 연산을 하여 얻은 45를 반환합니다. 그러면 6번 줄로 다시 돌아와서 mult 자리가 45로 치환되어 결국 6번 줄은 c = 45와 같은 의미를 가집니다. 따라서 c에는 45가 저장되어 화면에는 45가 출력됩니다.

함수의 종류

한편, Python에서 함수는 크게 네 가지 종류로 구분할 수 있습니다.

1. 매개변수와 반환값이 모두 있는 함수
2. 매개변수는 있지만 반환값은 없는 함수
3. 매개변수는 없지만 반환값이 있는 함수
4. 매개변수와 반환값가 모두 없는 함수

앞서 살펴본 예는 1번 경우에 해당합니다. 2~4번 경우에 해당하는 함수와 사용법을 살펴보겠습니다.

코드 2.6.2에서 **type2()** 함수는 매개변수 **name**을 갖지만, 함수 내부에 **return** 문이 없으므로 반환하는 값이 없습니다. 따라서 11번 줄에서처럼 함수를 호출할 때 인수를 반드시 넣어주어야 하지만 결괏값은 받지 않습니다.

코드 2.6.2 2, 3, 4번 경우에 해당하는 함수와 그의 사용법

```
001 def type2(name):
002     print(f'안녕하세요 {name}씨.')
003 
004 def type3():
005     return 10
006 
007 def type4():
008     print("Hello")
009 
010 
011 type2('Hansol')
012 
013 a = type3()
014 print(a)
015 
016 type4()
```

실행 결과

```
안녕하세요 Hansol씨.
10
Hello
```

type3() 함수는 매개변수가 없으므로 13번 줄에서처럼 아무것도 인수로 입력하지 않고 함수명에 빈 소괄호만 넣어주면 됩니다. 반면에 반환값은 있으므로 a라는 변수에 반환값을 저장할 수 있습니다.

마지막으로 **type4()** 함수는 매개변수와 반환값이 모두 없으므로 함수의 호출 시에는 **type3()** 함수와 같이 인수를 넣지 않아야 하며, 함수 실행 결과가 없으므로 **type2()** 함수와 같이 반환값을 받는 내용을 적지 않아야 합니다.

매개변수

앞서 살펴본 예에서는 함수의 매개변수에 인수를 대입할 때 매개변수의 순서와 인수의 순서가 일치하게 대입되었습니다. 코드 2.6.1을 예로 들면, 매개변수의 순서는 x와 y였고, 인수의 순서는 a와 b였습니다. 따라서 x에는 a가 대입되고 y에는 b가 대입되었습니다.

Python에는 위와 같이 순서대로 대입하지 않고, 원하는 순서대로 매개변수에 인수를 대입할 수 있는 기능이 있습니다. 그렇게 하기 위해서는 함수의 호출 시 매개변수와 인수를 지정하여 호출하면 됩니다. 다음의 예를 살펴보겠습니다.

코드 2.6.3 매개변수 지정 호출

```
def sub(x, y):
    return x - y

a = 5
b = 9

c1 = sub(a, b)
c2 = sub(y=a, x=b)
print(c1, c2)
```

실행 결과	
	-4 4

코드 2.6.3에서 sub() 함수는 입력받은 매개변수 x와 y에 대해 x-y를 계산하여 반환하는 함수입니다. 7번 줄에서 sub() 함수를 호출할 때는 순서대로 x에는 a, y에는 b의 값이 대입되어 5 - 9를 계산한 -4가 반환되었고, 따라서 c1에는 -4가 대입됩니다. 반면에 8번 줄에서는 같은 함수지만 매개변수를 지정하여 7번 줄과 인수의 대입 순서가 달라져 y에는 a, x에는 b가 대입되므로 이전과는 반대로 9 - 5가 계산됩니다. 즉, c2에는 4가 대입됩니다.

이에 더해 Python에서는 매개변수에 기본으로 대입할 값을 정의할 수도 있습니다. 예를 들어 보겠습니다. 어떤 사람이 특별한 일이 없다면 점심시간에는 점심을 먹는다고 가정합시다. 만약 이 사람의 행동을 함수로 만든다면 점심을 먹는지에 대한 매개변수는 거의 웬만하면 True로 지정될 것이고, 특별한 경우에만 이 매개변수에 False를 대입하여 점심을 안 먹게 합니다.

마찬가지로 Python의 함수에서도 따로 지정하지 않는 이상 사전에 정의한 특정한 값을 매개변수에 대입하도록 매개변수에 초깃값을 지정할 수 있습니다. 다음의 예를 보겠습니다.

코드 2.6.4 매개변수의 초깃값

```
def add_sub(x, y, type=True):
    if type:
        return x + y
    else:
        return x - y

a = 5
b = 9

c1 = add_sub(a, b)
c2 = add_sub(a, b, True)
c3 = add_sub(a, b, False)
print(c1, c2, c3)
```

실행 결과	14 14 -4

코드 2.6.4의 add_sub() 함수는 세 번째 매개변수인 type에 지정된 값이 True이면 입력받은 x와 y의 합을 계산해서 반환하고, type이 False로 지정되면 x와 y의 차를 계산해서 반환하는 함수입니다.

일반적으로 이 함수를 이용해 합을 계산할 일이 많다고 가정합시다. 그렇다면 매번 귀찮게 type에 True를 대입하는 것보다는 type에 초깃값으로 True를 지정해 두는 편이 효율적일 것입니다.

이렇게 초깃값을 지정하고 싶은 매개변수에는 함수의 정의부에서 변수에 값을 대입하듯이 매개변수에 값을 대입해 두면 됩니다. 함수 호출 시에는 10번 줄에서처럼 매개변수 x와 y에는 각각 인수 a와 b를 대입하고, type은 마치 없는 매개변수인 것처럼 함수를 호출하면 type에는 초깃값인 True가 대입되어 함수가 실행됩니다. 그뿐만 아니라, 11~12번 줄처럼 초깃값이 지정된 매개변수라도 내가 원하는 값을 얼마든지 다시 정의할 수 있습니다.

매우 편리한 기능이지만 주의해야 할 점이 있습니다. 초깃값을 지정할 매개변수는 반드시 매개변수 목록 중에서 끝부분에 몰려 있어야 합니다. 만약 add_sub() 함수의 매개변수 목록이 (x, type=True, y)라고 가정합시다. 그러면 이 함수를 호출할 때 add_sub(a, b)라고 하면 x에는 a가 대입되겠지만, b는 y가 아닌 type에 대입됩니다. 따라서 y는 초깃값이 없는데도 값이 지정되지 않았기 때문에 프로그램이 오류가 나서 실행되지 않습니다.

튜플 반환

지금까지 살펴본 바에 의하면 함수의 반환값은 한 개입니다. 그런데 함수의 실행 결과로 여러 개의 값을 동시에 반환해야 하는 경우가 있을 수 있습니다. 만약 여러 개의 값을 반환하고자 하면, return 키워드 다음에 반환하고자 하는 값을 콤마(,)로 구분하여 나열하기만 하면 되고, 받는 쪽에서도 마찬가지로 콤마로 구분하여 나누어 받으면 됩니다.

코드 2.6.5 튜플 반환의 예

```
001  def add_sub(x, y):
002      return x+y, x-y
003
004  a = 4
005  b = 5
006  c, d = add_sub(a, b)
007
008  print(c, d)
```

실행 결과

```
9 -1
```

코드 2.6.5에서 add_sub() 함수의 반환값은 x+y와 x-y이고 이를 각각 변수 c와 d로 받았습니다.

다른 프로그래밍 언어들과 마찬가지로, Python에서 함수의 반환값은 한 개만 허용이 됩니다. 그런데도 불구하고 이렇게 여러 개의 반환값을 동시에 보낼 수 있는 이유는 여러 개의 값을 하나의 튜플로 묶어서 반환했기 때문입니다. 2번 줄에서 return으로 반환하는 x+y, x-y는 (x+y, x-y)의 tuple입니다. 그러므로, 6번 줄을 c = add_sub(a, b)와 같이 하나의 반환값을 받도록 수정하면, 반환된 값인 c에는 tuple인 (x+y, x-y)가 대입됩니다.

2.7 클래스(class)

간단한 총싸움 게임을 만드는 상황을 가정해봅시다. 하나의 캐릭터는 체력, 공격력, 이동 속도 등 캐릭터와 관련된 변수가 있을 것이고, 캐릭터의 공격, 이동, 피격 등의 동작을 수행하는 함수가 있을 것입니다. 이들 변수와 함수는 모두 하나의 캐릭터를 구성하는 요소이지만, 지금까지의 프로그래밍 방법에서 변수와 함수는 서로 연관이 되어 있지 않은 별개의 것으로 작성됩니다. 또, 캐릭터가 하나 더 생긴다면 이들 변수와 함수를 새로 다시 작성해야 합니다. 게임에서 캐릭터는 언제든 생성되고 제거되므로 기존의 프로그래밍 방식으로 구현하기 매우 어렵습니다.

class의 개념

이런 점에 착안해서 class라는 개념이 도입되었습니다. class는 쉽게 생각해서 캐릭터를 찍어내는 틀입니다. 예를 들어 캐릭터라면 가지고 있어야 할 체력, 공격력, 이동 속도 등의 속성값, 그리고 이동, 공격, 피격 등의 기능들이 어떻게 구성되는가에 대해 정의한 설계도를 class라고 합니다. class는 변수와 함수로 구성되는데, 여기서 변수를 멤버 변수(member variable)라고 하고, 함수를 매서드(method)라고 합니다. Python에서 class를 정의하는 방법은 다음과 같이 `class`라는 키워드 옆에 class의 이름을 정의하고, 그다음에는 class에 포함될 멤버 변수나 매서드를 정의하면 됩니다.

```
class 클래스명:
    ...
```

class와 인스턴스

class는 설계도이므로 이를 이용해서 실체를 찍어낼 수 있습니다. 바꿔 말하면, 캐릭터의 설계도를 이용해서 실제 캐릭터를 생성할 수 있습니다. 이렇게 찍어낸 실체를 **인스턴스**(instance) 또는 **객체**(object)라고 합니다. 이 책에서는 인스턴스라는 이름을 사용하겠습니다. class로부터 인스턴스를 생성하는 방법은 다음과 같습니다.

```
class Character:
      pass

char1 = Character()
char2 = Character()
```

코드에서 `Character`는 이름의 class를 설계했습니다. 이 class는 아직까지는 멤버 변수나 매서드가 없기 때문에 `pass`라는 키워드를 써서 빈 설계도라고 명시했습니다. 그후, `char1`이라는 `Character` class의 인스턴스를 `char1 = Character()`로 생성했습니다. 인스턴스를 생성할 때는 함수를 호출할 때와 똑같이 class 이름과 소괄호를 이용합니다. 그리고 Python에서는 관습적으로 class 이름의 첫 글자를 대문자로 하고, 인스턴스는 모두 소문자로 적습니다. `char1`과 `char2`는 둘 다 `Character`라는 class로부터 생성된 인스턴스이므로 기본적으로 멤버 변수와 매서드 등의 종류와 수는 같지만, 서로 다른 값을 가지는 별개의 객체입니다. 같은 모양의 캐릭터라도 서로 다른 객체라는 점을 상기하면 됩니다.

매서드와 멤버 변수

매서드는 class 내부에 정의된 함수로 class의 내부 동작과 관련한 기능을 합니다. 캐릭터를 예로 들면, 이동이나 공격과 같은 기능을 합니다. 매서드는 기본적으로 함수이기 때문에 2.6절에서 살펴본 함수의 사용법을 따라 작성하고 호출하면 됩니다.

매서드의 정의와 호출은 코드 2.7.1과 같습니다. 코드에서 2~3번 줄에서는 **say_hello()**라는 함수를 정의하는데, 화면에 "Hello!"라는 문자열을 출력하는 기능을 합니다. 다만, **Character** class 내부에 위치하기 때문에 매서드라는 이름을 가집니다. 그리고, 코드의 5번 줄에서 **Character** class의 인스턴스인 **char1**을 생성했는데, **say_hello()**는 **char1**의 매서드이므로, **char1**을 이용해 호출할 수 있습니다. 6번 줄에서 **char1** 오른쪽의 마침표(.)는 우리말 '의'과 같은 의미입니다. 즉, 6번 줄은 '**char1**의 **say_hello()** 매서드를 호출하라'의 의미이며, 따라서 **say_hello()**의 실행 결과 화면에 "Hello!"가 출력됩니다.

코드 2.7.1 매서드의 정의와 호출

```
001  class Character:
002      def say_hello(self):
003          print("Hello!")
004
005  char1 = Character()
006  char1.say_hello()
```

실행 결과	Hello!

say_hello() 매서드의 매개변수는 **self**가 있지만, 6번 줄에서 함수의 호출 시에는 매개변수 **self**에 인수를 대입하지 않았습니다. 매개변수 **self**는 초깃값이 없으니 오류가 나야 정상인 것 같지만 실제로는 아무 문제 없이 실행되었습니다. 왜 그럴까요? 실제로 **char1.say_hello()**라고 호출하면 Python이 **Character.say_hello(char1)**로 호출합니다. 매서드는 인스턴스별로 메모리에 할당되는 것이 아니고 class 별로 하나만 할당됩니다. 따라서 **Character** class를 이용해 매서드인 **say_hello()**를 호출하고, 호출 시에 어떤 인스턴스가 이 매서드를 호출한 것인지 명시하기 위해 **self** 매개변수에 인수로

인스턴스인 **char1**을 대입합니다.

이번에는 멤버 변수를 만들어 보겠습니다. Python은 변수의 선언 과정이 따로 없으므로 멤버 변수도 따로 선언하지 않습니다. 매서드 내부에서 새로운 멤버 변수의 이름이 발견되면 자동으로 메모리에 멤버 변수를 할당하는 식으로 동작합니다.

코드 2.7.2의 5~6번 줄에 **set_name()**이란 매서드가 정의되어 있습니다. 이 매서드는 self 외에 name이라는 매개변수를 입력받습니다. 6번 줄을 보면 self.myname이라는 변수에 입력받은 name의 값을 대입합니다. self.myname은 self의 myname이라는 의미이고 이것이 멤버 변수가 됩니다. myname은 멤버 변수이므로 인스턴스별로 서

코드 2.7.2 멤버 변수의 예

```
001  class Character:
002      def say_hello(self):
003          print("Hello!")
004
005      def set_name(self, name):
006          self.myname = name
007
008      def say_name(self):
009          print('My name is', self.myname)
010
011  char1 = Character()
012  char2 = Character()
013
014  char1.set_name('Hansol')
015  char2.set_name('Dusol')
016
017  char1.say_name()
018  char2.say_name()
```

실행 결과

```
My name is Hansol
My name is Dusol
```

로 다른 값을 갖게 됩니다. 14~15번 줄에서는 Character란 class의 두 인스턴스 char1과 char2를 생성합니다. 두 인스턴스는 같은 형태이지만 서로 다른 객체이므로 멤버 변수 myname은 다른 값을 가집니다. 14~15번 줄에서 두 인스턴스에 대해 set_name 매서드를 호출하는데 char1과 char2는 각각 'Hansol'과 'Dusol'을 name 매개변수에 인수로 전달하여 myname 멤버 변수에 값을 대입합니다. 따라서 17~18번 줄에서 say_name() 매서드를 호출하면 char1은 myname 멤버 변수에 저장된 'Hansol'을 화면에 출력하고 char2은 myname 멤버 변수에 저장된 값인 'Dusol'을 출력합니다.

정리하면, 멤버 변수는 class 내부에서 `self.멤버변수`의 형태로 사용하고, 멤버 변수는 인스턴스 간에 공유되지 않습니다.

멤버 변수는 class 내부의 매서드에서만 값을 읽고 쓸 수 있는 것이 아닙니다. class 밖에서도 얼마든지 값을 읽고 바꿀 수 있습니다. 다음 코드를 코드 2.7.2의 제일 아래쪽에 추가하고 실행해 보세요.

```
char1.myname = 'Sesol'
print(char1.myname)
```

기존에 `char1.myname`이 'Hansol'이던 것이 'Sesol'로 바뀌어 화면에는 Sesol이 출력될 것입니다. 이렇듯 멤버 변수는 class의 외부에서도 접근 가능합니다.

생성자

다음의 코드를 실행하면 어떻게 될까요?

```
char3 = Character()
char3.say_name()
```

다음과 같은 오류가 발생합니다.

```
<ipython-input-12-86cd375d945f> in say_name(self)
      7
      8     def say_name(self):
----> 9             print('my name is',self.myname)
     10
     11 char1 =Character()


AttributeError: 'Character' object has no attribute 'myname'
```

제일 아래쪽이 오류가 난 이유인데, 직역하면 'Character'란 class는 myname이라는 속성값이 없다는 뜻입니다. 즉, char3.say_name() 매서드에서 self.myname이란 멤버 변수의 값을 화면에 출력해야 하는데, 아직 self.myname이란 멤버 변수가 정의되지 않았기 때문에 이런 오류가 발생합니다. 기존에는 say_name() 매서드를 호출하기 전에 set_name() 매서드를 통해 self.myname에 값을 지정했기 때문에 오류가 발생하지 않았습니다. 따라서 정상적으로 set_name() 매서드를 호출한 후 say_name() 매서드를 호출하면 문제가 없지만, 실수로 set_name() 매서드를 호출하지 않고 say_name() 매서드를 호출하면 오류가 발생합니다.

이 경우 인스턴스의 생성과 동시에 myname 멤버 변수를 선언하여 오류를 방지할 수 있습니다. 인스턴스가 생성될 때 어떤 특정한 동작을 수행하는 기능을 class에 추가할 수 있는데, 이를 생성자라고 합니다.

코드 2.7.3을 보면 class 내부에 __init__(self)라는 매서드가 추가되었습니다. 생성자는 __init__ 이라는 이름을 가지는 매서드입니다. 14번 줄에서 class의 인스턴스를 생성할 때 자동으로 __init__() 매서드가 호출되며, char3의 인스턴스가 생성될 때 __init__() 매서드가 myname이라는 멤버 변수의 값을 'Noname'으로 초기화합니다. 따라서 15번 줄에서 say_name() 매서드를 호출하면 이번에는 myname 멤버 변수가 이미 정의되어 있으므로 오류가 발생하지 않고 이미 저장된 값 'Noname'이 화면에 출

코드 2.7.3 생성자의 예

```
class Character:
    def __init__(self):
        self.myname = 'Noname'

    def say_hello(self):
        print("Hello!")

    def set_name(self, name):
        self.myname = name

    def say_name(self):
        print('My name is', self.myname)

char3 = Character()
char3.say_name()
```

실행 결과	My name is Noname

력됩니다.

생성자 매서드도 함수이므로 매개변수를 추가할 수 있고, 생성자 함수의 호출 시에 인수로 여러 값을 대입할 수 있습니다. 다음과 같이 코드를 수정해 보겠습니다.

코드 2.7.4에서 생성자 함수의 매개변수 **name**이 추가되었고 **name**의 초깃값은 'Noname'입니다. 따라서 14번 줄에서처럼 인스턴스를 생성하면 생성자 함수의 **name** 매개변수에 값이 지정되지 않았으므로 **name='Noname'**이 되어 3번 줄에서 **myname** 멤버 변수에 'Noname'이 대입됩니다. 반면에 17번 줄에서처럼 인스턴스 생성 시 'Nesol'이라는 인수를 대입하면 생성자 함수의 **name** 매개변수에 'Nesol'이 지정되어 **myname** 멤버 변수에 'Nesol'이 대입됩니다. 따라서 화면 출력 결과 'Noname'과 'Nesol'이 각각 출력됩니다.

코드 2.7.4 매개변수를 가지는 생성자의 예

```
    class Character:
        def __init__(self, name='Noname'):
            self.myname = name

        def say_hello(self):
            print("Hello!")
001
002     def set_name(self, name):
003         self.myname = name
004
005     def say_name(self):
006         print('My name is', self.myname)

    char3 = Character()
    char3.say_name()

    char4 = Character('Nesol')
    char4.say_name()
```

실행 결과

```
My name is Noname
My name is Nesol
```

코드 2.7.4에서 생성자 함수의 매개변수 **name**이 추가되었고 **name**의 초깃값은 'Noname'입니다. 따라서 14번 줄에서처럼 인스턴스를 생성하면 생성자 함수의 **name** 매개변수에 값이 지정되지 않았으므로 **name='Noname'**이 되어 3번 줄에서 **myname** 멤버 변수에 'Noname'이 대입됩니다. 반면에 17번 줄에서처럼 인스턴스 생성 시 'Nesol'이라는 인수를 대입하면 생성자 함수의 **name** 매개변수에 'Nesol'이 지정되어 **myname** 멤버 변수에 'Nesol'이 대입됩니다. 따라서 화면 출력 결과 'Noname'과 'Nesol'이 각각 출력됩니다.

상속

다시 게임을 예로 들어, 캐릭터라면 모두 이름, 체력, 공격력 등의 속성값과 공격, 이동 등의 기능이 있습니다. 이번에는 캐릭터의 직업을 추가해 보겠습니다. 예를 들면, 마법사 캐릭터는 기본 캐릭터의 모든 속성과 기능 외에 마법을 쓰는 기능이 추가되고, 건설병은 마찬가지로 기본 캐릭터의 모든 속성과 기능 외에 건설의 기능이 추가됩니다. 이 경우 마법사나 건설병 캐릭터의 class를 바닥부터 새로 만드는 것보다는 기본 캐릭터 class를 바탕으로 기능을 추가하여 새로운 class를 만드는 것이 더 효율적입니다.

기본 캐릭터 class의 전체 매서드와 멤버 변수를 손수 복사해서 새로운 마법사와 건설병 class 코드를 작성했다고 가정합시다. 만약 기본 캐릭터 class의 기능인 공격 기능을 수정한다면, 마법사와 건설병 class의 공격 기능 매서드 역시 코드를 다시 복사 붙여넣기 하여 바꿔줘야 하는 번거로움이 있습니다. 또한, 개발자가 실수로 마법사 class에는 공격 매서드를 바꾸었지만 건설병 class는 공격 매서드를 바꿔주지 않다면, 두 직업별 class의 기본 공격 기능이 서로 달라지는 버그가 발생합니다.

따라서 기본 캐릭터 class를 프로그램적으로 포함하여 마법사와 건설병 캐릭터의 추가적인 기능만을 확장한다면, 기본 캐릭터 class의 공격 기능만 수정하면 마법사와 건설병 캐릭터 class의 공격 기능도 자동으로 수정되어 이런 문제가 일어나지 않습니다.

Python에서는 기본 class를 바탕으로 확장된 class를 생성하는 기능을 제공하며, 이를 class의 상속이라고 합니다. 부모님의 유전자를 상속받아 새로운 사람이 태어나는 것과 같은 개념이라고 생각할 수 있습니다. 따라서 상속받은 class는 부모 class의 모든 멤버 변수와 매서드를 포함하고, 거기에 새로운 멤버 변수와 매서드가 추가됩니다. 상속은 다음의 방법으로 구현합니다.

```
class 자식클래스명(부모클래스명):
    ...
```

여기서 기본 캐릭터 class가 **부모 클래스**가 되고, 마법사나 건설병 캐릭터가 **자식 클래스**가 됩니다. 이제 캐릭터 class를 상속받아 마법을 쓰는 마술사 class의 코드를 작성해 보겠습니다.

코드 2.7.5 클래스 상속의 예

```
001  class Wizard(Character):
002      def spell(self):
003          print("Fire!")
004
005  wiz1 = Wizard()
006
007  wiz1.set_name("Hansol")
008  wiz1.say_name()
009  wiz1.spell()
```

실행 결과

```
My name is Hansol
Fire!
```

코드 2.7.5의 1번 줄을 보면, 마법사 class인 `Wizard`는 `Character` class를 상속받아 생성되었습니다. 그러므로 `Character` class의 멤버 변수인 `myname`과 매서드인 `set_name()`, `say_name()`, `say_hello()` 등을 모두 내장하고 있고, 여기에 `Wizard` class 만의 매서드인 `spell()`이 추가되었습니다. 5번 줄에서 `Wizard` class의 인스턴스인 `wiz1`을 생성했습니다. 7~8번 줄에서 알 수 있듯이 `Wizard` class의 인스턴스인 `wiz1`은 부모 class인 `Character`의 매서드 `set_name()`과 `say_name()`을 모두 사용할 수 있고, `Character` class의 매서드와 같은 동작을 하는 것을 확인할 수 있습니다. 거기에 더해 `Wizard` class에서 새롭게 추가된 `spell()` 매서드를 실행할 수도 있습니다.

매서드 오버라이딩

마법사는 한국인이라는 설정을 추가한다고 가정해 봅시다. 그래서 **say_name()** 매서드를 호출했을 때 영어가 아닌 한국말로 자신의 이름을 말한다는 설정을 추가하겠습니다. 즉, **say_name()** 매서드의 실행 결과가 "My name is self.myname"이 아니고 "내 이름은 self.myname 입니다"가 됩니다. 이때, 부모 class에 있는 매서드와 이름은 같지만 기존과는 전혀 다른 기능을 수행하는 매서드를 새롭게 정의하는 것을 **매서드 오버라이딩**(overriding)이라고 합니다. 다음의 예를 보겠습니다.

코드 2.7.6 매서드 오버라이딩의 예

```
001 class Wizard(Character):
002     def spell(self):
003         print("Fire!")
004
005     def say_name(self):
006         print("내 이름은", self.myname, '입니다.')
007
008 wiz1 = Wizzard()
009 wiz1.set_name("Hansol")
010
011 char1 = Character("Dusol")
012
013 wiz1.say_name()
014 char1.say_name()
```

실행 결과

```
내 이름은 Hansol 입니다.
My name is Dusol
```

코드 2.7.6을 보면 **Character** class의 매서드인 **say_name()**과 같은 이름의 매서드가 자식 class인 **Wizard** class에 다시 정의되어 있습니다. 13번 줄과 같이 **Wizard** class의 인스턴스를 통해 **say_name** 매서드를 호출하면 새롭게 정의된(오버라이딩된) 매서드가 호출됩니다. 물론 14번 줄에서처럼 기존의 `Character` class의 인스턴스에서 `say_name` 매서드를 호출하면 변함없이 기존의 매서드가 호출됩니다. 따라서 `Wizard` class의 인스턴스인 `wiz1`의 `say_name()` 매서드 호출 결과는 한국어지만, 부모 class인 `Character` class의 인스턴스인 `char1`의 `say_name()` 매서드 호출 결과는 기존과 같이 영어로 출력됩니다.

이것으로 PyTorch를 이용한 딥러닝 알고리즘의 구현을 위한 기본적인 Python 문법 복습이 마무리되었습니다. 이어지는 장에서 인공신경망의 기본적인 개념부터 알아보고, 이 책의 끝에서는 이미지 분류를 위한 딥러닝 코드 작성까지 살펴보겠습니다. 이어지는 내용에서 Python과 관련한 내용에 어려움이 있으면 다시 2장의 내용을 참고하시기 바랍니다.

연습 문제 Python 복습

2.1 Python 언어의 장점을 기술하시오.

2.2 라디안(radian)과 각도(degree) 사이의 변환 수식은 아래와 같다.

$$radians = \frac{\pi \times degrees}{180}$$

각도를 라디안으로 변환하는 함수 deg2rad(deg)를 작성하시오.

2.3 변수 `money`에 1000이 저장되어 있을 때, f포멧팅을 이용해 다음 문자열을 생성하는 코드를 작성하시오.

```
"지금은 1000원이 있지만, 내일은 500원 밖에 없을 것이다."
```

2.4 변수 `age`는 나이를 저장한다. 이때, `age`가 20 미만이면, 변수 `man`에 '미성년', 20 이상이면, `man`에 '성인'을 저장하는 코드를 조건부 표현식을 이용해 작성하시오.

2.5 다음 결과가 출력되기 위한 코드를 for문을 이용해 작성하시오.

```
__*__
_***_
*****
```

2.6 두 벡터의 유사도는 아래와 같은 식과 같이 정의된다. 유사도를 구하는 함수 similarity(X, Y)를 작성하시오.

$$similarity(x, y) = \frac{\sum_{i=1}^{n} x_i \times y_i}{\sqrt{\sum_{i=1}^{n} x_i^2} \times \sqrt{\sum_{i=1}^{n} y_i^2}}$$

2.7 1에서 100까지의 자연수 중에서 6의 배수로 이루어진 list를 리스트 내포를 이용해 생성하는 코드를 작성하시오.

2.8 변수 a와 b에 저장된 값을 서로 바꿔주는 함수 `swap(a, b)`를 작성하시오.

2.9 변수 a와 b 사이에 있는 모든 소수(prime number)를 구해서 list로 반환하는 함수 `prime(a, b)`를 작성하시오.

2.10 2차원 정수 리스트에서 각 행의 합이 모두 짝수일 경우 `True`를, 그렇지 않을 경우 `False`를 반환하는 함수 `even_row(matrix)`를 작성하시오. 예를 들면 `even_raw([[1, 3], [2, 4], [0, 6]])`의 반환값은 `True`이다.

2.11 문자열 `s`에 "Artificial Intelligence"의 저장되었다고 할 때, 다음의 기능을 수행하는 함수를 작성하시오.

(1) 문자 'i'의 수를 세는 함수 `count_char(s, 'i'):`
반환값 – 4

(2) "Artificial"을 "Inartificial"로 교체하는 함수 `replace(s):`
반환값: "Inartificial Intelligence"

(3) "i"를 중심으로 문자를 분할하는 함수 `split(s, 'i'):`
반환값: ["Art", "f", "c", "al Intell", "gence"]

(4) 모든 공백을 " : "으로 변환하는 `change(s):`
반환값 "Artificial : Intelligence"

2.12 자료형 사전(dict)는 지면이 제한되어 본 교재에서 다루지 않았지만 Python의 중요한 자료형 중 하나이다. 인터넷이나 Python 교재를 활용해서 사전에 대해서 공부하시오. 그리고 나서 웹 페이지 "https://ko.wikipedia.org/wiki/파이썬"를 열고, 그 페이지의 일정한 부분을 마우스로 드래깅하여(dragging) 복사한(Ctrl–c) 후에 파일 'python.txt'에 붙여넣고(Ctrl–v) 저장하시오. 그 후에 파일 'python.txt'에 포함된 문자 수, 단어(어절: 공백단위) 수를 프로그램을 작성하시오.

2.13 다음 코드의 문제점을 찾고, 올바르게 수정하시오.

```
class Character:
    def __init__():
        self.myname = 'Noname'

    def set_name(name):
        self.myname = name
```

2.14 코드 2.7.5의 Character class를 상속받아 Wizzard class를 생성하고, `say_hello()` 함수를 실행하면 "안녕하세요."가 출력되도록 코드를 작성하시오.

03

인공신경망 기초

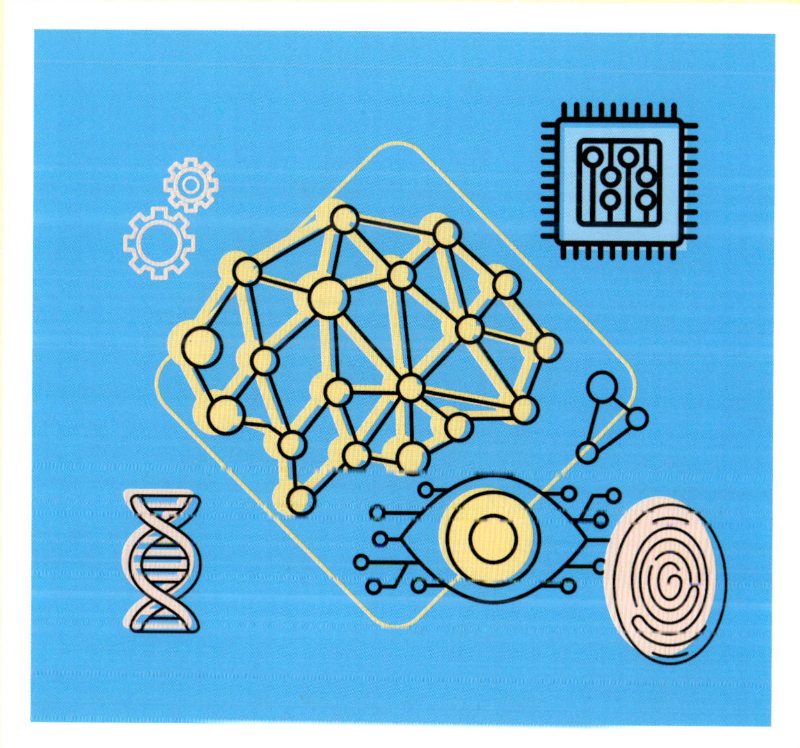

1장에서 딥러닝이란 깊은 층의 인공신경망을 이용한 머신러닝 알고리즘이라고 정의했습니다. 그렇다면 여기서 의미하는 인공신경망은 무엇일까요? 이번 장에서는 딥러닝의 근간이 되는 인공신경망의 구조와 원리를 알아보고, 이를 이용해 선형 회귀(linear regression) 문제를 풀어보겠습니다.

3.1 인공신경망이란?

인공신경망의 구조

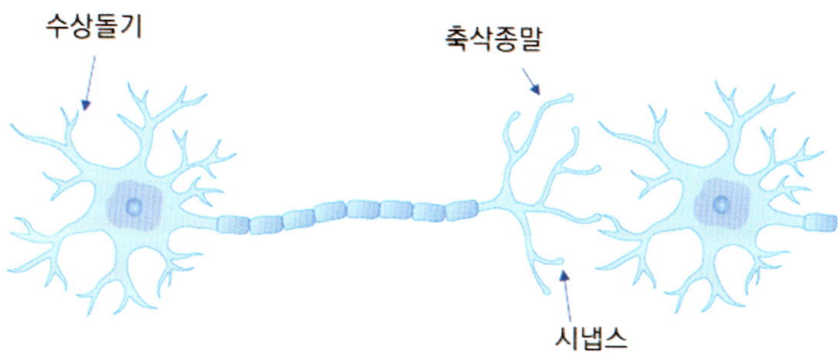

그림 3.1.1 뉴런의 자극 전달

일반적으로 사람의 뇌는 1,000억 개 이상의 뉴런(neuron)으로 구성된다고 합니다. 각 뉴런은 서로 연결되어 전기적인 신호를 주고받습니다. 그림 3.1.1은 뉴런의 자극 전달을 보입니다. 뉴런의 수상돌기는 외부 자극을 수용하는 안테나 역할을 합니다. 외부 자극은 신경전달물질이라는 화학 물질로 전달이 되는데, 수상돌기에서 외부의 신경전달물질을 감지하면 전기적인 신호가 발생하여 축삭종말까지 전달됩니다. 전달된 전기 신호는 축삭종말에 도착하고, 축삭종말은 전기적 신호가 일정 수치 이상(역치)이 되면 시냅스를 통해 신경전달물질을 방출하여 외부에 연결된 뉴런에 화학적으로 신호를 전달합니다.

인공신경망은 이러한 뉴런의 연결 구조를 모사하여 주어진 문제를 해결하는 알고리즘을 의미합니다. 인공신경망의 구조는 그림 3.1.2와 같습니다. 그림에서 각 원은 뉴런을 의미하고, 화살표는 뉴런 간의 연결을 뜻합니다. 세로로 같은 위치에 있는 뉴런들을 그룹화하여 같은 층에 속한다고 합니다. 일반적으로 인공신경망에서 입력층을 제외한 층의 수를 이 신경망의 층수로 표시합니다. 따라서 그림 3.1.2는 3층 인공신경망이 됩니다.

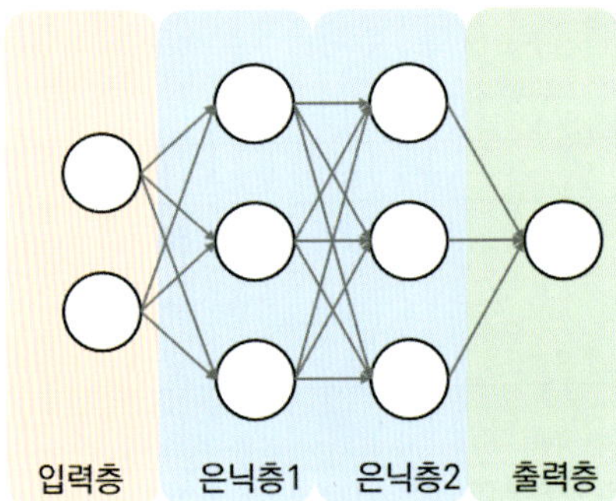

그림 3.1.2 인공신경망의 구조

그러면 인공신경망에서 신호는 어떻게 전달될까요? 어떤 신호가 입력층을 통해 인공신경망으로 입력되면 간단한 계산을 통해 은닉층으로 값이 출력됩니다. 은닉층은 앞 층에서 계산된 출력을 입력으로 받아 연산을 하고 다음 층으로 내보냅니다. 이러한 연산이 반복되어 전달된 후 출력층에 최종 출력값이 전달됩니다. 인공신경망을 얼핏 보면 매우 복잡해 보입니다. 또, 이렇게 복잡하므로 사람의 신경계를 잘 모사한다고 오해할 수도 있습니다. 그러나 사실 신경망의 개별적인 연산은 매우 간단하며, 사람의 신경계의 내부에서 일어나는 현상과 직접적인 연관은 없습니다.

인공신경망의 계산

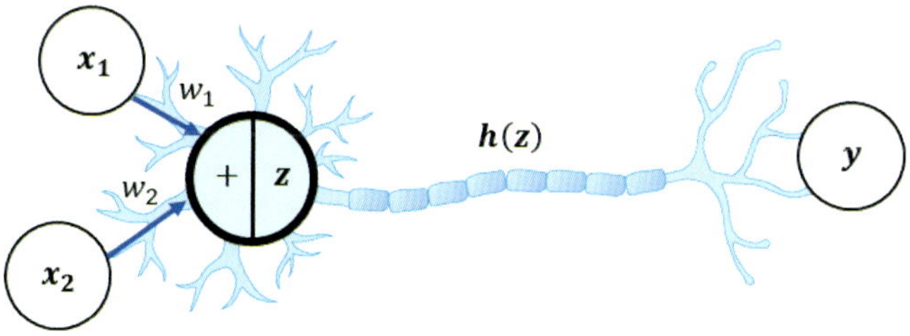

그림 3.1.3 뉴런의 신호 전달

인공신경망의 연산이 얼마나 간단한지 알아보겠습니다. 그림 3.1.3은 두 개의 뉴런을 가지는 입력층, 한 개의 뉴런을 가지는 은닉층, 그리고 한 개의 출력을 가지는 출력층으로 구성된 아주 간단한 형태의 인공신경망을 나타냅니다. **입력층**은 입력값이 들어오는 층으로 일반적으로 입력되는 값은 실수나 정수가 됩니다. 여기서는 실수인 x_1과 x_2가 입력된다고 가정합니다. 입력층에서 은닉층으로 연결된 화살표에는 각각 w_1과 w_2가 위치하는데, 이 값은 가중치(weight)라고 합니다. 은닉층에서는 입력에 가중치를 곱한 값을 모두 더하여 z라는 숨겨진 출력을 계산합니다. 즉, z는 다음의 식으로 계산됩니다.

$$z = w_1 \times x_1 + w_2 \times x_2 \tag{3.1.1}$$

식 (3.1.1)과 같은 식을 **선형 결합(linear combination)**이라고 합니다. 복잡해 보였던 인공신경망의 내부는 예상외로 간단한 선형 연산으로 표현됩니다. 은닉층에서 출력층으로 연결된 화살표에는 $h(z)$라는 함수가 존재합니다. 이 함수는 **활성화 함수(activation function)**이라고 하며, 인공신경망의 설계자가 자유롭게 정의할 수 있는 임의의 비선형 함수입니다. 여기서 출력 y는 활성화 함수에 hidden layer의 내부 출력 z를 넣어 얻은 값으로 결정됩니다. 이상을 정리하면, 입력이 x_1, x_2, 가중치가 w_1, w_2이고, 활성화 함수가 $h(z)$일 때, 인공신경망의 출력 y는 다음의 식으로 계산됩니다.

$$y = h(z) = h(w_1 x_1 + w_2 x_2) \tag{3.1.2}$$

식 (3.1.2)와 인간의 신경계를 비교하며 왜 이것이 인공신경망이라 불리는지 확인해 보겠습니다. 그림 3.1.1과 그림 3.1.3을 비교하면, 우선 x_1과 x_2는 뉴런의 수상돌기에서 감지되는 신경전달물질의 양이라고 생각할 수 있습니다. 그리고 w_1과 w_2는 뉴런의 신경 전달 민감도가 되어, 값이 클수록 신호를 잘 전달하게 됩니다. 뉴런은 일정 값 이상의 자극을 받아야만 다음 뉴런으로 신호를 전달한다고 했습니다. 활성화 함수 h는 이러한 역할을 합니다. 예를 들어 $h(z)$가 다음과 같다고 가정해 봅시다.

$$h(z) = \begin{cases} z, & z \geq 0 \\ 0, & z < 0 \end{cases} \tag{3.1.3}$$

만약 활성화 함수가 식 (3.1.3)과 같다면, 뉴런에 입력된 신호의 총량이 0보다 커야(역치) 외부 뉴런으로 신호를 전달하게 됩니다. 따라서 식 (3.1.2)의 식으로 표현되는 인공신경망이 사람의 신경계를 잘 모사함을 알 수 있습니다.

식 (3.1.2)는 세 개의 구성요소로 이루어져 있습니다. x_1과 x_2는 뉴런에 입력되는 값으로 외부 데이터에 의해 결정되는 값입니다. $h(z)$는 인공신경망의 설계자가 결정하는 함수입니다. 그러니 x_1, x_2, $h(z)$는 모두 외부 요인에 의해 이미 결정된 값입니다. 반면, 가중치인 w_1과 w_2는 인공신경망이 스스로 학습하여 결정하는 값입니다. 즉, 인공신경망이 외부 환경에서 얻은 학습 데이터인 x_1과 x_2을 학습하며 최적의 성능을 내기 위한 가중치 값을 스스로 결정합니다. 학습에 의해 이 값들을 어떻게 결정하며, 이 값들이 인공지능 알고리즘에서 어떤 영향을 끼치는지는 다음 절에서 이어서 설명하겠습니다.

바이어스를 포함한 인공신경망 계산

식 (3.1.1)의 계산으로 구한 z는 가중치와 상관없이 $x_1 = x_2 = 0$이면 $z = 0$가 됩니다. 만약 입력이 0일 때, z가 0이 아닌 어떤 특정한 값이어야 인공신경망이 최적의 성능을 낸다면 식 (3.1.1)로는 최적의 인공신경망을 설계할 수 없습니다. 따라서 입력이 0이라도 z가 0이 되지 않도록 식 (3.1.1)을 다음과 같이 수정할 수 있습니다.

$$z = w_1x_1 + w_2x_2 + b \tag{3.1.4}$$

식 (3.1.4)에서 b는 **바이어스**(bias) 항으로 우리말로는 편향이라고 합니다. 즉, 출력 z를 일정 값만큼 편향시킨다는 뜻입니다. 만약 $x_1 = x_2 = 0$이라면 $z = b$가 되므로 0이 아닌 값이 출력됩니다. 또한, 바이어스의 포함 여부는 인공신경망의 설계자가 결정하게 됩니다.

한편, 가중치와 마찬가지로 편향 역시 인공신경망이 학습에 의해 스스로 결정하는 값입니다. 따라서 바이어스를 포함하면, 가중치 w와 바이어스 b를 인공신경망이 스스로 학습하여 결정합니다. 그렇기 때문에 인공신경망의 학습 자유도가 증가하므로 인공신경망이 더 나은 성능을 낼 수도 있지만, 반대로 결정해야 하는 값이 너무 많아져 연산량이 늘어난다는 단점이 있을 수도 있습니다. 따라서 문제를 잘 살펴보고 바이어스의 포함 여부를 설계자가 결정해야 합니다.

3.2 선형 회귀

선형 회귀란?

어떤 사람이 평소 수면한 시간에 따른 본인이 느끼는 피곤한 정도를 100점 만점으로 평가해서 표 3.2.1과 같은 결과를 얻었다고 가정합시다. 즉, 1시간 수면 후에는 피로도가 100으로 매우 피곤하지만, 9시간 수면하면 피로도가 15로 별로 피곤하지 않다고 평가했습니다.

그렇다면 이 사람이 8시간 수면했다면 피로도가 얼마가 될까요? 혹은, 측정한 적은 없지만, 12시간 동안 수면한다면 피로도가 얼마가 될지 예측할 수 있을까요? 만약 수면 시간과 피로도의 상관관계가 선형이라면 이것을 예측할 수 있는데, 이러한 문제를 선형 회귀(linear regression)라고 합니다. 다시 말하면, 주어진 데이터 간의 선형 관계식을 유추하고 그로부터 측정하지 않은 값을 추정하는 것을 선형 회귀 분석이라고 합니다.

표 3.2.1 수면 시간과 피로도의 상관관계

수면 시간	1시간	3시간	5시간	7시간	9시간
피로도	100	75	60	25	15

표 3.2.1에 해당하는 데이터를 그래프로 나타내면 그림 3.2.1과 같습니다. 그림에서 파란색 원은 실제 평가한 피로도입니다. 그림에서 알 수 있듯이 수면 시간과 피곤한 정도의 관계가 대략 선형적인 것처럼 보입니다.

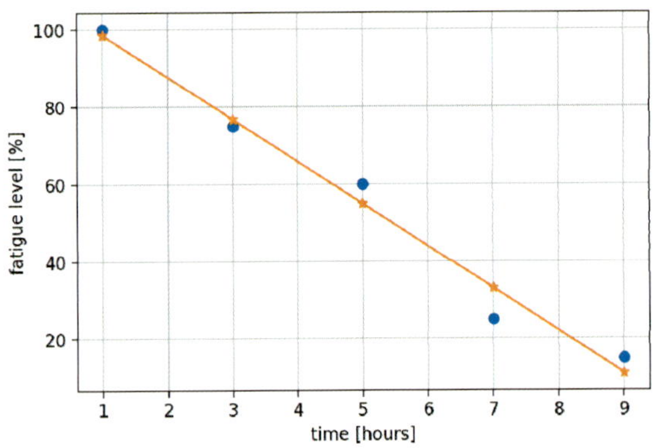

그림 3.2.1 수면 시간과 피로도의 상관관계

선형 회귀 모델의 인공신경망 표현

이제 x를 수면한 시간, y를 피로도라고 정의합시다. x와 y가 정확히 선형 관계는 아니지만, 일단은 선형 관계라고 가정하겠습니다. 그러면 이들의 관계식을 다음과 같이 쓸 수 있습니다.

$$y = wx + b \tag{3.2.1}$$

식 (3.2.1)을 보니 무언가 어디서 많이 본 것 같습니다. 가만 생각해보니 식 (3.1.2)와 똑같은 식이네요. 아닌 것 같나요? 식 (3.1.2)를 다시 써보겠습니다.

$$y = h(z) \tag{3.2.2}$$

여기서 z가 식 (3.1.4)에서와 같이 바이어스가 포함된 식이라고 하면 식 (3.2.2)를 다음과 같이 쓸 수 있습니다.

$$y = h(w_1x_1 + w_2x_2 + b) \tag{3.2.3}$$

이제 식 (3.2.3)에서 입력이 한 개이고, $h(z) = z$라고 정의하면, 다음을 얻습니다.

$$y = h(wx + b) = wx + b \tag{3.2.4}$$

결과를 보면, 식 (3.2.4)와 식 (3.2.1)이 서로 같습니다. 이로부터, 인공신경망을 이용해 선형 관계식을 표현할 수 있다는 것을 알 수 있습니다. 따라서 식 (3.2.1)을 인공신경망으로 표현할 수 있고, 이는 그림 3.2.2와 같습니다. 즉, 입력층, 출력층, 은닉층의 수, 은닉층의 뉴런 수가 모두 한 개이고, 활성화 함수가 선형 함수인 가장 간단한 인공신경망입니다.

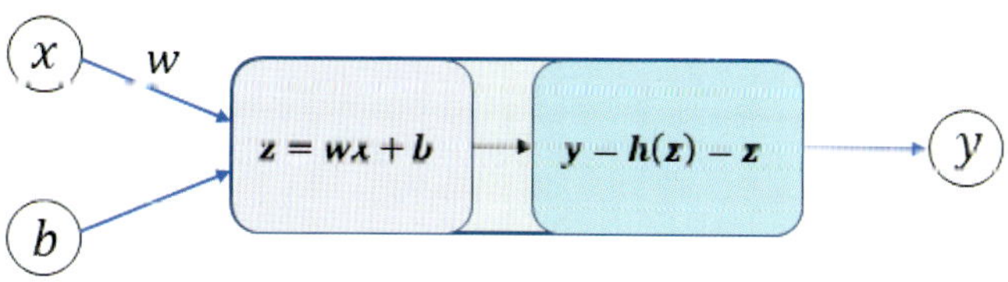

그림 3.2.2 인공신경망으로 표현한 선형 회귀 모델

그림 3.2.2의 인공신경망이 목표는 식 (3.2.4)의 선형 관계식을 계산하여 주어진

수면 시간에 대한 피로도를 예측하는 것입니다. 그런데 식 (3.2.4)를 계산하려면 w와 b가 얼마인지 알아야 합니다. 이 값은 표 3.2.1의 데이터로부터 인공신경망이 스스로 학습해서 결정합니다. 즉, 표 3.2.1의 데이터를 '학습'해서 가중치 값을 결정합니다. 따라서 표 3.2.1의 데이터를 학습 데이터라고 합니다.

이어지는 실습 3.2.1에서는 그림 3.2.2의 인공신경망을 구현하고 수면한 시간에 따른 피로도를 예측하는 코드를 PyTorch를 이용해 작성해 보겠습니다.

실습 3.2.1

lab3_2_1_lr_first.ipynb

그림 3.2.2의 인공신경망을 PyTorch를 이용해 구현하고, 수면한 시간에 따른 피로도를 예측하세요. 식 (3.2.4)에서 $w = -11$, $b = 110$이라고 가정합니다.

정답코드

```
import torch
import matplotlib.pyplot as plt

def h(z):
    return z

x = torch.Tensor([1, 3, 5, 7, 9])
y_true = torch.Tensor([100, 75, 60, 25, 15])

w = -11
b = 110
z = w*x + b
y = h(z)

print(y)
plt.plot(x, y, '-o')
plt.plot(x,y_true, 'o')
plt.xlabel('time [hours]')
```

```
019    plt.ylabel('fatigue level [%]')
020    plt.legend(['Predicted', 'True'])
021    plt.grid(True)
022    plt.show()
```

실행 결과

```
tensor([99., 77., 55., 33., 11.])
```

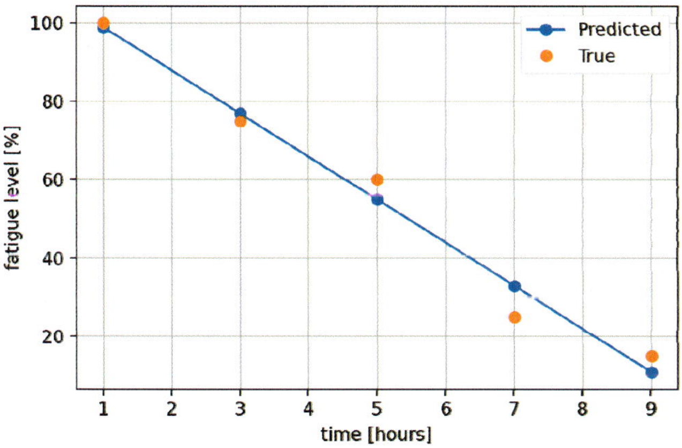

분석

1~2번 줄에서는 PyTorch 모듈인 **torch**와 그래프를 그리기 위한 **matplotlib** 모듈을 임포트(import)합니다. 4~5번 줄은 활성화 함수 $h(z)=z$를 구현한 것으로 함수에 입력된 z를 그대로 반환합니다. 7번 줄에서는 수면한 시간을 PyTorch의 **Tensor** 형으로 선언했습니다. **Tensor** 형이 무엇인지 아직 모르지만, 여기서는 단순히 Python의 **list**나 **Numpy**의 **array**와 같은 것이라고 생각하면 됩니다. 마찬가지로 8번 줄에서는 비교를 위해 실제 측정한 피로도 값을 선언했습니다. 10~13번 줄은 인공신경망의 출력 계산식 (3.2.4)를 구현한 것입니다. x는 원소가 다섯 개인 벡터(vector)이고, w와 b는 원소가 한 개인 스칼라(scalar)입니다. 따라서 12번 줄의 $w \times x + b$는 x의 모든 원소에 스칼라 w를 곱하고 b를 각 원소에 더해준 결과로 z는 원소가 다섯 개인 벡터가 됩니다. 15~21번 줄에서 예측 결과를 출력하고, 실제 측정한 피로도와 예측한 피로도를 그래프로 나타냅니다. 예측 결과와 표 3.2.1을 보면, 5시간 수면했을 때 실제로는 피로도가 60%인데, 우리의 인공신경망은 피로도가 55%가 될 것으로

예측했습니다. 또한 그래프로부터 예측값과 실체 측정값이 완전히 같지는 않지만 매우 근접하였다는 것을 알 수 있습니다. 즉, 인공신경망을 통해 선형 관계식을 잘 표현함을 알 수 있습니다.

인공신경망의 학습 오차

실습 3.2.1에서 인공신경망의 파라미터 w와 b를 각각 $w=-11$과 $b=110$으로 선택했습니다. 이러한 가중치를 가지는 인공신경망은 학습이 잘된 상태일까요? 다르게 말하자면, 선택한 파라미터에 의해 인공신경망이 수면 시간에 따른 피로도를 '잘' 예측하나요? 이 물음에 답을 하려면 '잘'이라는 단어를 정의해야 합니다. 즉, 인공신경망이 예측한 결과의 성능을 정량화할 수 있는 수치가 필요합니다.

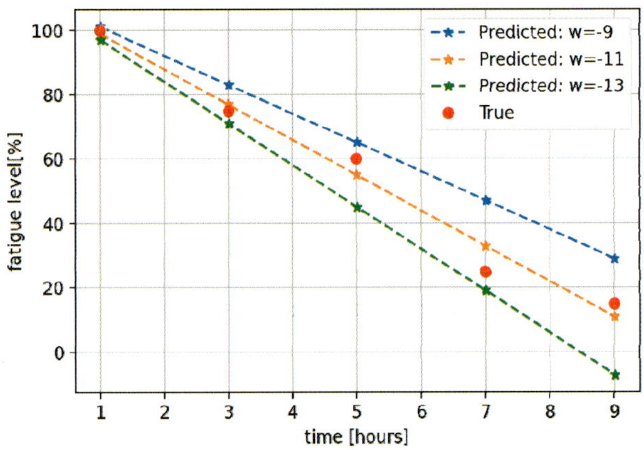

그림 3.2.3 몇 가지 w값에 대한 예측 결과

표 3.2.1에 의하면 5시간 수면하면 피로도가 60%가 됩니다. 한편, 실습 3.2.1에 의하면 우리의 인공신경망은 피로도가 55%가 될 것으로 예측했습니다. 예측값이 매우 근접한 것 같지만, 정확히 똑같지는 않습니다. 참값과 예측값의 차이를 **학습 오차**

(training loss)라고 하고, 이를 계산하는 여러 가지 방법이 있지만, 가장 간단하게 생각하면 예측값과 실제 측정값의 차를 학습 오차라 하여, $60 - 55 = 5$라 정할 수 있습니다. 당연하게도 이 오차가 적다면 인공신경망이 예측을 잘한다 (혹은 학습이 잘 되었다)라고 얘기할 수 있습니다.

표 3.2.2 몇 가지 w값에 대한 예측값과 참값

시간 \ w	참값	−9		−11		−13	
	y	$\hat{y}$	e	$\hat{y}$	e	$\hat{y}$	e
1	100	101	-1	99	1	97	3
3	75	83	-8	77	-2	71	4
5	60	65	-5	55	5	45	15
7	25	47	-22	33	-8	19	6
9	15	29	-14	11	4	-7	22

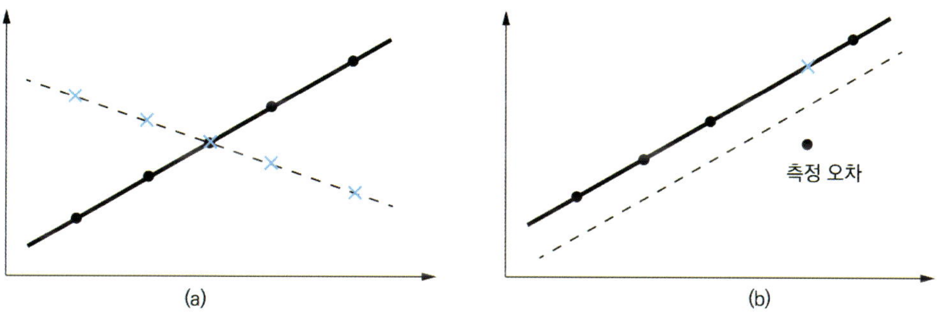

그림 3.2.4 오차 정량화 방법의 문제점

그리면 이제 b를 고정한 상태에서 w값을 바꿔가며 오차를 계산해 보겠습니다. w가 9, 11, 13일 때의 예측값($\hat{y}$)과 오차($e = y \quad \hat{y}$)를 표 3.2.2에 정리했습니다. 1시간 수면했을 때를 보면, $w = -9$일 때와 $w = -11$일 때 오차가 -1과 1로 절댓값이 가장 적습니다. 반대로 7시간 수면했을 때를 살펴보니, 오히려 $w = -13$인 경우가 오차가 6으로 가장 적습니다. w가 어떤 값일 때 가장 학습이 잘 된 것인지 표 3.2.2만으로는 잘 모르겠습니다. 그러나 그림 3.2.3을 보면 직관적으로 주홍색 그래프($w=-11$)의 결과가 가장 예측을 잘한 것 같다는 판단이 됩니다. 그러나 인공지능 알고리즘의 성능 분석을 위해서는 이런 직관적인 판단이 아닌 정량적인 예측 오차 분석이 필요합니다.

안타깝게도 표 3.2.2로부터 각 수면 시간별로 예측된 피로도의 오차만 비교해서는 정량적인 분석이 불가능함을 알 수 있습니다. 각 시간별로 오차를 비교하는 것이 아닌 전체 시간에 대해 오차를 대표하는 하나의 값을 찾을 수 있으면 정량적 분석이 가능할 것 같습니다. 얼핏 생각나는 대푯값은 '오차의 합', '오차의 최댓값', '오차 제곱의 합' 등이 있습니다.

그림 3.2.4의 왼쪽 그래프는 '오차의 합'을 학습 오차로 판단하는 방법의 한계를 보입니다. 그래프에서 점이 참값이라 했을 때, 실선은 점들을 모두 정확히 지나기 때문에 오차의 합이 0입니다. 반면에 점선은 직관적으로 점을 제대로 표현하는 직선이 아님을 알 수 있는데도 불구하고, 가운데 위치한 점의 왼편에서는 오차가 -부호인데, 오른편에서는 왼편과 크기는 같고 부호만 +가 되어 이들을 모두 더하면 합이 0이 됩니다. 따라서 오차의 합을 학습 오차로 하는 경우 점선도 좋은 예측선이라고 오판하게 됩니다.

그렇다면 오차의 최댓값을 학습 오차로 정의하면 어떨까요? 그림 3.2.4의 오른쪽 그래프에서 마찬가지로 점이 참값입니다. 그래프에서 하나의 동떨어진 점은 다른 데이터들과의 상관관계를 봤을 때, 실제 데이터가 저렇게 따로 떨어졌다기보다는 측정기기의 오류 등으로 잘못 측정되었을 확률이 높습니다. 그런데 오차의 최댓값을 학습 오차로 하면, 실선보다 점선이 더 오차가 적다고 판단합니다. 그러나 동떨어진 점을 측정오차라고 하여 무시하면 사실 실선처럼 예측선을 긋는 것이 타당합니다. 따라서 오차의 최댓값을 학습 오차로 하는 것도 좋지 않습니다.

평균 제곱 오차

앞서 살펴본 이유에 의해 선형 회귀 분석에서는 일반적으로 **평균 제곱 오차(Mean squared error, MSE)**를 이용해 학습 오차를 계산합니다. MSE를 이용한 학습 오차의 식은 다음과 같습니다.

$$loss = \frac{1}{N}\sum_{i=1}^{N}\left(y_i - \hat{y}_i\right)^2 \tag{3.2.5}$$

위 식에서 N은 학습 데이터 쌍의 수이고, y_i는 i번째 학습 데이터 값, $\hat{y}_i$는 i번째 예측값을 의미합니다. 즉, 오차 제곱의 평균값을 의미합니다. 표 3.2.2의 데이터로부터 학습 오차를 계산한 결과를 표 3.2.3에 정리했습니다. 결과로부터 세 가지 w 값 중, $w=-11$일 때 학습 오차가 가장 작다는 것을 알 수 있습니다. 즉, $b=110$이면 $w=-11$인 경우가 가장 최적의 값이고 이때, 우리의 인공신경망이 가장 잘 예측한다는 의미입니다.

표 3.2.3 w값에 따른 MSE

w	−9	−11	−13
Loss	154	22	154

이제 w와 b를 모두 바꿔가며 학습 오차를 계산해서 3차원 그래프로 시각화해 보겠습니다. 실습 3.2.2에 전체 코드를 나타내었습니다.

실습 3.2.2

lab3_2_2_MSE_graph.ipynb

몇 가지 w와 b의 조합에 대해서 학습 오차를 계산하고 3차원 그래프로 시각화하세요.

정답코드

```
import torch
import numpy as np
import matplotlib.pyplot as plt
from matplotlib import cm

def h(z):
    return z

x = torch.Tensor([1, 3, 5, 7, 9])
y_true = torch.Tensor([100, 75, 60, 25, 15])

w_lst = np.linspace(-9, -13, 50)
b_lst = np.linspace(100, 120, 50)

MSE_lst = torch.FloatTensor(len(w_lst),len(b_lst))
for wc in range(len(w_lst)):
    w = w_lst[wc]
    for bc in range(len(b_lst)):
        b = b_lst[bc]
        z = w*x + b
        yhat = h(z)
        mse = sum([(y_true[i]-yhat[i])**2
                   for i in range(len(x))]) / len(x)
        MSE_lst[wc][bc] = mse

fig = plt.figure()
ax = fig.add_subplot(projection='3d')
X, Y = np.meshgrid(w_lst, b_lst)
ax.plot_surface(X, Y, MSE_lst.numpy(),
                rstride=2,
                cstride=2,
                cmap=cm.Blues,
                linewidth=1,
                antialiased=True)
ax.set_xlabel('w')
ax.set_ylabel('b')
ax.set_zlabel('MSE')
```

```
038    ax.view_init(elev=30,azim=-20)
039    ax.dist=10
040    plt.tight_layout()
041    plt.show()
```

실행 결과

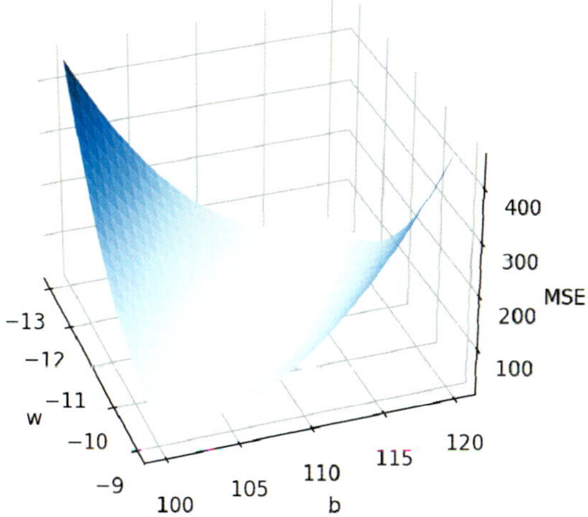

분석

코드에서 12~13번 줄에서는 학습 오차를 계산할 w와 b의 목록을 생성합니다. 12번 줄은 w의 목록을 -9에서 -13까지의 범위를 50등분 한 것으로 생성합니다. 15번 줄에서는 모든 w와 b의 조합에 대해 MSE를 계산한 값을 저장할 빈 배열을 생성합니다.

16~24번 줄에서는 학습 오차를 계산하여 목록에 저장합니다. 17번과 19번 줄에서 w와 b를 **w_lst**와 **b_lst**에서 하나씩 가지고 옵니다. 20번 줄에서는 $z=wx+b$를 계산합니다. 최종적으로 예측값 $\hat{y}$는 방금 계산한 z를 활성화 함수 $h(z)$에 통과시킨 값이 되는데, 선형 회귀 분석에서 활성화 함수는 $h(z)=z$였으므로 21번 줄에 의해 $\hat{y}=wx+b$가 됩니다.

이제 식 (3.2.5)를 이용해 학습 오차를 계산해야 합니다. 식 (3.2.5)를 보면, y와 $\hat{y}$에서 i번째 원소를 가지고 와서 차이를 계산하고 이를 제곱합니다. 식으로 표현하면 다음과 같습니다.

```
(y_true[i]-yhat[i])**2
```

여기서 **y_true**는 y를 의미하고 **yhat**은 $\hat{y}$를 의미합니다. 한편 i는 1에서 N까지 1씩 증가해야 합니다. N은 학습데이터의 수를 의미하는데, 코드에서는 코드의 9번 줄에서 정의한 **Tensor x**를 구성하는 원소의 수와 같습니다. 코드로는 다음과 같이 구할 수 있습니다.

```
len(x)
```

이제 다음과 같이 i번째 원소 간의 오차를 제곱한 것을 모아둔 **list**를 생성합니다.

```
[(y_true[i]-yhat[i])**2 for i in range(len(x))]
```

그다음 22~23번 줄에서와같이 **sum()** 함수를 이용하면 위의 코드로 생성된 **list**의 모든 원소의 합을 계산할 수 있고 이를 **len(x)**로 나누어 주면 정확히 식 (3.2.5)와 같음을 알 수 있습니다. 마지막으로 24번 줄에서 방금 계산한 학습 오차를 목록에 저장합니다.
26~41번 줄은 3차원 그래프를 그리는 부분인데, 이 책의 범위를 벗어나는 내용이므로, '이런 코드를 이용하면 3차원 그래프가 그려지는구나.' 정도로 이해를 하시면 좋을 것 같습니다.
결과 그래프로부터 $w=-11$이고, $b=110$ 일 때 MSE가 가장 낮은 것 같습니다. 따라서 이때가 학습이 가장 잘된 경우라고 판단할 수 있습니다.

지금까지의 내용을 정리하면, 선형 회귀 분석 문제를 위한 인공신경망의 성능은 MSE 학습 오차를 이용해 측정한다는 사실을 알게 되었습니다. 또한, 학습 오차가 최소화되는 w와 b를 찾는 것이 인공신경망의 학습 목표라는 것도 알게 되었습니다. 그러나 어떻게 해야 학습 오차가 최소가 되는 w와 b를 결정할 수 있을지는 아직 다루지 않았습니다.

그러나 실습 3.2.2의 결과 그래프를 보면, w와 b가 경도와 위도라고 했을 때, 학습 오차를 계곡의 높이라고 생각할 수도 있습니다. 따라서 계곡의 한 점에서 공을 굴러 떨어뜨렸을 때 공이 가장 낮은 위치로 이동하듯이, 학습 오차가 최소화되는 지점을 향해 w와 b를 조금씩 이동하면 될 것 같다는 힌트를 얻으며 이번 장을 마무리하겠습니다.

3.3 경사하강법

인공신경망의 학습

앞 절에서 w와 b의 값에 따라 학습 오차가 달라진다는 것을 확인했습니다. 즉, 학습 오차는 w와 b에 대한 함수이므로, 학습 오차가 최소화되는 w와 b의 값을 미적분학 개념을 통해 해석적으로 계산할 수 있습니다. 앞 절에서 살펴본 선형 회귀 분석 문제에서 학습 오차는 식 (3.2.5)에 식 (3.2.4)를 대입하여 다음과 같이 표현 가능합니다.

$$loss = \frac{1}{N}\sum_{i=1}^{N}\left(y_i - \hat{y}_i\right)^2 = \frac{1}{N}\sum_{i=1}^{N}\left(y_i - wx_i - b\right)^2 \tag{3.3.1}$$

식 (3.3.1)의 학습 오차가 최소화되는 w와 b의 값은 다음의 식을 통해 계산할 수 있습니다.

$$w = \frac{N\left(\sum_{i=1}^{N} x_i y_i\right) - \left(\sum_{i=1}^{N} x_i\right)\left(\sum_{i=1}^{r} y_i\right)}{N\left(\sum_{i=1}^{N} x_i^2\right) - \left(\sum_{i=1}^{N} x_i\right)^2},\ b = \overline{y} - w\overline{x} \tag{3.3.2}$$

식 (3.3.2)는 어렵지 않게 유도할 수 있지만 이 책의 범위를 벗어나므로 증명하지는 않겠습니다. 한편, 식 (3.3.2)에서 x_i와 y_i는 i번째 학습데이터, N은 학습데이터의 수, 그리고 $\overline{x}$와 $\overline{y}$는 각각 x_i와 y_i의 평균을 의미합니다. 식 (3.3.2)에 표 3.2.1의 학습 데이터를 대입하면 최적의 w와 b의 값을 계산할 수 있고, 이 값이 이미 우리가 실습 3.2.1에서 사용했던 값입니다.

식 (3.3.2)가 조금 복잡해 보이기는 하지만, 컴퓨터를 이용하면 어렵지 않게 계산할 수 있습니다. PyTorch로 작성하면 코드 3.3.1과 같으니 한 번 실행해 보면서 확인해 보시기 바랍니다.

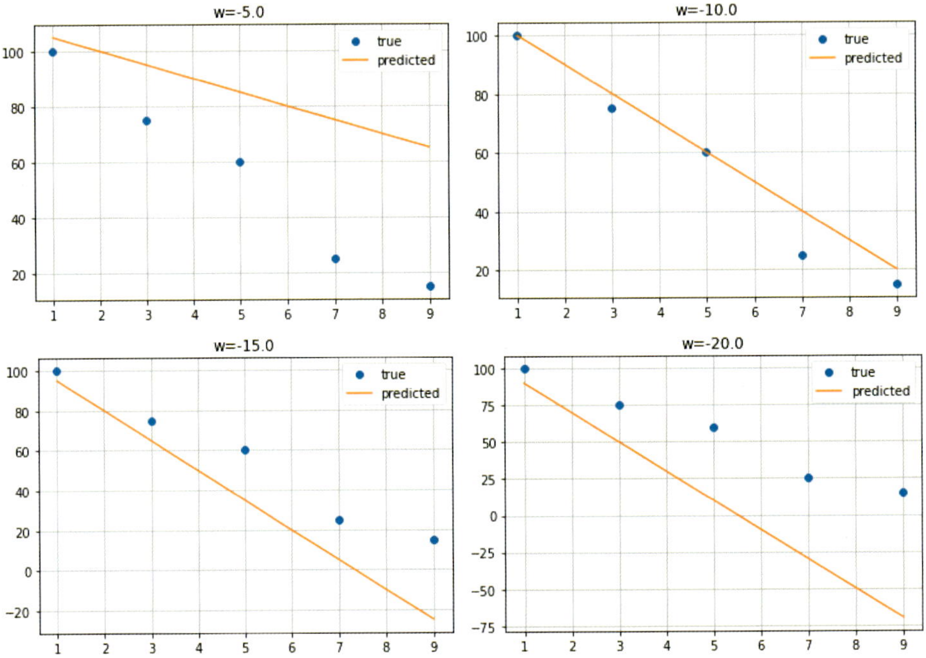

그림 3.3.1 몇 가지 w값에 대한 예측 선(주홍색 실선)과 참값(파란색 점)

코드 3.3.1 해석적인 파라미터 계산

```
import torch
x = torch.Tensor([2.0, 4.0, 6.0, 8.0, 10.0])
y = torch.Tensor([78.0, 76.0, 75.0, 75.5, 74.5])
N = len(x)
w = ( N*sum([x[i]*y[i] for i in range(N)]) - sum(x)*sum(y) ) \
    / ( N*sum([xx**2 for xx in x]) - (sum(x))**2 )
b = torch.mean(y) - w*torch.mean(x)
```

우리는 식 (3.3.2)를 통해 최적의 값을 계산하는 과정을 학습이라고 부르지 않습니다. 단순히 최적의 값을 해석적으로 결정한 것일 뿐입니다. 즉, '인공신경망이 학습한다'가 아니고 '인공신경망이 최적의 성능을 내는 가중치를 해석적으로 계산했다'가 됩니다. 해석적으로 구하는 것이 간단하고 계산도 빠르기 때문에 좋아 보이지만, 인공신경망의 구조가 커져서 은닉층이나 뉴런의 수가 많아지면, 결정해야 할 가중치의 수도 그에 따라 증가하므로 식 (3.3.1)과 같은 해석적인 식을 구하기 어렵습니다.

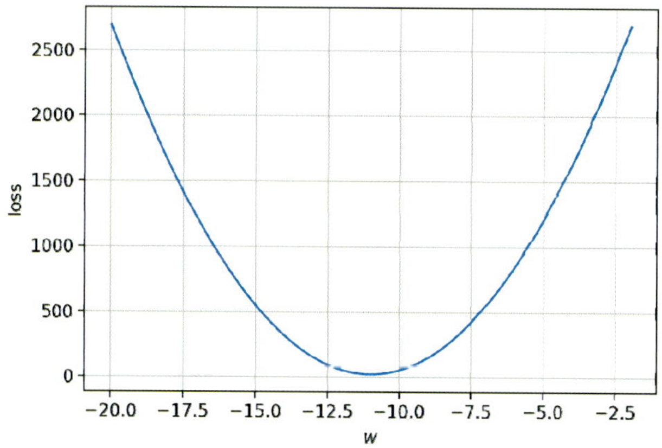

그림 3.3.2 w에 따른 학습 오차의 변화 그래프

해석적으로 최적의 값을 찾기 어려울 때는 컴퓨터의 빠른 계산 능력을 이용하는 수치해석적인 방법을 이용하는 편이 좋습니다. 수치해석적인 방법을 알아보기 위해 최적의 b값이 110으로 이미 주어져 있고, 최적의 w값이 얼마인지만 모르는 상황을 가정합시다. w값이 얼마일 때 최적인지 모르니, w가 -5, -10, -15, -20인 경우에 대해 예측값을 계산해 보겠습니다. 예측 그래프를 식 (3.2.4)에 의해 계산하여 그림 3.3.1에 나타내었습니다.

이번에는 실제로 학습 오차를 계산하여 예측 성능을 평가해보겠습니다. 학습 오차는 식 (3.2.5)에 의해 계산됩니다. 표 3.2.3에 w값에 따른 학습 오차를 정리했습니다. 표로부터 w의 최적값은 -10에서 -15 사이에 위치할 것 같다는 생각이 듭니다. 이를 확인하기 위해 그림 3.3.2에 w값을 연속적으로 바꿔가며 학습 오차를 그래프로 나타내 보았습니다. 그림으로부터 그래프의 세로축이 가장 낮아지는 지점의 w값이 최적의 w값임을 알 수 있는데, 이는 다음의 식으로 표현할 수 있습니다.

표 3.2.3 w값에 따른 학습 오차

w	−5	−10	−15	−20
Loss	1210	55	550	2695

$$\mathrm{argmin}_{w,b} loss(w,b) \tag{3.3.3}$$

min은 어떤 함수의 최솟값을 구하라는 의미입니다. 즉 $\min_{w,b} loss(w,b)$라는 것은 w와 b를 바꿔가며 $loss$값의 최솟값을 계산하라는 의미입니다. 한편, 식 (3.3.3)의 argmin은 최솟값이 아닌, $loss$값이 최솟값일 때 w와 b가 무엇인지를 묻는 것입니다. 따라서 식 (3.3.3)이 의미하는 것은 다음과 같습니다.

1. 학습 오차는 w와 b에 대한 함수이다.
2. 학습 오차가 최소화되었을 때 w와 b가 얼마인지 알고 싶다.

컴퓨터를 이용하면, 임의의 w값에 대한 학습 오차를 빠르게 계산할 수 있습니다. 따라서 이러한 컴퓨터의 계산 능력을 이용해 다음과 같이 수치해석적인 방법으로 식 (3.3.3)을 찾을 수 있습니다. 다음의 알고리즘은 식 (3.3.3)을 수치해석적으로 찾는 방법을 설명합니다.

1. w와 b를 임의로 선택한다.
2. 임의로 선택된 값과 주어진 학습데이터에 대해 학습 오차를 계산한다.
3. w와 b를 약간 수정한다.
4. 수정된 값을 이용해 학습 오차를 다시 계산한다.
5. 학습 오차가 더이상 줄어들지 않을 때까지 3~4를 반복한다.
6. 이때의 w와 b의 값을 반환한다.

다음 이어지는 실습 3.3.1에서는 임의로 w값을 조금씩 바꿔가며 학습 오차가 최소화되는 w를 찾는 실습을 진행해 보겠습니다.

실습 3.3.1

lab3_3_1_manual_w.ipynb

w값을 임의로 수정하여 최적의 학습 오차를 결정하세요

정답코드

```
import torch

x = torch.Tensor([1, 3, 5, 7, 9])
y_true = torch.Tensor([100, 75, 60, 25, 15])

b = 110
w = -1

while True:
    y_hat = w*x + b
    loss = sum([(y_true[j]-y_hat[j])**2
                for j in range(len(x))])/len(x)

    print(f'w={w:0.2f}, loss={loss.item():0.4f}')

    diff = float(input('w를 얼마나 수정할까요?'))
    if diff == 0:
        break

    w = w + diff
```

실행 결과

```
w=-1.00, loss=3322.0000
w를 얼마나 수정할까요?-5
w=-6.00, loss=847.0000
w를 얼마나 수정할까요?-5
w=-11.00, loss=22.0000
w를 얼마나 수정할까요?-5
w=-16.00, loss=847.0000
w를 얼마나 수정할까요?5
```

```
w=-13.00, loss=154.0000
w를 얼마나 수정할까요?+3
w=-10.00, loss=55.0000
w를 얼마나 수정할까요?+3
w=-7.00, loss=550.0000
w를 얼마나 수정할까요?-2
w=-9.00, loss=154.0000
w를 얼마나 수정할까요?-2
w=-11.00, loss=22.0000
w를 얼마나 수정할까요?-2
w=-13.00, loss=154.0000
w를 얼마나 수정할까요?+1
w=-12.00, loss=55.0000
w를 얼마나 수정할까요?+1
w=-11.00, loss=22.0000
w를 얼마나 수정할까요?+1
w=-10.00, loss=55.0000
w를 얼마나 수정할까요?-0.5
w=-10.50, loss=30.2500
w를 얼마나 수정할까요?-0.5
w=-11.00, loss=22.0000
w를 얼마나 수정할까요?0
```

분석

우선 7번 줄에서 w의 값을 -1로 임의로 선택합니다. 그다음 9~20번 줄이 무한히 반복되는데, 먼저 10번 줄에서 $\hat{y}$를 계산합니다. 11~12번 줄에서 식 (3.2.5)를 이용해 학습 오차를 계산합니다. 14번 줄에서 현재 w값과 학습 오차를 출력합니다. 15번 줄에서 w값을 얼마만큼 수정할지 사용자로부터 입력받습니다. 만약 0을 입력하면 더이상 진행하지 않는다는 의미로 받아들여 코드가 종료됩니다. 0이 아닌 값을 입력받으면 20번 줄에 의해 w의 값이 변경됩니다. 20번 줄은 다음의 의미를 가집니다.

$$w_{new} = w_{prev} + \Delta \tag{3.3.4}$$

여기서 w_{prev}는 기존의 w값, w_{new}는 새로 바뀐 w값을 의미하고, Δ는 w를 수정할 보폭을 지정합니다.

실행 결과를 보면, $w=-16$이 될 때까지 w를 -5씩 값을 수정했고, 학습 오차가 줄어들고 있어 올바른 방향으로 w값이 개선되고 있음을 알 수 있습니다. 그런데 $w=-16$이 되면 $w=-11$일 때보다 학습 오차가 오히려 늘어나므로 w값을 다시 키워야 합니다. 이제 3씩 w를 수정했더니, $w=-10$에서 $w=-7$로 변할 때 오히려 학습 오차가 늘어났기 때문에 다시 w값을 줄여 나갔습니다. 이런 식으로 반복하다 보니 $w=-11$일 때 학습 오차가 가장 작다고 판단할 수 있게 되었습니다.

실습 3.3.1의 결과를 보면 w와 b를 식 (3.3.4)와 같이 조금씩 수정해 나가면 최적의 값을 찾을 수 있을 것 같습니다. 따라서 컴퓨터가 이런 식으로 가중치를 업데이트해 나가면 해석적인 식을 구하지 않더라도 복잡한 인공신경망의 가중치의 최적값을 컴퓨터가 스스로 찾을 수 있습니다. 그런데 한 가지 문제가 남아있습니다. 실습 3.3.1에서는 학습을 컴퓨터가 스스로 했다기보다는 사람이 직접 학습시켰다고 볼 수 있습니다. 그 이유는 값을 수정할 보폭을 사용자가 직접 입력해 주었기 때문입니다. 그렇다면 이것마저도 컴퓨터가 스스로 하게 만들려면 어떻게 해야 할까요?

보폭의 결정

식 (3.3.4)를 이용해 w값을 갱신하기 위해서는 보폭 Δ를 컴퓨터가 스스로 결정해야 합니다. 실습 3.3.1에서 살펴보았듯이 Δ는 방향(+, −)과 크기를 가집니다. 우선 방향의 결정 방법을 알아봅시다.

그림 3.3.3과 같이 생긴 계곡이 있다고 가정합시다. 이 계곡의 가장 윗부분에 공을 놓으면 어떻게 될까요? 공과 지면 사이에 마찰력이 있다면, 공이 굴러가서 결국에는

제일 낮은 지점에서 멈출 것입니다. 우리는 이 공이 멈춘 지점에서의 w값이 학습 오차가 가장 낮은 최적값임을 알고 있습니다.

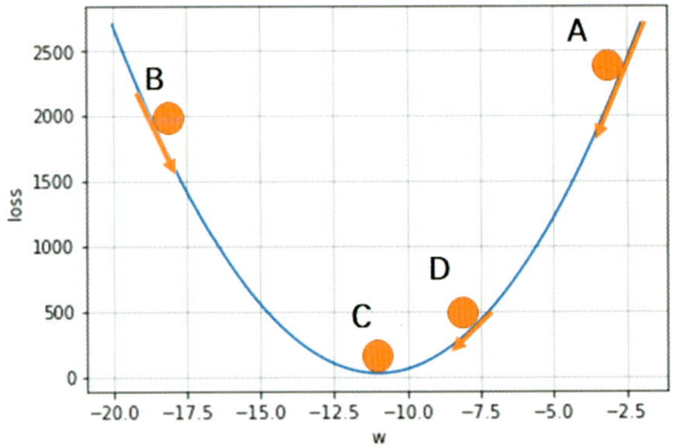

그림 3.3.3 학습 오차 계곡에서 굴러가는 공

공이 움직이는 방향을 살펴봅시다. 공은 자신이 위치한 지점에서 그래프의 기울기 반대 방향으로 이동하는 것을 알 수 있습니다. 예를 들어 그림 3.3.3에서 공이 A지점에 위치했을 때 기울기는 양수입니다. 그런데 공은 실제로 w가 작아지는 방향, 즉 $\Delta < 0$의 방향으로 이동합니다. 마찬가지로 B지점에 위치했을 때 기울기는 음수이고 공은 $\Delta > 0$의 방향으로 이동합니다. 그리고 최종적으로 C지점에 위치했을 때는 기울기가 0이므로 $\Delta = 0$의 방향, 즉 공이 움직이지 않게 됩니다. 즉 우리는 다음과 같은 결론에 도달합니다.

"Δ의 방향은 해당 지점에서 그래프의 기울기의 반대 방향이다."

이제 Δ의 크기를 알아 보겠습니다. 그림 3.3.3에서 공이 A지점에 있을 때와 D지점에 있을 때 모두 기울기가 양수이므로 $\Delta < 0$의 방향으로 공이 움직입니다. 그런데 A지점은 최적 지점인 C에서 멀리 떨어져 있으므로 공이 많이 움직여도 되지만, D지점은 C지점에 근접해 있으므로 조금씩 움직여야 C지점을 지나칠 가능성을 줄일 수 있습니

다. A지점과 D지점의 차이는 바로 기울기의 크기의 차이입니다. A지점에서는 기울기가 크기 때문에 보폭을 크게 해도 좋지만, D지점은 기울기가 작기 때문에 보폭을 작게 해야 합니다. 또한, C지점은 기울기가 0이기 때문에 보폭이 0이 됩니다. 따라서 우리는 다음과 같은 결론에 도달합니다.

"Δ의 크기는 해당 지점에서 그래프의 기울기에 비례한다."

지금까지 살펴본 결과를 종합하면, Δ를 스스로 결정하기 위해서는 그래프의 기울기를 알아야 함을 알 수 있습니다. 즉, 공이 위치한 지점에서 접선의 기울기를 알아야 합니다. 접선의 기울기가 기하학적으로 봤을 때 계곡의 경사도와 같으므로 경사(gradient)라는 용어를 사용하겠습니다. 또한, 경사는 방향(+, −)과 크기를 가지기 때문에 지금까지의 내용을 다음과 같이 한 줄로 정리할 수 있습니다.

"Δ는 해당 지점에서의 경사의 반대 방향에 비례한다."

경사하강법

학습 오차는 여러 변수에 대한 함수인데(최소한 여기서는 w와 b), 여러 변수 중 하나의 변수에 대한 변화 정도(경사)를 구하는 것은 편미분의 개념입니다. 편미분의 개념을 기반으로 $loss$함수의 경사는 다음의 식으로 표현됩니다.

$$\frac{\partial loss}{\partial w} \tag{3.3.5}$$

쉽게 생각해서 식 (3.3.5)는 '$loss$함수를 w로 미분한 것이다'라고 생각하면 됩니다. 그러면, 식 (3.3.5)의 경사의 개념과 식 (3.3.4)를 이용하여 최적의 w값을 찾기 위한 식을 다음과 같이 표현할 수 있습니다.

$$w_{new} = w_{prev} - \alpha \frac{\partial loss}{\partial w} \tag{3.3.6}$$

여기서 α는 학습률(learning rate)이라고 하고, 경사에 어느 정도로 비례해서 w값을 수정할지를 결정하는 하이퍼 파라미터(hyper parameter)로 사용자가 자유롭게 설정할 수 있는 값입니다. 식 (3.3.6)과 같이 경사를 이용해 가중치를 수정하는 방법을 경사하강법(gradient descent algorithm)이라고 합니다.

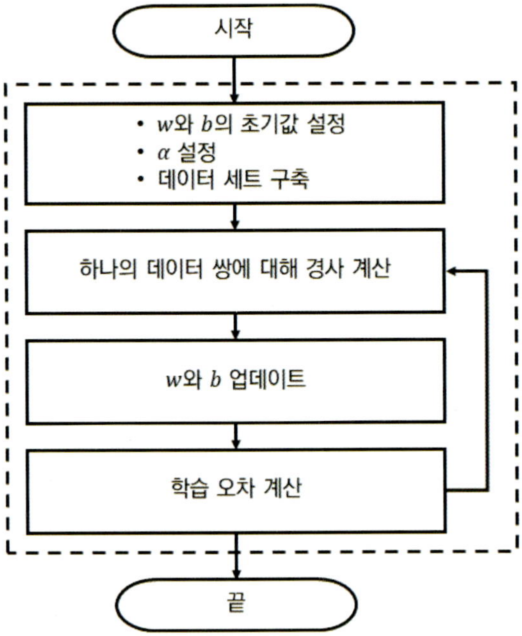

그림 3.3.4 경사하강법의 순서도

이제 식 (3.3.6)을 코드로 구현하기 위해 경사 $\frac{\partial loss}{\partial w}$를 전개해 봅시다. 먼저 MSE를 이용한 $loss$함수는 다음과 같이 전개됩니다.

$$\begin{aligned} loss &= (y-\hat{y})^2 \\ &= (y-wx-b)^2 = y^2+b^2-2by+x^2w^2+2(bx-xy)w \end{aligned} \tag{3.3.7}$$

편미분을 구하기 위해 식 (3.3.7)에서 w를 제외한 b, x, y가 상수라고 가정하겠습니다. 이제 식 (3.3.7)의 $loss$함수를 w에 대해 편미분하면 다음을 얻습니다.

$$\frac{\partial loss}{\partial w} = 2x(xw + b - y) \tag{3.3.8}$$

식 (3.3.6)에 방금 구한 식 (3.3.8)을 대입하여 컴퓨터가 스스로 최적의 w값을 찾을 수 있습니다. 마찬가지로 식 (3.3.7)을 b에 대해 미분하면 다음을 얻습니다.

$$\frac{\partial loss}{\partial b} = 2(b - y + wx) \tag{3.3.9}$$

이제 식 (3.3.9)를 식 (3.3.6)에 대입하면 다음의 식을 얻을 수 있습니다.

$$b_{new} = b_{prev} - \alpha \frac{\partial loss}{\partial b} \tag{3.3.10}$$

경사하강법을 순서도로 표현하면 그림 3.3.4와 같습니다. 먼저 학습시킬 파라미터(여기서는 w와 b)의 초깃값과 학습률 α를 임의로 선택합니다. 하나의 데이터 쌍(x_i, y_i)에 대해 경사를 식 (3.3.8)과 식 (3.3.9)를 이용해 계산하고, 식 (3.3.6)과 식 (3.3.10)의 경사하강법 식을 이용해 가중치를 갱신합니다. 이 과정을 학습 오차가 충분히 작아질 때까지 반복하면 최적의 가중치 값을 결정할 수 있습니다.

경사하강법의 장점은 알고리즘 자체가 매우 간단하며, 인공신경망의 구조가 커지더라도 쉽게 적용 가능하다는 것입니다. 이어지는 실습을 통해 경사하강법을 PyTorch로 구현하는 과정을 살펴보겠습니다.

실습 3.3.2

lab3_3_2_w_gradient_descent.ipynb

w값을 수정하는 경사하강법을 구현하세요.

정답코드

```
import torch
import matplotlib.pyplot as plt
```

```python

x_lst = torch.Tensor([1, 3, 5, 7, 9])
y_lst = torch.Tensor([100, 75, 60, 25, 15])

b = 110
w = -1
alpha = 0.0001

N_ITER = 1000
N_DATA = len(x_lst)

l_sum = 0
l_lst = []
for i in range(1,N_ITER):
    x = x_lst[i%N_DATA]
    y = y_lst[i%N_DATA]

    grad = 2*x*(x*w+b-y)
    w = w - alpha*grad

    yhat = w*x+b
    loss = (y-yhat)**2
    l_sum += loss.item()

    if i % N_DATA == 0:
        l_sum /= N_DATA
        print(f'w={w:0.2f}',
              f'loss={l_sum:0.4f}')
        l_lst.append(l_sum)
        l_sum = 0

plt.plot(range(N_ITER//N_DATA-1), l_lst)
plt.xlabel('iteration')
plt.ylabel('loss')
plt.grid(True)
plt.show()
```

실행 결과

```
... 중략 ...
w=-10.98 loss=21.8076
w=-10.98 loss=21.8069
w=-10.98 loss=21.8063
w=-10.98 loss=21.8057
w=-10.98 loss=21.8051
w=-10.98 loss=21.8046
```

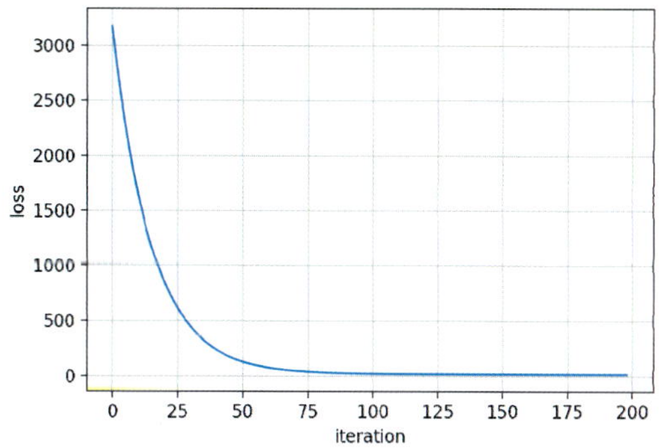

분석

결과를 보면 최종적으로 w값이 -10.98에 수렴하는데, 우리가 해석적으로 구한 값인 $w=-11$과 매우 근접한 값을 얻었음을 확인할 수 있습니다. 코드를 보면 7~9번 줄에서 w, b, α의 초깃값을 임의로 설정합니다. 11번 줄에서는 학습 과정을 몇 번 반복할 것인지 지정합니다. 너무 적으면 학습이 완료되지 못해 최적의 가중치 값을 찾지 못합니다. 반면, 너무 많이 반복하면 가중치의 최적값을 찾은 후에 의미 없는 반복을 계속할 수도 있으니, 적절한 횟수를 지정해야 합니다.

그다음 16~32번 줄의 루프를 반복합니다. 이때, 학습 데이터가 다섯 쌍으로 구성되므로 학습 데이터 전체를 총 N_ITER//5만큼 반복해서 학습하는 것으로 생각할 수 있습니다. 1장에서 전체 손 글씨 데이터세트를 여러 번 반복해 학습했었는데 이런 이유로 반복 학습을 했던 것입니다. 17~18번 줄의 코드는 전체 학습 데이터세트에서 순차적으로 하나의 데이터 쌍을 뽑아오는 코드입니다. 20번 줄에서는 식 (3.3.8)을 계산하고, 21번 줄에서는 식 (3.3.6)을 통해 가중치 w를 갱신합니다. 23번 줄에서 예측치 $\hat{y}$를 계산하며, 이를 이용해 24번 줄에서 학습 오차를 계산합니다. 그리고 27~32번 줄에서는 전체 학습 데이터세트를 한 번 학습할 때마다 MSE를 구하고, 화면에 현재 가중치의 값과 학습 오차를 출력합니다.

결과 그래프를 보면, 반복이 진행될 때마다 학습 오차가 줄어든다는 것을 알 수 있습니다. 학습 오차가 경사를 타고 내려오고 있는 것입니다. 학습 오차가 최소화 되었을 때의 가중치 값이 최적의 값이고 이 값이 해석적으로 구한 값과 비슷함을 확인했습니다.

한 가지 더 짚고 넘어가야 할 점은 9번 줄에서 학습률을 0.0001의 매우 작은 값으로 설정했다는 것입니다. 학습률이 경사를 타고 내려가는 정도 즉, 가중치를 갱신하는 정도를 의미하기에 학습률이 클수록 당연히 학습이 빨리 끝날 것입니다. 따라서 크면 더 좋겠다고 생각할 수 있지만, 일반적으로는 매우 작은 값을 선택해야 합니다. 그 이유는 이어지는 절에서 알아보겠습니다만, 한 번 학습률을 크게도 하고 작게도 하면서 학습이 어떻게 진행되는지 살펴보시기 바랍니다.

학습률

실습 3.3.2에서 학습률 α를 0.0001이라는 매우 작은 값으로 선택했습니다. α는 일반적으로 시행착오 방식으로 설계자가 임의로 선택합니다. 이런 방식이 공학적인 것과는 조금 거리가 멀어 의아하겠지만, 아직까지는 최적의 α값을 결정하는 방법이 완전하게 연구되지 않았습니다. α를 더 작은 값이나 더 큰 값으로 바꿔서 실습을 진행해 보세요. 아마 결과가 지금과 매우 차이 날 것입니다.

α는 가중치를 한 번에 얼마나 많이 수정할 것인지를 결정합니다. α가 매우 작다면 가중치가 올바른 방향으로 갱신은 되겠지만, 갱신되는 보폭이 매우 작기 때문에 학습에 많은 시간이 걸립니다. 따라서 실습 3.3.2에서 α를 더 작게 선택하면, 최적의 w를 찾기 위해 루프를 반복하는 횟수가 늘어 난다는 것을 확인할 수 있습니다.

반대로 α가 매우 크다면 가중치가 최적값을 넘어서 갱신될 수 있습니다. 그림 3.3.5는 학습률이 너무 큰 경우 가중치가 최적값으로 수렴하지 못하고 발산하는 경우를 설명합니다. 그림을 보면 경사의 방향으로 가중치가 갱신되기는 하지만 보폭이 너무 커서 최적값을 지나쳐 점점 멀리 떨어지는 것을 확인할 수 있습니다.

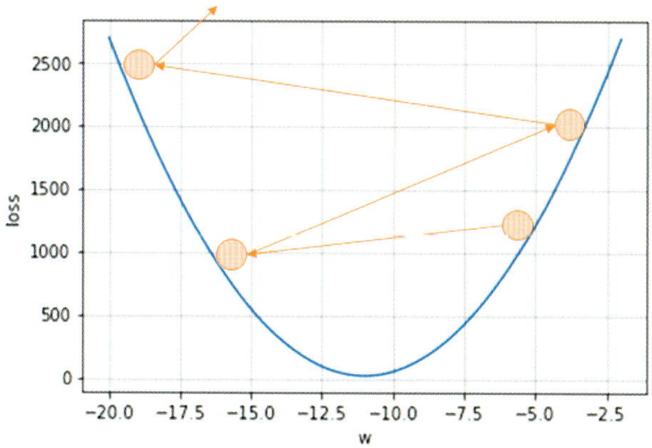

그림 3.3.5 학습률이 너무 큰 경우

따라서 학습률을 신중하게 선택해야 합니다. 그러나 앞서 설명한 바와 같이 학습을 진행하기 전에 선택한 학습률이 올바른지 확인할 수 없으므로, 학습을 조금 해보면서 조정해야 합니다.

정리 예제

이번 절의 내용을 종합하여 주어진 학습 데이터에 대해 최적의 w와 b를 찾는 코드를 구현해 보겠습니다. 전체적인 알고리즘 순서는 그림 3.3.4와 같습니다.

실습 3.3.3

lab3_3_3_gradient_descent.ipynb

경사하강법을 이용하여 주어진 학습 데이터에 대한 최적의 w와 b값을 결정하는 코드를 구현하세요.

정답코드

```
import torch
import matplotlib.pyplot as plt
```

```python

def forward(x):
    y_hat = w*x + b
    return y_hat

def update(x, y):
    global w, b
    grad_w = 2*x*(x*w+b-y)
    grad_b = 2*(b-y+w*x)
    w = w - alpha*grad_w
    b = b - alpha*grad_b

x_lst = torch.Tensor([1, 3, 5, 7, 9])
y_lst = torch.Tensor([100, 75, 60, 25, 15])

w = -1
b = 1
alpha = 0.0005

N_EPOCH = 5000

for epoch in range(N_EPOCH):
    loss = 0
    for x, y in zip(x_lst, y_lst):
        y_hat = forward(x)
        loss += (y-y_hat)**2
        update(x, y)

    if epoch % 10 == 0:
        print(f'epoch={epoch:03}',
              f'w={w:0.2f}, b={b:0.2f}',
              f'loss={loss/len(x_lst):0.5f}')

y_hat = [w*x+b for x in x_lst]
plt.plot(x_lst, y_lst, 'o')
plt.plot(x_lst, y_hat, '-*')
plt.xlabel('x')
plt.ylabel('y')
```

```
041    plt.legend(('true', 'predicted'))
042    plt.grid(True)
043    plt.show()
```

실행 결과

```
...중략...
epoch=4940 w=-10.93, b=109.61 loss=23.11100
epoch=4950 w=-10.93, b=109.61 loss=23.11044
epoch=4960 w=-10.93, b=109.62 loss=23.10989
epoch=4970 w=-10.93, b=109.62 loss=23.10935
epoch=4980 w=-10.93, b=109.62 loss=23.10882
epoch=4990 w=-10.93, b=109.63 loss=23.10831
```

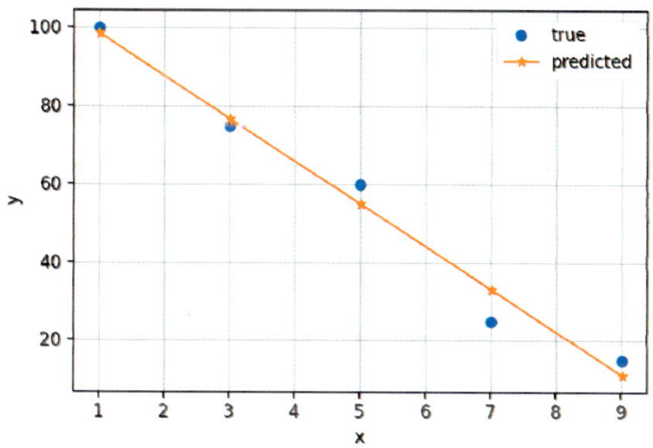

분석

코드에서 4~13번 줄은 함수의 정의이므로 코드는 15번 줄부터 시작되며, 여기서는 학습 데이터세트의 구축, w와 b의 초깃값 선택, 그리고 학습률 설정의 작업을 합니다.

```
015    x_lst = torch.Tensor([1, 3, 5, 7, 9])
016    y_lst = torch.Tensor([100, 75, 60, 25, 15])
017
018    w = -1
019    b = 1
020    alpha = 0.0005
```

학습 데이터는 표 3.2.1의 수면 시간에 따른 피로도의 상관관계 데이터를 이용합니다. w와 b의 초깃값은 어떤 값이라도 좋지만, 값에 따라 학습 진행에 차이가 있기 때문에 '잘' 선택해야 하지만, 이는 책의 범위를 벗어나므로 여기서는 임의로 선택했습니다. 또한 학습률은 빠르게 수렴하면서도 최적의 위치로 잘 수렴되는 값으로 여러 번 반복하며 바꿔본 후에 결정했는데, 여러분도 직접 바꿔가며 실험해보기를 바랍니다.

22번 줄에서 epoch이라는 단어가 보이는데요, epoch은 전체 학습 데이터세트를 1회 학습한 것을 의미합니다. 예를 들어, 우리가 '영어 단어 책을 10회 독했다'라고 얘기하면, 하나의 영어 단어 책을 처음부터 끝까지 10번 봤다는 말이 되죠. 마찬가지로 '10 epoch 학습했다'라는 의미는 '전체 학습 데이터세트에 대해 인공신경망의 가중치를 총 10회 업데이트했다'라는 의미입니다. 따라서 22번 줄에 의하면 우리의 실습 코드는 전체 학습 데이터를 총 5,000회 학습하게 됩니다.

전체 코드는 24~34번 줄의 바깥쪽 큰 loop와 26~29번 줄의 안쪽 작은 loop로 구성되는데, 바깥쪽 큰 loop가 한 epoch에 대한 학습 코드를 의미합니다. 바깥쪽 loop에서는 먼저 현재 epoch에 대한 학습 오차를 계산하기 위해 25번 줄에서 loss를 0으로 초기화합니다. 그다음 26~29번 줄에 해당하는 작은 loop가 실행되는데, 실제 학습은 여기에서 진행됩니다.

```
026         for x, y in zip(x_lst, y_lst):
027             y_hat = forward(x)
028             loss += (y-y_hat)**2
029             update(x, y)
```

26번 줄의 의미는 매 반복마다 `x_lst`와 `y_lst`에서 하나의 데이터 쌍을 뽑아서 `x`와 `y`에 대입하라는 의미입니다. 따라서 26~29번 줄의 작은 loop가 끝나면 전체 학습 데이터세트를 1회 보게 됩니다. 29번 줄에서는 `update()`라는 함수에 현재 학습 데이터 쌍인 `x`와 `y`를 대입합니다.

```
008     def update(x, y):
009         global w, b
010         grad_w = 2*x*(x*w+b-y)
011         grad_b = 2*(b-y+w*x)
012         w = w - alpha*grad_w
```

```
013        b = b - alpha*grad_b
```

10~11번 줄에서는 입력받은 `x`와 `y`, 그리고 현재 가중치인 `w`와 `b`를 이용해 학습 오차의 경사인 $\partial loss/\partial w$와 $\partial loss/\partial b$를 계산합니다. 이때, 식 (3.3.8)과 식 (3.3.9)가 각각 사용되었습니다. 이제 이렇게 계산된 경사를 이용해서 가중치를 업데이트해야 합니다. 식 (3.3.6)과 식 (3.3.10)의 경사하강법 식을 이용하며 코드로는 12~13번 줄에서 구현되었습니다. 코드의 10~13번 줄이 경사하강법을 Python으로 구현한 것인데, 수식과 일대일로 잘 매칭이 되어 이해하는데 특별히 어려움은 없을 것 같습니다. 그런데, 9번 줄이 어색한 독자가 있을 것 같습니다.

```
009        global w, b
```

`update()`함수 안에서 함수 외부의 변수인 `w`와 `b`를 갱신해야 합니다. 만약 9번 줄이 없다면 Python은 `w`와 `b`가 `update()` 함수 안에서 정의된 변수라고 생각합니다. 따라서 Python에게 `w`와 `b`가 `update()` 함수 밖에서 정의된 변수라는 것을 알려주기 위해 9번 줄의 코드가 필요합니다.

이제 인공신경망의 가중치를 업데이트하는 것까지 완료되었습니다. 마지막으로 필요한 것은 현재 학습 오차를 계산하는 것입니다. 학습 오차는 식 (3.3.1)을 이용하기 때문에 학습 데이터의 x에 대한 참값인 y와 이에 대한 예측값인 $\hat{y}$이 필요합니다. 이전 절에서 식 (3.2.4)을 통해 $\hat{y}$을 얻는다는 것을 이미 배웠습니다. 즉, $\hat{y}$은 인공신경망에 x를 통과시켜 얻습니다. 이를 조금 더 전문적으로 표현하면 'x를 forward pass에 통과시켜 $\hat{y}$를 얻는다'라고 합니다. 이 forward pass를 계산하는 함수를 하나 만들었고, 실습 코드에서 4~6번 줄에 해당합니다.

```
004    def forward(x):
005        y_hat = w*x + b
006        return y_hat
```

Forward pass 계산하는 함수는 매우 간단하니 따로 설명하지는 않겠습니다. 이제 이렇게 얻은 값을 통해 학습 오차를 계산해야 합니다. 식 (3.3.1)에서 모든 학습 데이터 쌍에 대해

$(y_i - \hat{y}_i)^2$을 계산하고 이를 모두 더하고 학습 데이터의 수인 N으로 나눠줬습니다. 실습 코드에서는 27~28번 줄에서 이러한 과정이 구현되었습니다.

31~34번 줄은 10 epoch마다 화면에 현재 epoch까지 학습한 결과 얻은 w와 b값, 그리고 학습 오차를 출력합니다. 마지막으로 36~43번 줄은 학습 결과를 확인하기 위한 그래프를 그리는 부분으로 따로 설명하지 않겠습니다.

실행 결과를 보면, 인공신경망의 가중치가 $w = -10.93$과 $b = 109.63$으로 수렴한 것을 볼 수 있습니다. 이전 절에서 참값이 $w = -11$과 $b = 110$이라고 했는데, 참값과 약간 차이가 나게 됩니다. 이런 결과가 생긴 데에는 여러 가지 이유가 있겠지만, 우리는 지금 걸음마 단계로 가장 쉬운 알고리즘을 사용하기 때문에 이런 오차가 생겼다 정도로 이해하면 좋을 것 같습니다. 그러나 예측 결과 그래프를 보면 학습된 인공신경망이 실제 학습 데이터를 비교적 잘 예측함을 알 수 있습니다. 학습이 잘 되었기 때문에 인공신경망은 예상 수면 시간에 따른 피로도를 올바르게 예측할 수 있습니다.

이번 장에서는 매우 간단한 인공신경망 알고리즘을 통해 인공신경망의 구조와 학습 원리 등을 학습했습니다. 경사를 구하기 위해 우리가 직접 손으로 편미분을 계산했습니다. 이번 장에서 다룬 인공신경망은 입력과 출력, 그리고 은닉층이 1개 밖에 없는 매우 간단한 구조로 되어 있습니다. 따라서 학습해야 하는 가중치가 w와 b의 두 개밖에 없었고, 학습 오차가 간단한 2차 함수로 표현되어 경사를 손으로 구하는 것이 가능합니다.

다음 장에서는 조금 더 복잡한 인공신경망의 구조를 살펴보고, 이를 통해 조금 더 성능이 좋은 인공신경망을 개발하는 방법을 알아보겠습니다. 또, 복잡한 인공신경망의 경사는 어떻게 계산해야 하는가에 대해서도 알아보겠습니다.

연습 문제 인공신경망 기초

3.1 인공신경망(artificial neural network)과 생물학적인 신경망의 차이점을 다양한 관점에서 비교하시오.

3.2 지도학습(supervised learning)와 비지도학습(unsupervised learning)의 차이점을 구체적으로 기술하시오.

3.3 분류(classification)과 회귀(regression)의 차이점을 정확히 기술하시오.

3.4 선형 회귀(linear regression)에서 평균 제곱 오차를 사용하는 이유를 기술하시오.

3.5 학습률(learning rate)이 의미하는 바를 논하시오.

3.6 대부분의 신경망의 가중치에는 바이어스(bias)를 포함한다. 그 이유를 기술하시오.

3.7 신경망에서 바이어스를 포함한 가중치를 조정하는 최적화 알고리즘으로 경사하강법(gradient descent)이 널리 사용된다. 경사하강법이 무엇이며, 경사하강법에서 널리 사용되는 비용함수(cost function)는 어떤 것들이 있는가?

3.8 우리 주변에서 선형 관계를 보이는 문제를 조사하고, 그래프로 나타내어 경향을 확인해 보시오.

3.9 식 (3.3.2)를 이용해 w와 b의 참값을 계산하는 코드를 작성하고, 구축한 데이터세트에 적용하시오.

3.10 경사하강법을 이용해 w와 b를 찾는 코드를 작성하고, 구축한 데이터세트에 적용하시오.

3.11 활성화 함수(activation function)를 사용하는 이유가 무엇인가?

3.12 아래와 같은 방법으로 100개의 학습 자료를 생성해서 가중치 w와 바이어스 b를 예측하는 프로그램을 작성해서 방정식 $y = 4 + 3x$와 비교해 보시오.

```
import numpy as np
x = 2 * np.random.rand(100, 1)
y = 4 + 3 * x + 2 * np.random.rand(100, 1)
```

04

인공신경망 심화

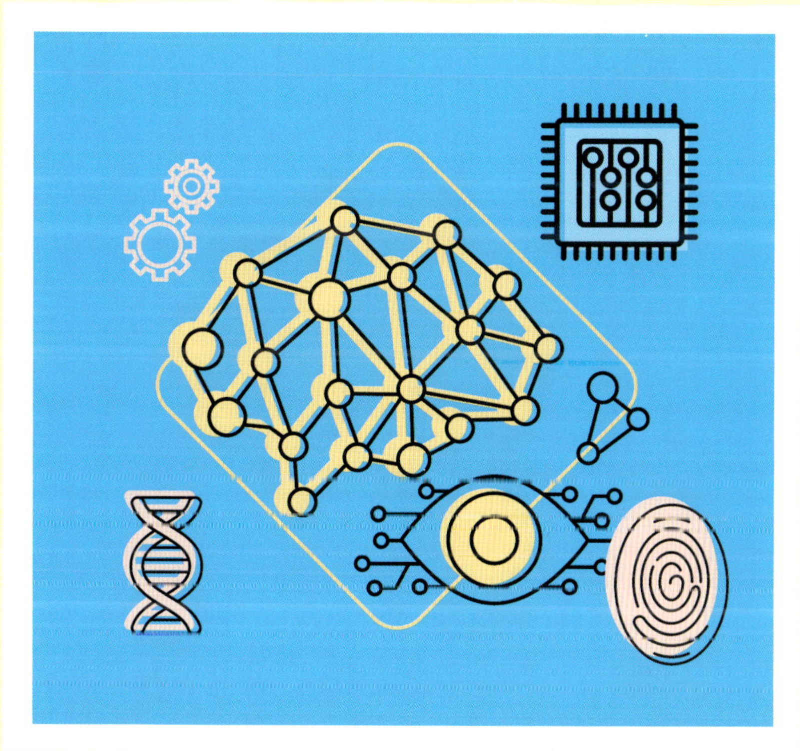

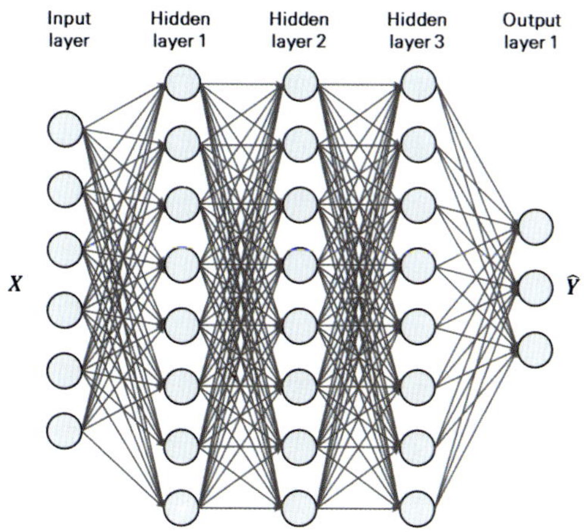

그림 4.1.1 복잡한 인공신경망의 구조

지난 장에서 인공신경망과 선형 회귀 분석의 원리를 학습했습니다. 인공신경망의 가중치를 학습 데이터세트에 맞게 업데이트하는 과정을 '학습'이라고 했습니다. 또한, 인공신경망이 얼마나 잘 학습되었는지 판단하기 위해 학습 오차라는 개념을 도입했습니다. 학습 오차는 인공신경망의 가중치에 대한 함수로 표현됩니다. 그리고 학습 오차가 작아질수록 인공신경망이 학습데이터를 잘 표현하게 된다는 것을 알아보았습니다.

학습 오차가 최소화되는 가중치를 찾는 것이 인공신경망의 '학습' 목표입니다. 지난 장에서 우리는 현재 가중치보다 더 작은 학습 오차를 내는 가중치를 찾아가며 최적의 가중치를 찾아내는 경사하강법을 알아봤습니다. 이 방법은 학습 오차의 경사를 기반으로 동작하는데, 경사는 편미분 계산을 통해 얻을 수 있습니다. 지난 장에서는 학습 오차가 MSE 함수로 정의되었고, 이는 가중치에 대한 2차 다항 함수입니다. 또한, 지난 장에서 다뤘던 인공신경망의 구조는 매우 간단하여 가중치가 w와 b 밖에 없었습니다. 따라서 두 개의 변수에 대한 2차 다항 함수인 학습 오차 함수를 해석적으로 편미분하는 것이 가능했습니다.

그러나 일반적으로 그림 4.1.1과 같이 딥러닝에서 인공신경망의 은닉층은 매우 깊고 넓기 때문에 가중치의 수는 최소 수백만 개 이상입니다. 따라서 학습 오차 함수의 편미분을 해석적으로 구하는 것이 사실상 불가능에 가깝기 때문에, 경사를 구하는 새롭고 효율적인 방법이 요구됩니다.

4.1 오차 역전파

계산 그래프

어떤 주어진 x와 y에 대해서 다음의 식을 컴퓨터를 이용해 계산하는 것은 매우 쉬운 일처럼 보입니다.

$$f(x,y)=(2\times x+100)\times y^2 \tag{4.1.1}$$

그런데, 컴퓨터가 한 번에 하나의 곱셈 혹은 덧셈 연산만 할 수 있다고 가정해 봅시다. 이 경우 코드 4.1.1과 같이 하나의 연산 씩 따로 계산하여 임시로 저장하고 저장된 값을 이용해서 새로운 계산을 하면 됩니다.

코드 4.1.1 식 (4.1.1)의 계산

```
def f(x, y):
    v1 = 2*x
    v2 = v1+100
    v3 = y**2
    v4 = v2*v3
    return v4
```

너무 당연한 얘기라고 생각할 수도 있겠지만, 이 아이디어가 앞으로 우리가 배울 내용에서 매우 중요한 역할을 합니다. 코드 4.1.1을 그래프로 표현한 것을 계산 그래프라고 합니다. 식 (4.1.1)을 계산 그래프로 표현하면 그림 4.1.2와 같습니다. 계산 그래프에서 연산자를 표현하는 원을 노드(node)라고 하고, 노드와 노드를 연결하는 화살표를 엣지(edge)라고 합니다. 왼쪽으로부터 입력되는 값이 엣지를 따라 오른쪽으로 흘러가면서 계산이 진행됩니다. 이렇게 왼쪽에서 오른쪽으로 값을 흘려가며 계산을 하는 것을 순방향 전파(forward propagation)라고 합니다. 계산 그래프의 장점은 각 노드에서는 하나의 연산만 신경을 쓰면 된다는 것입니다. 즉, 식이 아무리 복잡하더라도 계산 그래프에서는 각각의 노드에서의 간단한 계산으로 복잡한 식의 계산을 표현할 수 있습니다.

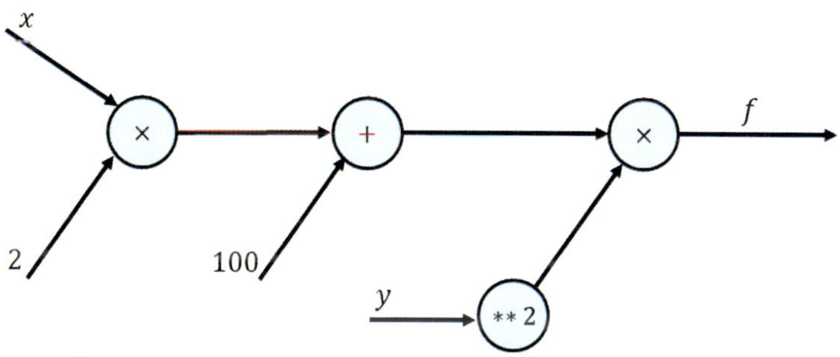

그림 4.1.2 식 (4.1.1)의 계산 그래프

이 뿐만이 아닙니다. 순방향과 반대로 오른쪽에서 왼쪽으로 값을 흘려보내 계산을 할 수도 있습니다. 이렇게 반대 방향으로 값을 흘려보내는 것을 역방향 전파(backward propagation)라고 하고, 줄여서 역전파라고 얘기합니다. 역전파에서는 오른쪽으로 들어온 값을 편미분해서 왼쪽으로 보냅니다. 하나의 노드로 이루어진 간단한 계산 그래프를 보면서 이야기를 진행하겠습니다. 그림 4.1.3은 나음의 식을 표현하는 계산 그래프입니다.

$$z = f(x, y) \tag{4.1.2}$$

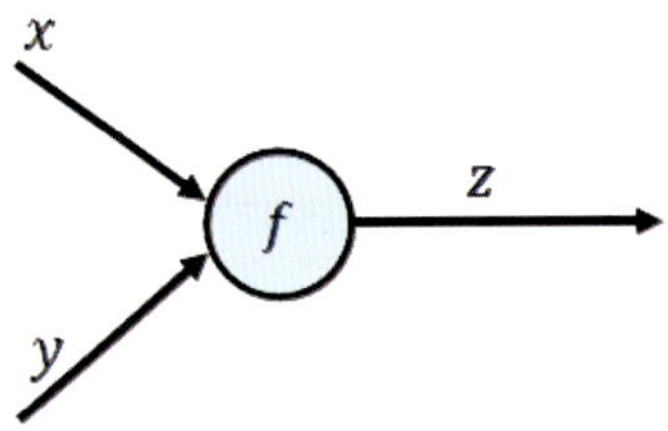

그림 4.1.3 $z=f(x,y)$의 계산 그래프

식 (4.1.2)에서 $f(x,y)$는 사용자가 정의한 임의의 연산을 의미합니다. 예를 들어 $f(x,y)=x+y$와 같이 들어온 두 값을 더한 결과를 내보내는 연산이라고 생각하면 됩니다. 그림 4.1.3의 계산 그래프에서 순전파는 왼쪽으로부터 들어온 x와 y의 값을 이용해 $f(x,y)$를 계산하여 z로 내보냅니다. 반대로 역전파는 편미분 연산에 해당하는데, 다음 식처럼 z가 오른쪽에서 들어와서 이를 각각 x와 y로 편미분합니다.

$$\frac{\partial z}{\partial x}=\frac{\partial z}{\partial z}\times\frac{\partial z}{\partial x} \tag{4.1.3}$$

$$\frac{\partial z}{\partial y}=\frac{\partial z}{\partial z}\times\frac{\partial z}{\partial y} \tag{4.1.4}$$

식 (4.1.3)과 (4.1.4)의 우변에서 $\partial z/\partial z$를 약분하면 좌변과 우변이 같습니다. 식 (4.1.3)와 (4.1.4)를 고려하여 그림 4.1.3을 다시 그리면 그림 4.1.4와 같습니다. 그림을 보면 오른쪽에서 입력된 $\partial z/\partial z$가 x쪽으로 흘러가며 $\partial z/\partial x$가 곱해집니다. 따라서 x쪽으로 흘러가는 역전파 화살표는 z의 x에 대한 편미분인 식 (4.1.3)을 의미합니다. 마찬가지로 y쪽으로 흘러갈 때는 $\partial z/\partial y$가 곱해져 식 (4.1.4)를 의미하게 됩니다. 따라서 역전파를 통해 편미분을 계산할 수 있다는 것을 알 수 있습니다.

계산 그래프의 장점은 아무리 복잡한 식의 계산이라도 각 노드는 자신의 연산만 하면 된다는 것이었습니다. 따라서 역전파를 이용하면 아무리 복잡한 식이라도 편미분을 간단하게 표현할 수 있습니다. 앞서 살펴보았던 식 (4.1.1)의 계산을 역전파를 포함해서 계산 그래프로 나타내면 그림 4.1.5와 같습니다. 이제 계산 그래프의 장점을 보이기 위해 식 (4.1.1)의 y에 대한 편미분, 즉 $\partial v_{4}/\partial y$를 구해보겠습니다. 어느 정도 간단한 식이므로 해석적으로 먼저 계산해 보겠습니다.

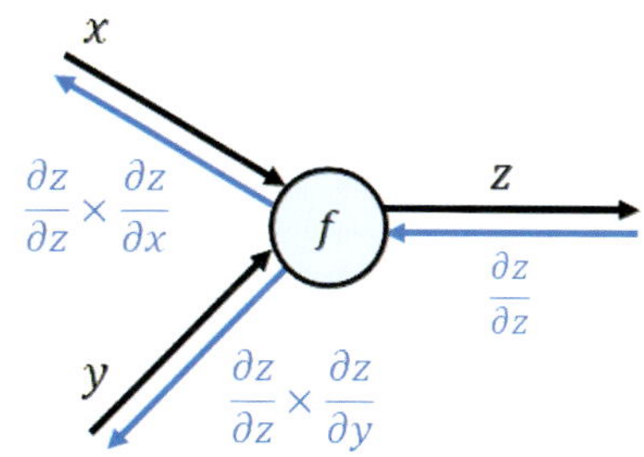

그림 4.1.4 $z=f(x,y)$의 역전파를 포함한 계산 그래프

$$\frac{\partial v_4}{\partial y}=2(2x+100)y \tag{4.1.5}$$

이제 그림 4.1.5의 계산 그래프로부터 v_4의 y에 대한 편미분은 다음과 같다는 것을 알 수 있습니다.

$$\frac{\partial v_4}{\partial y}=\frac{\partial v_4}{\partial v_4}\times\frac{\partial v_4}{\partial v_3}\times\frac{\partial v_3}{\partial y} \tag{4.1.6}$$

위의 식은 세 가지 항의 곱으로 표현됩니다. 각각의 항을 구해보겠습니다. 먼저 $\partial v_4/\partial v_4=1$입니다. 왜냐하면 분모와 분자가 같기 때문입니다. 다음으로 $\partial v_4/\partial v_3$를 계산해야 합니다. 그림 4.1.5의 순전파에서 v_4는 다음의 식으로 계산됨을 알 수 있습니다.

$$v_4=v_2\times v_3 \tag{4.1.7}$$

식 (4.1.7)의 양변을 v_3에 대해 편미분하면 다음을 얻습니다.

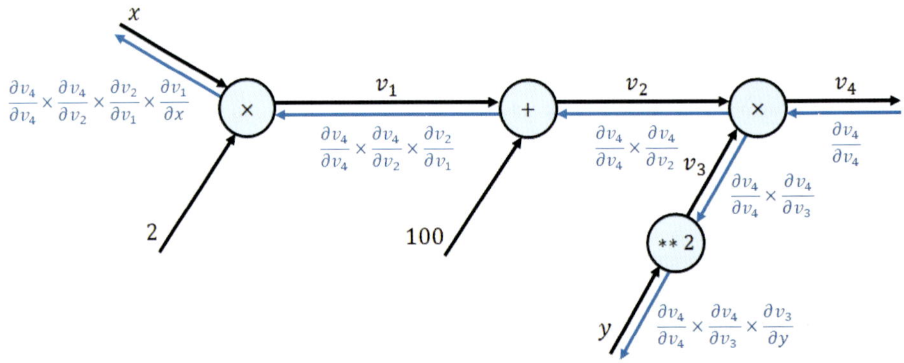

그림 4.1.5 식 (4.1.1)의 역전파를 포함한 계산 그래프

$$\frac{\partial v_4}{\partial v_3} = \frac{\partial (v_2 \times v_3)}{\partial v_3} = v_2 \tag{4.1.8}$$

마지막으로 그림으로부터 $v_3 = y^2$ 이므로, v_3의 y에 대한 편미분은 다음과 같습니다.

$$\frac{\partial v_3}{\partial y} = \frac{\partial y^2}{\partial y} = 2y \tag{4.1.9}$$

식 (4.16)-(4.19)를 종합하면 다음을 얻습니다.

$$\frac{\partial v_4}{\partial y} = 1 \times v_2 \times 2y \tag{4.1.10}$$

그리고 마지막으로 그림 4.1.5에 의해 $v_2 = v_1 + 100 = 2x + 100$이므로 이를 식 (4.1.10)에 대입하면 다음을 얻습니다.

$$\frac{\partial v_4}{\partial y} = 1 \times (2x + 100) \times 2y = 2(2x + 100)y \tag{4.1.11}$$

따라서 우리가 해석적으로 구한 식 (4.1.5)와 계산 그래프를 통해 역전파로 구한 (4.1.11)이 같다는 것을 알 수 있습니다. 따라서 각각 노드의 역전파 공식만 계산한다면 아무리 복잡한 식이라도 어렵지 않게 편미분할 수 있다는 것을 알 수 있습니다. 더욱 놀라운 점은 이러한 역전파의 계산을 컴퓨터를 이용해 자동으로 할 수 있다는 것입니다.

지금까지 역전파의 원리를 알아보았고, 역전파를 이용하면 매우 복잡한 식의 편미분을 계산할 수 있다는 것을 알게 되었습니다. 이제 PyTorch를 이용해서 역전파를 계산해 보겠습니다. 이어지는 실습에서는 식 (4.1.1)의 순전파와 역전파를 계산하는 코드를 PyTorch로 구현하는 실습을 진행하겠습니다.

실습 4.1.1

lab4_1_1_back_propagation.ipynb

식 (4.1.1)의 순전파와 역전파를 계산하는 코드를 작성하세요.

정답코드

```
import torch

def f(x,y):
    v1 = 2*x
    v2 = v1+100
    v3 = y*y
    v4 = v2*v3
    return v4

x = torch.tensor([10.0], requires_grad=True)
y = torch.tensor([2.0],  requires_grad=True)

v4 = f(x,y)
v4.backward()

print(f'x={x.item()}, y={y.item()}일 때')
print(f'순전파 결과 v4={v4.item()}')
print('역전파 결과 (partial v4)/(partial y) =',
        y.grad.data.item())
```

```
print('역전파 결과 (partial v4)/(partial x) =',
      x.grad.data.item())
```

실행 결과

```
x=10.0, y=2.0일 때
순전파 결과 v4=480.0
역전파 결과 (partial v4)/(partial y) = 480.0
역전파 결과 (partial v4)/(partial x) = 8.0
```

분석

코드의 3~8번 줄에서 식 (4.1.1)의 순전파를 계산하는 함수를 정의했습니다.

```
003 def f(x,y):
004     v1 = 2*x
005     v2 = v1+100
006     v3 = y*y
007     v4 = v2*v3
008     return v4
```

PyTorch의 **Tensor** 형인 **x**와 **y**를 입력받아 식 (4.1.1)의 계산을 하고 8번 줄에서 최종값인 **v4**를 반환합니다. 4~8번 줄의 연산에서 입력된 **x**와 **y**는 PyTorch의 **Tensor** 형이므로, 최종 계산 결과인 **v4** 역시 PyTorch의 **Tensor** 형입니다.

이제 순전파에 입력할 변수인 **x**와 **y**를 선언합니다.

```
010 x = torch.tensor([10.0], requires_grad=True)
011 y = torch.tensor([2.0],  requires_grad=True)
```

10~11번 줄에서는 PyTorch의 **Tensor** 형을 생성합니다. 그런데 기존의 실습에서는 **torch.Tensor()**와 같이 대문자를 썼는데, 이번에는 소문자로 **torch.tensor()**로 사용합니다. 기존에는 **Tensor** 형 class의 인스턴스를 직접 생성하는 방법이었고, 이번에는 **Tensor** 형을 생성하는 **tensor()**라는 함수를 이용합니다. 이 함수를 호출할 때는 두 개의 인수를 넘겨줍니다. 첫 번째 인수는 변수의 초깃값입니다. 여기서 **x**의 초깃값은 **10.0**이고, **y**의 초깃값은 **2.0**

이 됩니다. 두 번째 인수는 이 변수로 경사를 구할 것인지를 지정합니다. 식 (4.1.1)의 계산으로 $v_4 = f(x,y)$를 얻습니다. 역전파를 통해 v_4를 x와 y로 각각 편미분하여 다음의 경사를 얻습니다.

$$\frac{\partial v_4}{\partial x},\ \frac{\partial v_4}{\partial y}$$

우리의 목표는 x와 y에 대한 v4의 경사를 구하는 것이므로 requires_grad를 모두 True로 설정했습니다.

이제 드디어 순전파와 역전파를 계산할 모든 준비가 완료되었습니다.

```
013    v4 = f(x,y)
014    v4.backward()
```

먼저 13번 줄에서는 순전파를 계산하는 함수 f()에 x와 y를 대입합니다. 따라서 함수의 실행 결과로 순전파 계산 결괏값이 v4에 반환됩니다. 앞서 설명한 것과 같이 14번 실행 결과인 v4는 Tensor 형의 객체입니다. 15번 줄에서는 Tensor형 객체의 메서드인 backward()를 실행합니다. 이것은 말 그대로 역전파 연산을 실행하는 함수입니다. 따라서 13~14번 줄에 의해 순전파와 역전파 계산이 순서대로 실행됩니다. 여기서 중요한 것은, 먼저 순전파를 계산하고 나서 역전파를 계산해야한다는 것입니다.

역전파가 완료되었으므로 이제 우리는 알고 싶은 변수에 대한 경사를 바로 얻을 수가 있습니다. 해당 변수에 대한 경사는 x와 y에 저장되어 있습니다. 예를 들어 v_4의 x에 대한 편미분, 즉 $\partial v_4/\partial x$를 얻고 싶다면, 다음과 같이 코드를 작성하면 됩니다.

```
x.grad.data.item()
```

이를 이용해서 16~21번 줄에서 x, y의 값, 그때의 순전파 계산값, 그리고 x와 y에 대한 경사를 화면에 출력합니다. 실행 결과를 보면 $\partial v_4/\partial y = 480.0$이라고 합니다. 이것이 맞게 나온 결과인지 우리가 이전에 해석적으로 구했던 식 (4.1.5)에 $x=10$, $y=2$를 대입해서 계산해 보면 $2\times(2\times10+100)\times2=480$이므로 우리가 해석적으로 구한 값과 PyTorch와 역전파를 이용해 계산한 값이 같음을 알 수 있습니다.

오차 역전파

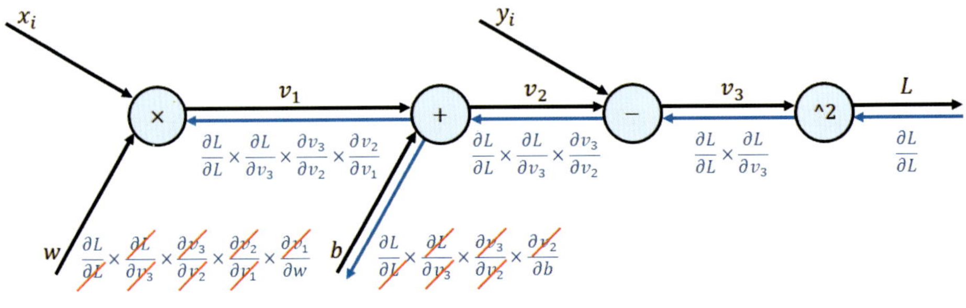

그림 4.1.6 식 (4.1.2)의 학습 오차에 대한 계산 그래프

우리의 궁극적인 목적은 학습 오차의 경사를 구하는 것입니다. 식 (3.3.1)에 의하면 선형 회귀 분석의 학습 오차는 다음과 같습니다.

$$loss = \frac{1}{N}\sum_{i=1}^{N}\left(\hat{y}_i - y_i\right)^2 = \frac{1}{N}\sum_{i=1}^{N}(wx_i + b - y_i)^2 \tag{4.1.12}$$

또한, 식 (3.3.8)과 식 (3.3.9)에 의하면 학습 오차의 경사는 다음과 같이 해석적으로 계산됩니다.

$$\frac{\partial loss}{\partial w} = 2x_i(x_i w + b - y_i) \tag{4.1.13}$$

$$\frac{\partial loss}{\partial b} = 2(b - y_i + wx_i) \tag{4.1.14}$$

이제 오차 역전파를 이용해 식 (4.1.12)의 경사인 식 (4.1.13)과 식 (4.1.14)를 구해 보겠습니다. 먼저 식 (4.1.12)를 계산 그래프로 나타내면 그림 4.1.6과 같습니다. 순전파 계산에 의해 L이 학습 오차 (4.1.12)를 표현함을 알 수 있습니다. 또한, 역전파 계산으로 인해 w와 b에 대한 학습 오차 L의 경사를 구할 수 있다는 것도 알 수 있습니다. 이렇듯 학습 오차를 역전파 하여 경사를 구하는 것을 '오차 역전파'라고 합니다.

이어지는 실습에서는 학습 오차를 PyTorch와 오차 역전파를 통해 계산하고, 경사하강법을 이용해 가중치를 학습시키는 코드를 구현해 보겠습니다.

실습 4.1.2

lab4_1_2_back_propagation_learning.ipynb

오차 역전파를 이용하여 선형 회귀 분석을 수행하는 인공신경망을 학습시키는 코드를 작성하세요.

정답코드

```
import torch
import matplotlib.pyplot as plt

def forward(x):
    y_hat = w*x + b
    return y_hat

def loss(y_hat, y):
    l = (y - y_hat)**2
    return l

def update():
    global w, b
    w.data = w.data - alpha*w.grad
    b.data = b.data - alpha*b.grad

def zero_grad():
    w.grad.data.zero_()
    b.grad.data.zero_()

w = torch.tensor([-1.0], requires_grad=True)
b = torch.tensor([1.0], requires_grad=True)
alpha = 0.0005

x_lst = torch.Tensor([1, 3, 5, 7, 9])
y_lst = torch.Tensor([100, 75, 60, 25, 15])
```

```python

N_EPOCHS = 5000
N = len(x_lst)
for epoch in range(N_EPOCHS):
    l_sum = 0
    for x, y in zip(x_lst, y_lst):
        y_hat = forward(x)
        l = loss(y_hat, y)

        l.backward()
        update()
        zero_grad()

        l_sum += l.item()

    l_sum /= N
    if epoch % 10 == 0:
        print(f'epoch={epoch:03}, w={w.item():0.2f}',
            f'b={b.item():0.2f}, loss={l_sum:0.5f}')

y_hat = [w.item()*x+b.item() for x in x_lst]
plt.plot(x_lst, y_lst, 'o')
plt.plot(x_lst, y_hat, '-*')
plt.xlabel('x')
plt.ylabel('y')
plt.grid(True)
plt.legend(('true', 'predicted'))
plt.show()
```

실행 결과

```
...중략...
epoch=4950, w=-10.93 b=109.61, loss=23.11044
epoch=4960, w=-10.93 b=109.62, loss=23.10989
epoch=4970, w=-10.93 b=109.62, loss=23.10935
epoch=4980, w=-10.93 b=109.62, loss=23.10882
epoch=4990, w=-10.93 b=109.63, loss=23.10831
```

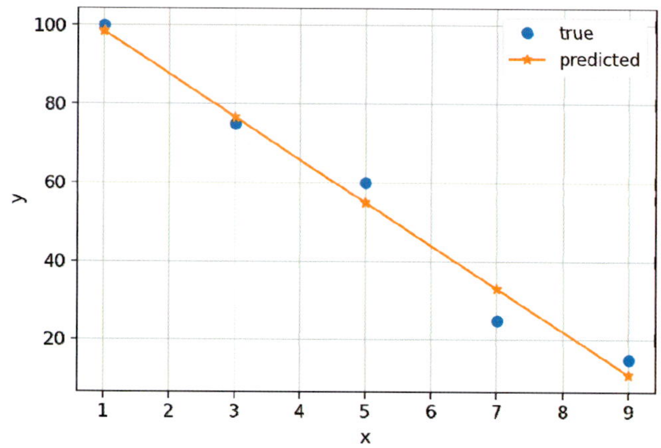

분석

실습 3.3.3에서는 식 (4.1.13)과 식 (4.1.14)에 의해 표현되는 해석적으로 계산한 학습 오차를 이용해 가중치를 업데이트했고, 이번 실습에서는 해석적인 식 대신 오차 역전파를 이용했습니다. 결과를 보면 최적의 가중치로 $w=-10.93$와 $b=109.63$을 얻었는데, 실습 3.3.3과 같은 결과입니다. 오차 역전파를 이용해도 해석적으로 구한 것과 같은 결과가 나온다는 것을 확인할 수 있습니다.

순전파 계산과 학습 오차를 계산하는 함수를 살펴보겠습니다.

```
def forward(x):
    y_hat = w*x + b
    return y_hat

def loss(y_hat, y):
    l = (y - y_hat)**2
    return l
```

forward() 함수는 x_i를 입력받아 $\hat{y}_i = wx_i + b$를 계산해서 반환합니다. 그리고 loss() 함수는 $\hat{y}_i$와 y_i를 입력받고, i번째 학습 데이터 쌍에 대한 학습 오차를 반환합니다.

다음으로 경사하강법을 수행하는 코드를 보겠습니다.

```
012  def update():
013      global w, b
014      w.data = w.data - alpha*w.grad
015      b.data = b.data - alpha*b.grad
```

`update()` 함수는 경사하강법을 통해 인공신경망의 가중치인 w와 b를 업데이트합니다. `w.data`는 현재 w의 값을 의미합니다. 그리고 `w.grad`는 오차 역전파에 의해 계산된 $\partial L/\partial x$를 의미합니다. 경사하강법을 통한 가중치 업데이트 식과 코드의 14~15번 줄이 정확히 일치함을 알 수 있습니다.

마지막 하나 남은 함수는 처음 보는 기능을 수행합니다.

```
017  def zero_grad():
018      w.grad.data.zero_()
019      b.grad.data.zero_()
```

바로 경사를 초기화하는 함수입니다. 우리의 실습에서 매 학습 데이터 쌍에 대해서 학습 오차의 경사를 구하고 나면, 기존에 계산되었던 경사가 더는 필요하지 않습니다. 그렇지만 PyTorch 내부적으로는 이 값이 저장되어 있어서 추후 계산에서 영향을 끼치게 됩니다. 따라서 다음번 경사 계산 시 기존에 저장된 값을 초기화해야 하며 이를 수행하는 것이 `zero_grad()` 함수입니다. 따라서 경사하강법을 통해 가중치를 업데이트하고 나면 다음번 경사 계산을 위해 `zero_grad()` 함수를 호출해 주어야 합니다.

다음으로 각종 변수의 초기화 과정을 살펴보겠습니다.

```
021  w = torch.tensor([-1.0], requires_grad=True)
022  b = torch.tensor([1.0], requires_grad=True)
023  alpha = 0.0005
024
025  x_lst = torch.Tensor([1, 3, 5, 7, 9])
026  y_lst = torch.Tensor([100, 75, 60, 25, 15])
```

먼저 21~22번 줄에서 가중치 w와 b의 값을 각각 -1.0과 1.0으로 초기화하였습니다. 그리고 w와 b에 대한 경사를 구해야 하므로 `requires_grad`를 `True`로 설정했습니다. 23 줄에서 학습률을 0.0005로 선택했는데, 이는 실습 3.3.3에서와 같습니다. 25~26번 줄에서는 학습 데이터세트를 구축합니다.

학습과 관련한 주요 코드는 30~44번 줄에 위치합니다.

```
030 for epoch in range(N_EPOCHS):
031     l_sum = 0
032     for x, y in zip(x_lst, y_lst):
033         y_hat = forward(x)
034         l = loss(y_hat, y)
035 
036         l.backward()
037         update()
038         zero_grad()
039 
040         l_sum += l.item()
041 
042     l_sum /= N
043     if epoch % 10 == 0:
044         print(f'epoch={epoch:03}, w={w.item():0.2f}',
045             f'b={b.item():0.2f}, loss={l_sum:0.5f}')
```

실습 3.3.3과 구조적으로 다른 부분은 전혀 없습니다. 33번 줄에서는 순전파를 통해 학습 데이터 x_i에 대한 예측값 $\hat{y}_i$를 계산합니다. 34번 줄에서는 현재 예측된 $\hat{y}_i$와 참값인 y_i로부터 학습 오차 $(\hat{y}_i - y_i)^2$을 계산합니다. 현재 순전파를 통해 계산된 학습 오차는 변수 `l`에 저장되어 있습니다.

이제 순전파가 계산되었으니 역전파를 계산해야 하며, 이는 36번 줄의 코드와 같습니다. 역전파를 통해 w와 b에 대한 학습 오차의 경사가 계산되었으므로 37번 줄에서 `update()` 함수를 호출해서 경사하강법에 의해 가중치 w와 b를 업데이트합니다. 그리고 다음 계산을 위해 경사를 초기화하는 함수 `zero_grad()` 함수를 바로 이어서 호출합니다. 40번 줄에서는 식 (4.1.12)의 학습 오차를 계산하기 위해 i번째 학습 데이터 쌍에 대한 오차를 누적합니다.

모든 학습 데이터 쌍에 대해 학습이 완료되면 42번 줄에서 누적된 학습 오차를 학습 데이터 쌍의 수인 `N`으로 나누어 주어 식 (4.1.12)의 계산을 완료합니다. 43~45번 줄에서는 매 10 epoch마다 화면에 현재 epoch, w, b, 그리고 학습 오차를 출력합니다.

마지막으로 47~54번 줄에서 학습된 인공신경망을 이용해 입력 데이터 x에 대한 예측값 $\hat{y}$를 계산하고 이를 그래프로 나타냅니다. 학습된 가중치가 실습 3.3.3과 같았기 때문에 같은 결과 그래프가 나오는 것을 알 수 있습니다.

실습 4.1.2의 결과를 보면 해석적인 방법을 사용한 실습 3.3.3과 결과가 같습니다. 그러나 실습 4.1.2에서는 우리가 직접 경사의 식을 유도하여 계산하지 않았고, PyTorch 내부에서 계산 그래프를 통해 계산해 내었기 때문에 더욱 쉽게 구현할 수 있었습니다. 만약 인공신경망의 구조가 커져서 가중치의 수가 증가한다면, 해석적으로 학습 오차의 경사를 구하는 것이 힘들어지므로, 오차 역전파법이 더욱 효과적이 됩니다.

지금까지 기본적인 인공신경망의 학습법에 대해 알아봤습니다. 그런데 아직 PyTorch의 기본적인 사용법을 제대로 다루지 않아서 더 내용을 진행하기 어렵습니다. 따라서 이어지는 장에서는 PyTorch의 기본적인 사용법을 알아보겠습니다.

4.2 PyTorch 기본

이번 절에서는 PyTorch의 기본적인 사용법을 알아보겠습니다.

Scalar에서 Tensor까지

우리가 일상생활에서 다루는 수는 scalar입니다. 예를 들어 현재 기온이 30℃라거나, 자동차의 속도가 $120km/h$라고 할 때 여기서 사용되는 수는 scalar입니다. 즉, 단 하나의 수로 표현되는 값을 scalar라고 합니다.

Scalar들을 한데 묶어 하나의 집합을 표현할 수 있습니다. 예를 들어 자동차 세 대의 현재 속도가 각각 $a = 100km/h$, $b = 80km/h$, $c = 50km/h$라고 가정합시다. 그러면 $a = 100$, $b = 80$, $c = 50$은 scalar가 되는데, 다음과 같이 이들을 묶어서 하나의 집합으로 표현할 수 있습니다.

$$A = \begin{bmatrix} 100 \\ 80 \\ 50 \end{bmatrix}$$

이렇게 세 개의 값의 집합인 A를 우리는 vector라고 부릅니다. Vector는 일자로 숫자가 나열되어 있으니 직선과 같이 생각할 수 있습니다. 일반적으로 우리가 직선으로 이루어진 공간을 1차원 공간이라고 하기 때문에 vector A의 차원(dimension)은 1이 됩니다. 그리고 vector A를 구성하는 숫자를 원소(component)라고 하며, 원소의 수를 vector의 크기라고 합니다. Vector A는 세 개의 원소로 이루어져 있으므로 크기는 3입니다. 이를 정리하면 A의 차원은 1이고, 크기는 3입니다.

Vector A와 크기와 차원이 같은 vector B와 C가 다음과 같이 주어진다고 가정합시다.

$$B = \begin{bmatrix} 30 \\ 45 \\ 70 \end{bmatrix}, \; C = \begin{bmatrix} 60 \\ 15 \\ 55 \end{bmatrix}$$

이들 A, B, C는 모두 차원이 1이고 크기는 3인 vector입니다. 만약 이들을 세로 방향으로 합치면 여전히 직선의 모양이므로 차원은 1이고, 크기만 9가 됩니다. 그런데 이들을 가로 방향으로 합치면 다음과 같이 표현됩니다.

$$D = \begin{bmatrix} 100 & 30 & 60 \\ 80 & 45 & 15 \\ 50 & 70 & 55 \end{bmatrix}$$

이렇게 합쳐신 D는 vector와 달리 평면의 형태로 생겼습니다. 평면이 2차원이므로 D의 차원은 2가 됩니다. 이렇게 차원이 2인 수의 집합을 우리는 행렬(matrix)이라고 부릅니다. 행렬의 크기는 가로축의 수×세로축의 수로 표현하며, D는 가로축의 수와 세로축의 수가 모두 3이므로 크기가 3×3이 됩니다.

이제 D와 차원과 크기가 같은 행렬 E를 고려합시다.

$$E = \begin{bmatrix} 50 & 60 & 40 \\ 60 & 15 & 35 \\ 48 & 78 & 12 \end{bmatrix}$$

만약 D와 E가 가로나 세로 방향으로 결합한다면 결과는 그대로 차원이 2인 행렬이 될 것입니다. 그런데 3차원의 공간을 생각해서 D와 E를 입체적으로 배열하면 이제는 차원이 3인 어떤 수의 집합이 생길 것이고, 그것의 크기는 $2 \times 3 \times 3$이 됩니다. 즉, 3×3 크기의 행렬 두 개가 합쳐진 수의 집합입니다. 이를 우리는 텐서(tensor)라고 합니다. 3차원의 tensor를 또 여러 개 묶어 4차원을 만들면 또 새로운 수의 집합이 생기겠지만, 이름은 여전히 tensor입니다. 일반적으로 3차원 이상의 수의 집합을 모두 tensor라고 명칭합니다. 그림 4.2.1은 vector, matrix, tensor를 각각 도식화한 것입니다. 한 가지 주의할 점은 PyTorch에서는 1차원의 vector부터 모두 tensor라고 명칭한다는 것입니다. 그러니 앞으로는 scalar를 제외하면 모두 다 같은 tensor지만 차원만 다르다고 생각하시면 됩니다.

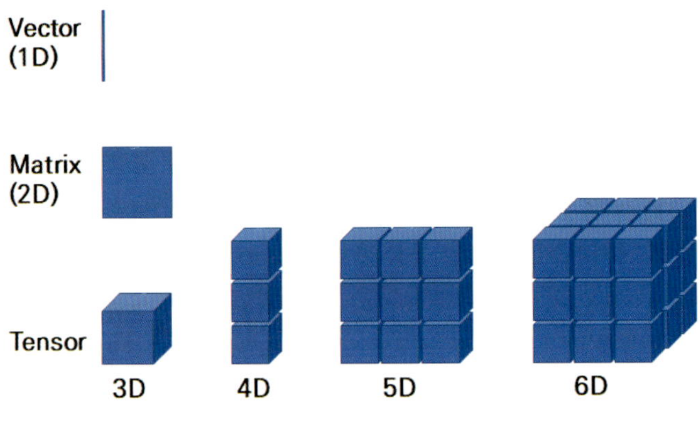

그림 4.2.1 Vector, Matrix, Tensor

인공신경망의 학습에서 tensor는 매우 중요한 역할을 합니다. 간단한 예로 우리가 이전 절들에서 했던 실습에서 학습 데이터는 scalar의 집합인 tensor였습니다. 더 구체적으로는 차원이 1인 tensor이고 크기는 5였습니다. 기존에는 학습을 하거나 학습된 인공신경망을 이용해 값을 예측할 때 tensor에서 값을 하나씩 꺼내와서 scalar 단위로 계산을 했습니다. 그러나 tensor 자체로 값을 계산하면 더욱 효율적으로 계산할 수 있습니다.

먼저 PyTorch를 통해 tensor를 생성해 봅시다.

```
t = torch.Tensor(data)
```

여기서 data는 배열 형식의 데이터형으로 list나 tuple 혹은 scalar 값 등을 사용할 수 있습니다. 이제 몇 가지 Tensor를 만들어 보고 차원과 크기를 구해보겠습니다. 다음 코드는 1, 2, 3차원 Tensor인 a, b, c를 초깃값을 지정하여 생성하고, 화면에 값을 출력합니다. 그리고 a, b, c의 차원과 크기를 출력합니다.

```
a = torch.Tensor([5.0, 2.0, 3.0])
b = torch.Tensor([[5.0, 2.0, 3.0], [8.0, 9.0, 10.0]])
c = torch.Tensor([[[5.0, 2.0, 3.0], [8.0, 9.0, 10.0]],
                  [[1.0, 2.0, 3.0], [3.0, 4.0, 5.0]]])
print(a)
print(b)
print(c)
print(a.dim(), b.dim(), c.dim())
print(a.size(), b.size(), c.size())
```

실행 결과

```
tensor([5., 2., 3.])
tensor([[ 5.,  2.,  3.],
        [ 8.,  9., 10.]])
tensor([[[ 5.,  2.,  3.],
         [ 8.,  9., 10.]],
```

```
        [[ 1.,  2.,  3.],
         [ 3.,  4.,  5.]]])
1 2 3
torch.Size([3]) torch.Size([2, 3]) torch.Size([2, 2, 3])
```

먼저 a는 직선의 모양으로 원소 세 개가 나열되어 있으므로 1차원 tensor이고 크기는 3이라는 것을 알 수 있습니다. b의 경우 [5.0, 2.0, 3.0]에 더해 [8.0, 9.0, 10.0]이 밑으로 나열되었습니다. 따라서 b는 차원이 2이고 크기는 2×3이 됩니다. 마지막으로 c는 b에 병렬로 [[1.0, 2.0, 3.0], [3.0, 4.0, 5.0]]이 추가되었습니다. 따라서 차원이 1 증가해서 3이 되었고 크기는 이제 2×2×3가 됩니다.

이제 실행 결과를 보겠습니다. 5~7번 줄에서는 a, b, c에 저장된 값을 출력합니다. 실행 결과를 보면 우리가 눈으로 보기 편하게 정렬해서 표현해주고 있음을 알 수 있습니다. 또한 이 결과로부터 각 변수의 차원도 유추할 수 있는데, tensor(후에 나오는 대괄호 [의 수를 세 보면 이 tensor의 차원과 같음을 알 수 있습니다.

다음으로 코드를 통해 tensor의 차원을 확인해 보겠습니다. tensor의 차원은 Tensor 클래스의 메서드인 dim()을 이용하여 얻습니다.

008	`print(a.dim(), b.dim(), c.dim())`

실행 결과	1 2 3

차례대로 1, 2, 3이 출력되어 우리가 예상한 결과와 같았습니다. 이어서 각 tensor의 크기를 확인해 보겠습니다.

009	print(a.size(), b.size(), c.size())

실행 결과	torch.Size([3]) torch.Size([2, 3]) torch.Size([2, 2, 3])

우리가 예상한 것과 같은 결과가 나오는 것이 확인됩니다. 크기와 차원을 연관하여 생각하는 방법에 대해 알아보겠습니다. c의 크기인 [2, 2, 3]에서 각 숫자가 의미하는 것은 무엇인지 알아보겠습니다. 먼저 a는 세 개의 원소를 포함하고 있기 때문에 크기는 [3]이고, 차원은 1입니다. 따라서 a는 '한 개의 차원은 가지고 있고', '첫 번째 차원의 크기는 [3]이다'라고 할 수 있습니다. 다음으로 b를 다시 봅시다. 정의에서 처음 나오는 배열 [[5.0, 2.0, 3.0], 은 a와 같고, 그 뒤에 [8.0, 9.0, 10.0]]이 새로 추가되었습니다. 따라서 a와 같은 크기를 가지는 tensor 두 개가 병렬로 연결된 것이므로 b의 차원은 a보다 1만큼 더 큰 2가 됩니다. 따라서 b는 두 개의 차원에 대해 각각 크기를 가지며, 첫 번째 차원의 크기는 a와 같으므로 3이 됩니다. 그리고 a와 같은 크기의 tensor 두 개가 병렬로 이어져 있으므로 두 번째 차원의 크기는 2가 됩니다. 따라서 b의 크기는 [2, 3]이 되는데, 여기서 주의할 것은 오른쪽 끝에서부터 첫 번째 차원의 크기가 시작된다는 것입니다. 즉 새로운 차원이 추가될 때마다 해당 차원의 크기가 왼쪽 끝에 추가됩니다. 마찬가지로 c의 경우 b와 같은 차원과 크기를 갖는 tensor가 하나 더 병렬로 추가되어 차원이 3이 됩니다. 따라서 세 번째 차원의 크기 역시 [2]가 되므로, c의 크기는 [2, 2, 3]이 됩니다.

조금 더 재밌는 예제를 살펴봅시다. 다음 코드의 실행 결과를 예측해 보세요.

```
a = torch.Tensor([1])
b = torch.Tensor([[1]])
c = torch.Tensor([[[1]]])

print(a.dim(), b.dim(), c.dim())
print(a.size(), b.size(), c.size())
```

가만 보면, a, b, c 모두 하나의 scalar 값 1을 가지고 있습니다. 그런데 대괄호 [,]의 수만 다르네요. 이 경우 a, b, c의 차원이 모두 1로 같을까요? 그렇지 않습니다. a는 차원이 1인 vector이고, 크기는 [1]입니다. b는 대괄호가 두 개이기 때문에 차원이 2인 행렬이고, 따라서 크기는 [1, 1]이 됩니다. 마지막으로 c는 차원이 3인 tensor이고, 크기는 [1, 1, 1]이 됩니다. 가볍게 생각했을 때는 모두 같은 것으로 생각할 수 있지만, 엄연히 차원이 다른 값이기 때문에 모두 다른 값임을 명심해야 합니다.

Tensor 다루기

이제 앞에서 살펴보았던 tensor에 대해 몇 가지 인공신경망의 구현에서 자주 사용되는 연산을 알아봅시다. 먼저 tensor의 최댓값을 구해보겠습니다. 최댓값은 Tensor.max() 함수를 이용해 구할 수 있는데, tensor의 어떤 축을 기준으로 최댓값을 구할 것인지를 매개변수 dim을 이용해 지정할 수 있습니다. 다음의 코드를 봅시다.

```
001  t1 = torch.Tensor([5, 2, 3])
002  t2 = torch.Tensor([[5.0, 2.0, 3.0], [3.0, 1.0, 10.0]])
003  t3 = torch.Tensor([[[5.0, 2.0, 3.0],
004                      [3.0, 1.0, 10.0]],
005                      [[1.0, 4.0, 8.0],
006                      [6.0, 9.0, 12.0]]])
007  print(t1.max(), t2.max(), t3.max())
```

실행 결과

```
tensor(5.) tensor(10.) tensor(12.)
```

t1, t2, t3는 각각 1차원, 2차원, 3차원 tensor입니다. 7번 줄에서 각 tensor의 최댓값을 구하는 함수를 호출해서 결괏값을 화면에 출력했습니다. 아무것도 지정하지 않고 max() 함수를 호출하면 해당 tensor의 모든 원소 중에서 가장 큰 값 하나를 반환합니다. 그런데 tensor의 특정 축을 기준으로 최댓값이나 최솟값을 알아야 하는 경우가 많

습니다. 다음 예제 코드를 봅시다.

```
print(t1.max(dim=0))
print(t2.max(dim=0))
print(t3.max(dim=0))
```

실행 결과

```
torch.return_types.max(
values=tensor(5.),
indices=tensor(0))

torch.return_types.max(
values=tensor([ 5.,  2., 10.]),
indices=tensor([0, 0, 1]))

torch.return_types.max(
values=tensor([[ 5.,  4.,  8.],
       [ 6.,  9., 12.]]),
indices=tensor([[0, 1, 1],
       [1, 1, 1]]))
```

먼저 **t1.max(dim=0)**이 의미하는 것은 **t1**이라는 tensor의 0번째 축을 기준으로 한 최댓값을 반환하라는 것입니다. 함수의 실행으로 반환되는 값은 **torch.return_types.max** 형태로 반환되는데, 이는 최댓값과 최댓값이 위치한 index를 포함합니다. 결과에서 **t1** tensor의 0번째 축을 기준으로 한 최댓값은 5.0이고, 이 값은 0번째 index에 위치한다는 것을 알 수 있습니다. 마찬가지로 **t2**에 대해서 실행 결과, 최댓값은 각각 5.0, 2.0, 10.0이고 이는 각각 0, 0, 1번 index에 해당하는 값이라는 것을 알 수 있습니다. 즉, 행렬에서 각 열에 대해 최댓값을 반환했다는 것을 알 수 있습니다. 다음으로 **dim=1**인 경우를 알아보겠습니다.

```
print(t2.max(dim=1))
print(t3.max(dim=1))
```

실행 결과

```
torch.return_types.max(
values=tensor([ 5., 10.]),
indices=tensor([0, 2]))

torch.return_types.max(
values=tensor([[ 5.,  2., 10.],
        [ 6.,  9., 12.]]),
indices=tensor([[0, 0, 1],
        [1, 1, 1]]))
```

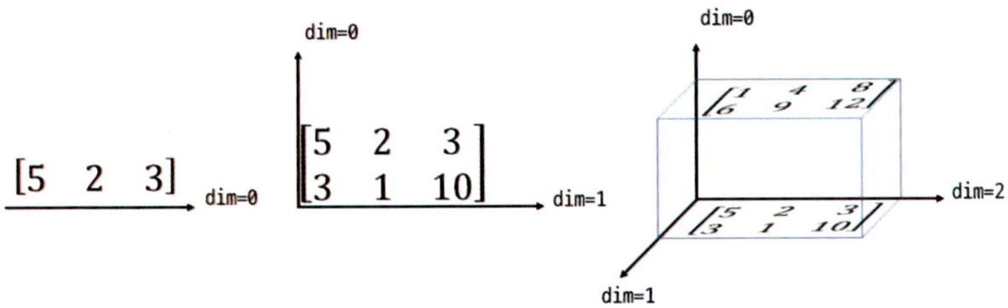

그림 4.2.2 차원 별 축 방향

t1은 1차원 tensor이므로 **dim=1,** 즉 두 번째 축이 없기 때문에 계산 자체가 불가능하여 **t2**부터 **dim=1**에 대해 최댓값을 구할 수 있습니다. 먼저 **t2**에 대한 실행 결과를 보면 이번에는 각 행별로 최대인 값과 최대인 원소의 index를 반환한 것을 확인할 수 있습니다.

Tensor의 차원이 늘어남에 따라 **dim**의 방향이 어떻게 되는지 처음에는 조금 아리송합니다. 결론부터 말씀드리면 차원이 늘어날 때 새로 추가된 차원부터 차례대로 **dim=0**이 됩니다. 그림 4.2.2에 예제에서 사용한 tensor들의 축 방향을 적어 놓았습니다. **t1**에서 가로축이 **dim=0**인 반면, **t2**, **t3**으로 차원이 늘어남에 따라 가로축이 1씩 늘어나고 있는 것을 알 수 있고, 새로 생긴 축 (세로 방향 축)이 항상 dim=0이 됨을 알 수 있습니다. 이러한 축 체계는 PyTorch의 tensor 연산에서 동일하게 적용되므로 이번 기회에 확실하게 머릿속에 각인시키고 넘어가면 좋습니다.

최솟값은 Tensor.min() 함수를 이용하면 되며, max() 함수와 동일한 방식으로 동작합니다. 따라서 t3의 2번째 축을 기준으로 한 최솟값을 확인하고 간단하게 넘어가겠습니다.

```
print(t3.max(dim=2))
```

실행 결과

```
torch.return_types.min(
values=tensor([[2., 1.],
        [1., 6.]]),
indices=tensor([[1, 1],
        [0, 0]]))
```

Tensor 차원 변경

A라는 tensor의 차원이 2이고 크기가 3×4라고 가정해 보겠습니다. 당연히 A를 구성하는 원소의 수는 12개입니다. 만약 A라는 tensor를 재배열해서 2×6나 1×12와 같이 배열하더라도 원소의 수는 12개로 변하지 않습니다. PyTorch에는 어떤 tensor의 크기를 구성하는 원소의 수가 같은 새로운 크기의 tensor로 재배열하는 기능이 있습니다. 다음 예를 보겠습니다.

```
t1 = torch.Tensor([range(12)])
t2 = t1.view([3,4])
t3 = t1.view([2,6])
print(t1.shape, t2.shape, t3.shape)
print(t1)
print(t2)
```

```
007 print(t3)
```

실행 결과

```
torch.Size([1, 12]) torch.Size([3, 4]) torch.Size([2, 6])
tensor([[ 0.,  1.,  2.,  3.,  4.,  5.,  6.,  7.,  8.,  9., 10., 11.]])
tensor([[ 0.,  1.,  2.,  3.],
        [ 4.,  5.,  6.,  7.],
        [ 8.,  9., 10., 11.]])
tensor([[ 0.,  1.,  2.,  3.,  4.,  5.],
        [ 6.,  7.,  8.,  9., 10., 11.]])
```

t1은 0에서 11까지의 정수 12개로 이루어진 tensor인데, **range(12)**의 양옆에 대괄호 [,]를 묶어줌으로써 1×12의 크기를 가지는 2차원 tensor가 되었습니다. 따라서 총 원소의 수가 12개인 어떤 크기와 차원의 tensor로도 **t1**을 재배열할 수 있습니다. 2번과 3번 줄에서는 **t1**을 3×4과 2×6크기의 2차원 tensor **t2**와 **t3**로 각각 재배열했습니다. 정리하면, Tensor의 재배열은 다음과 같은 문법을 사용해야 함을 알 수 있습니다.

```
Tensor.view(크기)
```

4번 줄에서 **t1**, **t2**, **t3**의 크기를 출력하는데, 우리가 예상한 결과와 같게 나온 것을 알 수 있습니다.

만약 **t1**을 2차원 tensor로 재배열할 때, 첫 번째 차원의 크기를 6으로 지정하면 두 번째 차원의 크기는 얼마여야 할까요? $6 \times x = 12$로부터 2여야 합니다. 만약 tensor의 크기와 차원이 더 커지면 직접 계산해서 넣기가 조금 난감해집니다. **view()** 함수에는 주어진 차원으로부터 나머지 차원을 자동으로 결정하는 기능이 있습니다. 정해지지 않은 차원의 크기를 -1로 지정하면 PyTorch가 자동으로 크기를 결정해줍니다.

```
t1 = torch.Tensor(range(6))
t2 = t1.view([-1,3])
print(t1.shape, t2.shape)
print(t1)
print(t2)
```

실행 결과

```
torch.Size([6]) torch.Size([2, 3])
tensor([0., 1., 2., 3., 4., 5.])
tensor([[0., 1., 2.],
        [3., 4., 5.]])
```

t1은 크기가 6인 1차원 tensor입니다. **view()**함수에서 **[-1, 3]**으로 지정했으므로, 1차원 tensor **t1**을 2차원 tensor로 재배열하되, 두 번째 차원의 크기는 3이고, 첫 번째 차원의 크기는 PyTorch가 자동으로 결정합니다. 전체 원소의 수가 6개이므로 첫 번째 차원의 크기는 2가 되어야 $2 \times 3 = 6$으로 재배열이 가능한데, PyTorch가 자동으로 이렇게 배열한 것을 확인할 수 있습니다.

각 차원의 크기를 지정하고 크기를 모두 곱한 값이 기존 tensor의 원소의 수와 같기만 하면 tensor의 차원도 자유자재로 바꿀 수 있습니다.

```
t1 = torch.Tensor(range(6))
t2 = t1.view([1,6])
t3 = t1.view([1,1,6])
t4 = t1.view([1,2,3])
print(t1.dim(), t2.dim(), t3.dim(), t4.dim())
print(t1.shape, t2.shape)
print(t3.shape, t4.shape)
```

실행 결과

```
1 2 3 3
torch.Size([6]) torch.Size([1, 6])
torch.Size([1, 1, 6]) torch.Size([1, 2, 3])
```

이 외에도 많은 기능이 존재하지만, 이 책에서는 다루지 않겠습니다. 추가적인 학습이 필요한 독자는 PyTorch의 online document[13])를 참고하시기 바랍니다.

4.3 Pytorch 스타일

이전의 장에서는 오차 역전파를 이용한 인공신경망의 학습 방법을 배웠습니다. PyTorch를 이용해 오차 역전파 연산을 구현했고, 이를 통해 학습 오차의 경사를 계산하는 난관을 극복했었습니다. 그러나 기존의 방법에는 다음과 같은 한계가 있습니다.

- 학습 데이터를 하나씩 불러와서 학습을 진행한다.
- 모델의 형태와 파라미터 등 모든 것을 직접 정의해야 한다.
- 인공신경망의 계층 구조가 직관적으로 보이지 않는다.
- 학습 오차와 경사하강법 등을 직접 구현해야 한다.

이번 장에서는 이상의 한계를 하나씩 해결해 보겠습니다.

배치(batch) 학습

배치(batch)는 우리말로 일괄적으로 처리되는 집단이나 무리를 의미합니다. 학습 데이터는 일반적으로 많은 수의 데이터로 이루어져 있습니다. 우리가 지금까지 봤던 예제에서는 겨우 다섯 개의 쌍으로 이루어져 있었지만, 일반적으로 수천에서 수만 개의 데이터 쌍으로 구성됩니다. 지금까지는 학습 데이터세트에서 데이터 쌍을 하나씩 가지고 와서 학습(인공신경망의 가중치 업데이트)했습니다. 그러나 전체 학습 데이터세트 혹은 다수의 데이터 쌍을 이용해 학습을 수행하면 더욱 효율적으로 학습할 수 있습

13) https://pytorch.org/docs/stable/tensors.html

니다.

4.1장에서 구현한 인공신경망은 주어진 입력 데이터 x_i에 대한 예측 $\hat{y}_i$를 다음의 식을 통해 계산합니다.

$$\hat{y}_i = x_i \times w + b \tag{4.3.1}$$

따라서 N개의 데이터 쌍으로 구성된 학습 데이터세트에 대해서는 식 (4.3.1)이 다음과 같이 N번 반복 계산됩니다.

$$\begin{aligned} \hat{y}_1 &= x_1 \times w + b \\ \hat{y}_2 &= x_2 \times w + b \\ &\vdots \\ \hat{y}_N &= x_N \times w + b \end{aligned} \tag{4.3.2}$$

식 (4.3.2)를 보면 w와 b는 모든 연산에서 같고, x 값만 달라지는 것을 알 수 있습니다. 그러므로, 행렬의 곱셈 규칙을 이용하면 식 (4.3.2)를 아래와 같은 행렬 식으로 표현할 수 있습니다.

$$\begin{bmatrix} \hat{y}_1 \\ \hat{y}_2 \\ \vdots \\ \hat{y}_N \end{bmatrix} = \begin{bmatrix} x_1 \\ x_2 \\ \vdots \\ x_N \end{bmatrix} \times w + \begin{bmatrix} b \\ b \\ \vdots \\ b \end{bmatrix} \tag{4.3.3}$$

식 (4.3.3)은 선형 행렬 연산입니다. GPU는 3차원 가상 환경을 시각화하기 위한 기하 연산을 담당하는 장치입니다. 시각화 과정의 많은 연산이 행렬 기반의 연산입니다. 따라서 GPU는 식 (4.3.3)과 같은 행렬 연산을 매우 효과적이고 빠르게 수행할 수 있습니다. 그렇기 때문에 GPU를 이용해서 식 (4.3.3)과 같이 모든 데이터 쌍에 대해 한 번의 행렬 연산을 하는 것이 훨씬 효율적인데, 이를 배치 학습이라고 합니다.

인공신경망 class

식 (4.3.3)의 선형 연산은 인공신경망에서 많이 사용되는 연산입니다. 따라서 PyTorch에는 이 연산을 수행하는 class를 가지고 있습니다.

```
torch.nn.Linear(입력의 수, 출력의 수, bias 유무)
```

`torch.nn.Linear` class는 아래의 연산을 계산합니다.

$$\hat{Y} = X \times W + B \tag{4.3.4}$$

여기서 X, $\hat{Y}$, W, B는 각각 크기가 $1 \times N_I$, $1 \times N_O$, $N_I \times N_O$, $1 \times N_O$인 행렬입니다. N_I와 N_O는 각각 '입력의 수'와 '출력의 수'입니다. bias 유무에 따라 식에서 B가 포함되는지를 결정합니다. `bias=True`이면 식 (4.3.4)의 계산에 B가 포함되며, `bias=False`이면 $B = 0$이 됩니다.

`torch.nn.Linear` class는 멤버 변수로 W와 B를 가지고 있습니다. `torch.nn.Linear` class를 이용해 식 (4.3.4)를 계산하는 코드는 다음과 같습니다.

```
001  x = torch.Tensor([[1]])
002  linear = torch.nn.Linear(1, 1, bias=True)
003  y_hat = linear(x)
```

2번 줄에서 `torch.nn.Linear` class의 인스턴스를 생성합니다. 입력과 출력의 수는 한 개이고, `bias=True`를 통해 B를 포함하도록 지정했습니다. 사실 `bias` 인수의 기본값은 `True`이므로 따로 지정하지 않아도 됩니다. 3번 줄에서는 `linear` 인스턴스에 입력 X에 대해 식 (4.3.4)를 계산하여 출력 $\hat{Y}$를 얻습니다.

실습 4.1.2에서는 `torch.nn.Linear` class에 구현된 모든 기능을 다음과 같이 우리가 직접 작성했습니다.

```
001 def forward(x):
002     y_hat = w*x + b
003     return y_hat
004
005 w = Variable(torch.Tensor([-1]), requires_grad=True)
006 b = Variable(torch.Tensor([1]),  requires_grad=True)
007 y_hat = forward(x)
```

위의 코드에서 1~3번 줄을 통해 식 (4.3.4)을 계산했고, 이를 위해 필요한 가중치 w와 b를 5~6번 줄에서 직접 정의했습니다. 만약 인공신경망의 크기가 커진다면 5~6번 줄에 해당하는 가중치의 수가 매우 많아 질 것이고, 1~3번 줄의 함수식도 복잡해질 것입니다. 그러므로 앞으로는 `torch.nn.Linear` class를 이용해 인공신경망을 구현하겠습니다.

앞에서 인공신경망은 일반적으로 다수의 은닉층으로 구성된다고 말했습니다. 지금까지는 은닉층이 한 개 (`torch.nn.Linear` class가 1개)인 인공신경망을 다뤘습니다. 만약 은닉층이 여러 개가 된다면 `torch.nn.Linear` class의 인스턴스가 여러 개로 늘어날 것입니다. 따라서 여러 은닉층을 하나로 묶어서 코드를 작성하면 훨씬 유용할 것입니다.

이렇게 여러 은닉층을 하나로 묶어 인공신경망을 표현하는 class를 만들 수 있는데, PyTorch에서는 이러한 기능을 위해 `torch.nn.Module` class가 제공됩니다. 이를 위해 `torch.nn.Module class`를 상속받아 새로운 class를 만들어야 합니다. 다음의 코드를 살펴봅시다.

1~8번 줄에서 우리의 인공신경망을 정의한 `Net` class를 작성했습니다. `torch.nn.Module` class를 상속받아 인공신경망을 구성하는 class를 작성하려면 반드시 다음의 함수를 포함해야 합니다.

```
001  class Net(torch.nn.Module):
002      def __init__(self):
003          super(Net, self).__init__()
004          self.linear = torch.nn.Linear(1, 1)
005
006      def forward(self, x):
007          y_hat = self.linear(x)
008          return y_hat
009
010  x = torch.Tensor([[1]])
011
012  net = Net()
013  y_hat = net(x)
```

```
def __init__(self)
def forward(self, x)
```

먼저 **__init__()** 함수는 부모 class인 **torch.nn.Module**을 초기화합니다. 3번 줄에서와같이 부모 class를 초기화할 수 있습니다. 그리고 인공신경망을 구성할 은닉층의 인스턴스를 선언하고 각종 초기화 작업을 합니다. 여기서는 한 개의 은닉층만을 가지므로 4번 줄에서와같이 **torch.nn.Linear** class의 인스턴스를 **self.linear**로 선언합니다.

그다음 forward pass를 계산할 함수인 **forward()**를 선언해야 합니다. **forward()** 함수는 X를 입력받아 출력 $\hat{Y}$를 계산해 반환합니다. 우리의 인공신경망에서는 **self.linear** 인스턴스를 통해 식 (4.3.4)를 계산해 반환하는데, 코드로는 6~8번 줄에 해당합니다.

이렇게 인공신경망 class를 작성하고 나서 인스턴스를 12번 줄에서와같이 선언합니다. **net**으로 명명된 인공신경망의 forward pass를 계산하려면 13번 줄에서와같이 **net** 인스턴스에 입력 **x**를 대입합니다. 어떻게 보면 더 복잡해 보일 수도 있으나, 인공신경망의 크기가 커진다면 이렇게 class로 표현하는 것이 훨씬 효과적입니다.

학습 오차와 경사하강법

4.1절에서 MSE 학습 오차를 다음의 코드와 같이 구현했습니다.

```
def loss(y_hat, y):
    l = (y_hat - y)**2
    return l
```

앞으로 알아보겠지만 MSE 외에도 다양한 학습 오차 함수가 존재하는데, PyTorch에서는 많이 사용되는 학습 오차 함수를 정의해 두었습니다.

```
001 mse = torch.nn.MSELoss()
002 loss = mse(y_hat, y)
```

MSE는 `torch.nn.MSELoss` class로 정의되어 있습니다. 위의 코드에서 1번 줄과 같이 인스턴스를 생성하면 사용할 준비가 완료됩니다. 그리고 2번 줄에서와같이 인스턴스에 참값과 예측값을 대입하면 학습 오차가 자동으로 계산되어 반환됩니다.

또한, 가중치를 업데이트하기 위해 경사하강법을 사용했습니다. 4.1절에서는 경사하강법을 다음의 코드와 같이 구현했습니다.

```
def update():
    global w, b
    w.data = w.data - alpha*w.grad
    b.data = b.data - alpha*b.grad
```

인공신경망의 구조가 커지면 업데이트해야 할 가중치의 수도 이에 따라 증가하므로 이런 식으로 경사하강법을 구현하는 것은 매우 비효율적입니다. PyTorch는 경사하강법을 구현하는 class를 제공합니다.

```
001 optimizer = torch.optim.SGD(net.parameters(), lr=0.01)
002 optimizer.step()
```

`torch.optim.SGD` class는 확률적 경사하강법(stochastic gradient descent algorithm)을 구현하는 class입니다. 아직은 확률적이라는 의미는 고민하지 말고 그냥 경사하강법을 구현한다라고 생각하겠습니다. 1번 줄에서와같이 인스턴스를 선언하는데, 여기에는 두 개의 인수가 필요합니다.

첫 번째 인수는 어떤 가중치를 경사하강법을 통해 업데이트할 것인지를 지정합니다. 기존의 코드에서는 `w`와 `b`를 직접 업데이트하도록 작성했는데, 이제는 인공신경망 class를 사용하므로, 인공신경망을 표현하는 인스턴스의 이름이 `net`이라면 `net.parameters()`으로 인공신경망에 포함된 모든 가중치를 선택할 수 있습니다. 두 번째 인수인 lr은 학습률(learning rate)로, 이전에 α로 정의했던 값입니다.

학습 오차의 경사를 계산한 후에 2번 줄을 호출하여 net 인공신경망에 포함된 가중치를 업데이트할 수 있습니다.

정리 예제

지금까지 PyTorch 스타일로 인공신경망을 선언하고, 학습하는 방법을 알아보았습니다. 이상의 내용을 정리하여 실습 4.1.2를 PyTorch 스타일로 바꿔보겠습니다.

실습 4.3.1

lab4_3_1_pytorch_style.ipynb

실습 4.1.2의 코드를 PyTorch 스타일로 변환해 보세요.

정답코드

```
import torch
import matplotlib.pyplot as plt
```

```
class Net(torch.nn.Module):
    def __init__(self):
        super(Net, self).__init__()
        self.linear = torch.nn.Linear(1, 1, bias=True)

    def forward(self, x):
        y_hat = self.linear(x)
        return y_hat

x_lst = torch.Tensor([1, 3, 5, 7, 9]).view(-1,1)
y_lst = torch.Tensor([100, 75, 60, 25, 15]).view(-1, 1)

net = Net()
mse = torch.nn.MSELoss()
optimizer = torch.optim.SGD(net.parameters(), lr=0.01)

for epoch in range(2000):
    y_hat = net(x_lst)
    loss = mse(y_hat, y_lst)
    optimizer.zero_grad()
    loss.backward()
    optimizer.step()

    if epoch % 100 == 0:
        print(f'epoch={epoch}, loss={loss.item():0.5f}')

plt.plot(x_lst, y_lst,'*')
plt.plot(x_lst, net(x_lst).detach().numpy(),'-o')
plt.xlabel('x')
plt.ylabel('y')
plt.legend(('True','Predicted'))
plt.show()

for name, param in net.named_parameters():
    print(name, param.data)

x_test = torch.Tensor([[7]])
```

```
041    y_test = net(x_test)
042    print(f'{x_test.item()}시간 수면 후 피곤한 정도: {y_test.item(
043    ):0.2f}')
```

실행 결과

```
...중략...
epoch=1600, loss=22.00072
epoch=1700, loss=22.00030
epoch=1800, loss=22.00013
epoch=1900, loss=22.00005
```

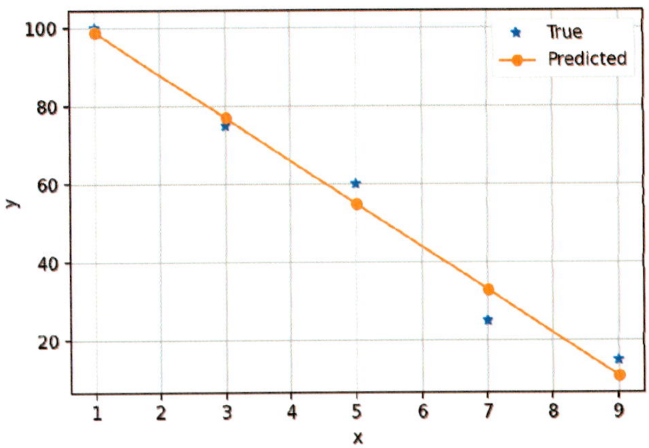


```
linear.weight tensor([[-10.9987]])
linear.bias tensor([109.9918])
7.0시간 수면 후 피곤한 정도: 33.00
```

분석

먼저 앞선 장에서 w와 b의 참값이 $w=-11.0$와 $b=110.0$라고 했는데, 실행 결과의 제일 마지막을 보면 linear.weight (w)가 -10.9987, linear.bias (b)가 109.9918로 계산되어 참값과 매우 근접하게 잘 결정되었음을 알 수 있습니다. 결과 그래프를 보아도 주어진 데이터를 잘 표현하는 직선을 찾았음을 알 수 있습니다. 이제 코드의 각 부분을 살펴보겠습니다.

이번 실습에서는 입력층, 출력층, 은닉층이 모두 한 개인 가장 간단한 인공신경망을 구현합니다. 코드에서는 4~11번 줄에서 Net이라는 class로 우리의 인공신경망을 구현합니다.

학습 데이터세트는 13~14번 줄에서 정의했는데, 기존과 달라진 부분이 있습니다

```
013    x_lst = torch.Tensor([1, 3, 5, 7, 9]).view(-1,1)
014    y_lst = torch.Tensor([100, 75, 60, 25, 15]).view(-1, 1)
```

13번 줄을 먼저 보면, **torch.Tensor([1, ...])**의 코드를 통해 다음과 같이 크기가 5인 1차원 tensor를 생성합니다.

$$[1\ \ 3\ \ 5\ \ 7\ \ 9]$$

그런데 batch 학습을 위해서는 식 (4.3.3)에서와 같이 입력 데이터 X가 열벡터의 형태로 표현되어야 합니다. 즉 크기가 5×1인 2차원 tensor로 선언해야 합니다. 코드로는 다음과 같이 구현할 수도 있습니다.

```
x_lst = torch.Tensor([[1], [3], [5], [7], [9]])
```

위와 같이 표현하면 대괄호 [와]를 더 많이 타이핑해야 하니, PyTorch의 재배열 기능을 사용하면 훨씬 편리합니다. 그래서 코드의 13번 줄에서 우선 크기가 5인 1차원 tensor를 생성하고 **view()** 함수를 통해 크기가 5×1인 2차원 tensor로 변환하여 **x_lst** 변수에 대입합니다. 마찬가지로 **y_lst**도 1차원 tensor로 선언 후 **view()** 함수를 통해 2차원 tensor로 재배열해 주었습니다.

```
016    net = Net()
017    mse = torch.nn.MSELoss()
018    optimizer = torch.optim.SGD(net.parameters(), lr=0.01)
```

16번 줄에서는 설계한 인공신경망 class인 **Net**의 인스턴스를 **net**이라는 이름으로 생성했습니다. 17~18번 줄에서는 MSE loss와 경사하강법을 실행하는 class의 인스턴스를 생성합니다. 실제 학습을 진행하는 코드는 20~25번 줄에 위치합니다.

```
020    for epoch in range(3000):
021        y_hat = net(x_lst)
```

```
022        loss = mse(y_hat, y_lst)
023        optimizer.zero_grad()
024        loss.backward()
025        optimizer.step()
```

21번 줄에서는 forward pass를 계산합니다. 실습 4.1.2와 다른 점은 forward pass 계산 시 하나의 데이터 쌍으로 계산하지 않고 전체 학습 데이터세트에 대해 한 번에 계산한다는 점이 다릅니다. 22번 줄에서는 **torch.nn.MSELoss** class를 이용해 학습 오차를 계산합니다. 학습 오차는 변수 loss에 저장되고, 24번 줄에서 학습 오차의 역전파를 계산합니다. 오차 역전파를 계산하기 전에 기존에 저장되었던 경사를 초기화하기 위하여 23번 줄에서와 같이 **torch.optim.SGD** class의 매서드인 **zero_grad()**를 실행합니다. 마지막으로 25번 줄에서 경사하강법을 통해 인공신경망의 가중치를 업데이트하게 됩니다.

실습 4.1.2와 비교해보면 분명히 더욱더 직관적이고 효율적으로 코드가 바뀐 것을 알 수 있습니다. 특히, 실제 학습 부분인 20~25번 줄은 인공신경망이나 학습 데이터세트의 구조와 무관하므로, 항상 같은 구조를 가집니다. 따라서 인공신경망의 구조나 응용 분야가 바뀌면 4~11번 줄의 인공신경망 구조 코드만 바꿔주면 되므로 코드 작성이 효율적입니다.

37~38번 줄에서 현재 인공신경망의 가중치 값을 화면에 출력합니다. 사실 최종적으로 인공신경망의 가중치가 어떤 값으로 결정되었는지는 중요한 요소가 아니므로, 앞으로의 실습에서는 따로 확인해 보지 않겠습니다. 그러나 이번에는 우리가 이전에 해석적으로 구했던 최적의 가중치와 비슷한 결과를 얻을 수 있다는 점을 확인하기 위해 결과를 출력해 보았고, 실제로 비슷한 결과를 얻었음을 확인했습니다.

실습 4.3.1을 통해 PyTorch를 이용한 인공신경망의 구현과 학습 방법에 대해 알아보았습니다. 실습에서 7시간 수면 후 피곤한 정도를 예측했는데, 피곤한 정도가 33.0으로 예측되었습니다. 그런데, 실제 참값인 25와 약간의 오차를 보입니다. 이런 오차가 발생하는 이유는 수면 시간과 피곤함의 정도가 정확히 선형적인 관계를 가지지 않기 때문입니다. 또한, 피곤한 정도는 수면 시간 외에도 온도나 침구의 안락함, 정서적인 안정감 등 다양한 요소에 영향을 받기 때문에 수면 시간에 따라 피곤한 정도가 선형적으로 변한다는 문제의 가정에 오류가 포함되어 있습니다. 그러므로 약간의 오차가 발생했지만, 주어진 학습 데이터세트에 대한 선형 관계 표현 중에서는 제곱 오차가 가장 작은 결과를 얻었습니다.

4.4 로지스틱 회귀

참 거짓 문제

선형 회귀 분석은 주어진 학습 데이터세트를 잘 표현하는 직선의 방정식을 찾고, 이를 이용해서 주어진 입력값에 대한 결과를 예측하는 알고리즘입니다. 따라서 선형 회귀 분석에서는 입력과 출력(예측)이 연속적인 값을 가집니다

이번 장에서는 새로운 문제를 다뤄보겠습니다. 주어진 입력에 내해 예측이 참 또는 거짓 둘 중 하나로 결정되는 문제를 생각해봅시다. 다음의 질문은 예측이 참 또는 거짓으로 판단 가능한 문제들의 예입니다.

- 나의 연봉이 1억이라면 나는 부자일까 아닐까?

• 6시간 잤는데 내일 피곤할까 안 피곤할까?
• 새로 나온 핸드폰이 좋아 보이는데 사야 하나 말아야 하나?
• 지금 보유하고 있는 주식을 팔아야 하나 말아야 하나?

사람들의 연봉과 그 사람이 부자라고 생각되는지를 기록한 학습 데이터세트가 있다면 이를 학습한 인공신경망은 연봉이 1억인 사람이 부자인지 판단할 수 있습니다. 또, 사람들의 수면 시간과 피곤함을 기록한 학습 데이터를 학습한다면 마찬가지로 수면 시간에 따라 이 사람이 피곤한지 아닌지 판단할 수 있을 겁니다. 좀 더 복잡하게는, 핸드폰의 여러 특징들(화면의 크기, 프로세서의 성능, 운영체제 종류 등)에 따른 기호도를 기록한 학습 데이터세트를 통해 핸드폰을 사야할지 말아야할지 판단하는 인공신경망도 구현할 수 있습니다.

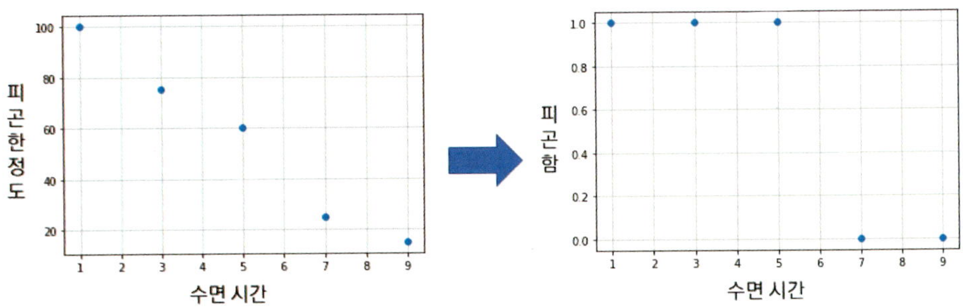

그림 4.4.1 피곤한 정도에서 피곤함으로의 변화

이렇게 참 또는 거짓의 결과를 예측하는 회귀 분석을 로지스틱 회귀(Logistic regression)이라고 하며, 이번 장에서는 인공신경망을 이용해 로지스틱 회귀 분석을 구현해 보겠습니다. 표 4.4.1에서 어떤 사람이 느끼는 수면 시간에 따른 피곤함과 피곤한 정도의 상관관계를 정리했습니다. 피곤함은 주관적인이므로 다른 사람에게는 맞지 않은 정보이겠지만, 이 학습 데이터세트를 제공한 사람에게는 표 4.4.1이 참값이 됩니다.

표 4.4.1 수면 시간과 피곤함의 상관관계

수면 시간	1시간	3시간	5시간	7시간	9시간
피곤함	O	O	O	X	X
피곤한 정도	100	75	60	25	15

시그모이드 함수

이전 절에서는 그림 4.4.1의 왼쪽 그래프의 수면 시간-피곤한 정도 관계를 잘 묘사하는 '직선'을 찾는 인공신경망을 개발했습니다. 그런데 그림 4.4.1의 오른쪽 그래프를 보면 수면 시간과 피곤함의 관계는 '직선'으로 표현되지 않을 것 같습니다. 따라서 이번에는 그림 4.4.2와 같이 수면 시간-피곤함의 관계를 잘 묘사하는 '곡선'을 찾는 인공신경망을 개발해야 합니다. 만약 인공신경망에 어떤 값(수면 시간)을 입력했을 때 출력(피곤함)이 그림 4.4.2와 같이 'S'자 모양의 곡선 형태로 나타난다면, 피곤한 것이 참인지 거짓인지 판단할 수 있는 인공신경망이 개발되는 것입니다. 즉, 기존의 '직선'인 추론 결과를 '곡선'의 추론 결과로 그래프를 꼬아야 합니다.

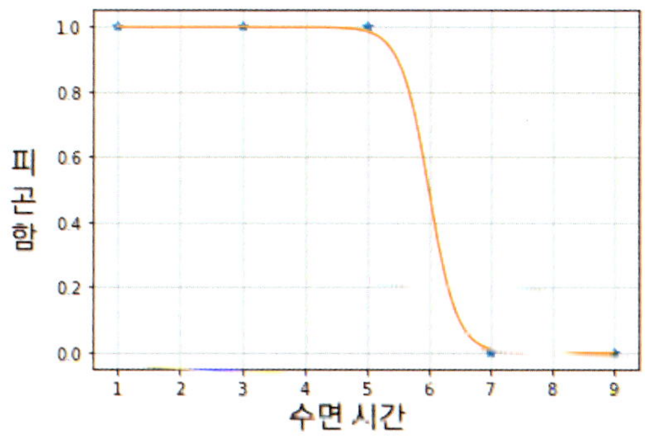

그림 4.4.2 '곡선' 예측 그래프

그림 3.1.3에서 인공 뉴런은 입력 데이터에 대한 신형 연산 결과를 활성화 함수에

통과시켜 출력을 계산한다고 했습니다. 즉 '직선' 추론 결과를 활성화 함수에 통과시켜 '곡선' 추론으로 변환할 수 있다는 뜻입니다. 그림 4.4.3에 인공 뉴런의 추론 과정을 도식하였습니다. 그림 4.4.3을 통해 인공 뉴런은 선형 연산 블록과 활성화 함수 블록으로 구성됨을 알 수 있습니다. 이런 인공 뉴런이 여러 층 겹쳐진 것이 인공신경망입니다. 아직까지는 인공 뉴런이 1층만 있는 인공신경망을 다룰 것이기 때문에 여기서 다루는 인공신경망은 그림 4.4.3의 구조를 가진다고 생각하면 됩니다.

먼저 짚고 넘어가야 할 점은 활성화 함수는 비선형 함수여야 한다는 것입니다. 활성화 함수가 선형 함수이면 왜 안 될까요? 예를 들어 활성화 함수가 다음과 같은 선형 함수라고 가정해 봅시다.

$$\hat{y} = h(z) = cz + d \tag{4.4.1}$$

여기서 c와 d는 어떤 상수입니다. 그림 4.4.3에 의하면 선형 블록의 출력 z는 다음과 같이 계산됩니다.

$$z = wx + b \tag{4.4.2}$$

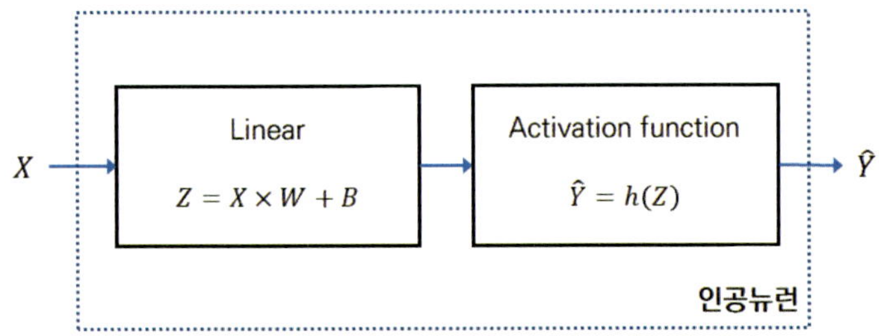

그림 4.4.3 인공 뉴런의 추론 과정

이제 식 (4.4.2)로 계산된 선형 블록의 출력 z를 식 (4.4.1)의 선형 활성화 함수에 대입해 봅시다. 그러면 다음을 얻습니다.

$$\hat{y} = h(wx+b) = c(wx+b)+d = cwx+cb+d \tag{4.4.3}$$

여기서 $cw = e$, $cb+d = f$로 치환하면, 식 (4.4.3)을 다음과 같이 쓸 수 있습니다.

$$\hat{y} = ex+f \tag{4.4.4}$$

식의 계수만 바뀌었을 뿐 결국 식 (4.4.2)를 연산한 것과 크게 다르지 않습니다. 따라서 활성화 함수가 선형 함수이면 활성화 함수를 통과하는 것이 아무런 의미를 가지지 못하고, 심지어 층을 깊게 쌓아도 한 개의 층을 사용한 것과 완전히 같은 결과를 얻게 됩니다. 따라서 활성화 함수는 비선형 함수여야 합니다.

그러면 활성화 함수가 어떤 비선형 함수여야 '직선'을 'S'자 모양의 '곡선'으로 바꿀 수 있을까요? 여러 대안이 있을 수 있겠지만, 여기서는 시그모이드(sigmoid) 함수를 활성화 함수로 사용하겠습니다. 시그모이드 함수는 다음의 식으로 정의됩니다.

$$h(z) = \frac{1}{1+e^{-z}} \tag{4.4.5}$$

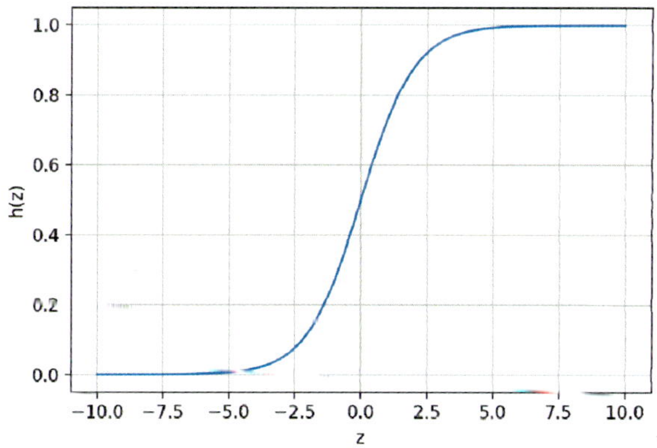

그림 4.4.4 시그모이드 함수 그래프

그림 4.4.4에 식 (4.4.5)의 시그모이드 함수 그래프를 도식했습니다. 정말로 'S'자 모양의 곡선 그래프입니다. 그리고 함수의 치역이 $[0,1]$이므로 참과 거짓의 예측을 할

수 있습니다. 활성화 함수로 시그모이드 함수를 이용하는 것이 타당해 보입니다. 그림 4.4.3의 인공 뉴런 연산을 직접 해보겠습니다. $z = xw + b$라면, 출력 $\hat{y}$는 다음과 같습니다.

$$\hat{y} = \frac{1}{1+e^{-(xw+b)}} = \frac{1}{1+e^{-b} \times e^{-wx}} \tag{4.4.6}$$

활성화 함수는 추가적으로 학습이 요구되는 가중치가 없습니다. 따라서 학습해야 하는 가중치는 여전히 w와 b입니다. 그러나 비선형 함수이므로 출력 식이 기존과 완전히 달라졌습니다.

식 (4.4.6)에서 $w = -4.3576$, $b = 26.0619$를 대입하고 x를 0에서 9까지 변화시켜 가며 그래프를 그리면 그림 4.4.5와 같습니다. 그래프에서 파란점은 표 4.4.1의 학습 데이터세트 쌍을 나타낸 것이고, 주황색 곡선은 식 (4.4.6)의 계산 결과입니다. 결과로부터 우리의 인공신경망이 실제로 피곤함을 잘 추론한다는 것을 알 수 있습니다. 결과적으로 시그모이드를 활성화 함수로 이용하면 로지스틱 회귀 분석 알고리즘을 구현하는 인공신경망을 개발할 수 있을 것 같습니다.

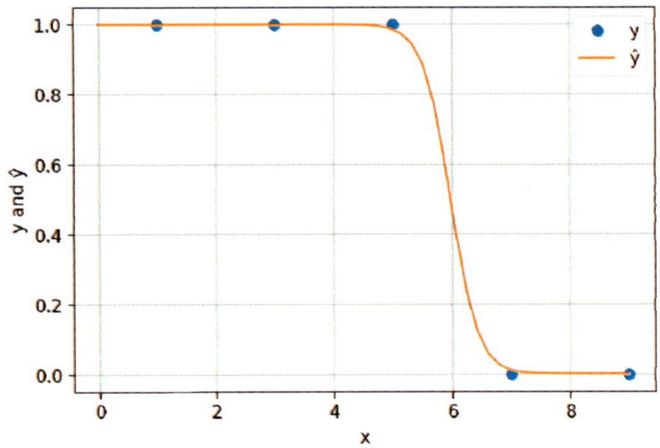

그림 4.4.5 시그모이드 함수를 통과한 추론 결과

Binary cross entropy loss

인공신경망이 스스로 학습하기 위해서는 자신의 예측이 얼마나 좋은지 판단할 수 있어야 합니다. 즉, 현재 예측한 값이 실제 참값과 얼마나 오차를 내는지 측정할 수 있는 수단이 필요합니다. 선형 회귀 분석을 위한 인공신경망에서는 참값과 예측값 간의 제곱 오차인 MSE를 학습 오차로 이용했습니다. 로지스틱 회귀 문제에서는 참값이 1 또는 0의 두 가지 값을 가지고, 예측값은 0에서 1사이의 연속된 값을 가집니다. 로지스틱 회귀를 위한 인공신경망도 MSE 학습 오차를 이용해 가중치를 업데이트할 수는 있습니다.

그러나 로지스틱 회귀 문제에서는 정답이 0 또는 1이기 때문에 MSE를 계산하지 않아도 학습 오차가 어느 정도의 크기를 가지는지 쉽게 계산할 수 있습니다. 만약 어떤 함수가 다음을 만족한다면 로지스틱 회귀 문제에 대한 학습 오차로 기능할 수 있습니다.

- 정답이 1일 때는 예측값이 1에 가까울수록 학습 오차가 작다.
- 정답이 0일 때는 반대로 예측값이 0에 가까울수록 학습 오차가 작다.

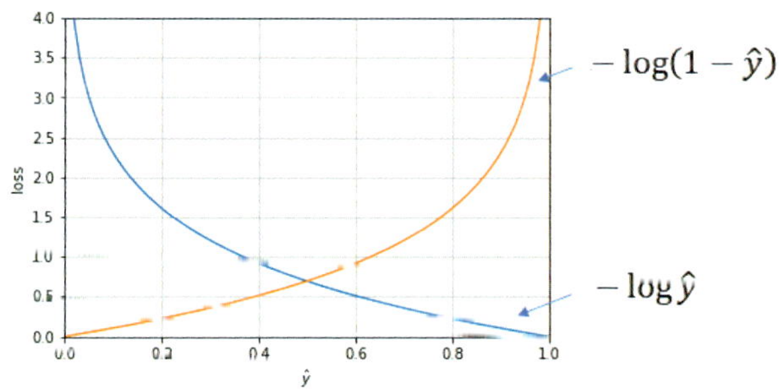

그림 4.1.6 log함수의 그래프 개형

이런 역할을 함수를 binary cross entropy loss, 줄여서 BCE 학습 오차라고 합니다. 이름은 매우 거창해 보이지만 사실 그렇게 복잡하지 않습니다.

그림 4.4.6에 두 가지 로그(logarithm) 함수 그래프를 도식했습니다. 그래프에서 가로축은 예측값 $\hat{y}$이고, 세로축은 예측값에 대한 로그 함수의 값입니다. 먼저 파란색의 $-\log\hat{y}$ 그래프를 봅시다. 그래프를 보면 $\hat{y}$이 1에 가까워질수록 함숫값은 0에 가까워지고, 반대로 $\hat{y}$가 0에 가까워지면 함숫값이 커집니다. 따라서 정답이 1이라면 $\hat{y}$가 1에 가까워질수록 함숫값이 0에 가까워지므로, 예측한 값과 정답이 얼마나 근사한지 판단하는 척도가 될 수 있습니다.

다음으로 주홍색의 $-\log(1-\hat{y})$ 그래프를 보면, $-\log\hat{y}$와는 정반대로 $\hat{y}$가 0에 가까워질수록 함숫값이 작아지고 반대로 $\hat{y}$가 1에 가까워질수록 함숫값이 커집니다. 따라서 정답이 0인 경우에 이 함수를 이용해 예측값이 정답과 얼마나 근사한지 판단할 수 있습니다.

정리하면, 정답이 0일 때는 $-\log(1-\hat{y})$, 정답이 1일 때는 $-\log\hat{y}$가 학습 오차의 역할을 할 수 있습니다. 이상의 내용을 이용하면 다음의 수식을 통해 BCE 학습 오차를 정의할 수 있습니다.

$$BCE\ loss = -\{y\log\hat{y} + (1-y)\log(1-\hat{y})\} \qquad (4.4.7)$$

식 (4.4.7)에서 $y=1$이면 $1-y=0$이 되어 학습 오차는 $-\log\hat{y}$가 되고, 반대로 $y=0$이면, $1-y=1$이되어 학습 오차가 $-\log(1-\hat{y})$이 됩니다. 따라서 식 (4.4.7)이 앞서 설명한 학습 오차의 기능을 수행하므로, 로지스틱 회귀 문제에서는 식 (4.4.7)의 BCE 학습 오차를 이용해 인공신경망을 학습시킵니다.

정리 예제

PyTorch를 이용해 표 4.4.1의 학습 데이터세트에 대한 로지스틱 회귀 분석을 수행하는 인공신경망을 설계하는 실습을 진행하겠습니다.

실습 4.4.1

lab4_4_1_logistic_regression.ipynb

로지스틱 회귀 분석을 위한 인공신경망을 설계하고 표 4.4.1의 학습 데이터세트를 이용해 인공신경망을 학습하는 코드를 작성하세요.

정답코드

```
import torch
import matplotlib.pyplot as plt

class Net(torch.nn.Module):
    def __init__(self):
        super(Net, self).__init__()

        self.linear = torch.nn.Linear(1, 1)
        self.sigmoid = torch.nn.Sigmoid()

    def forward(self, x):
        z = self.linear(x)
        y_hat = self.sigmoid(z)
        return y_hat

x_lst = torch.Tensor([1, 3, 5, 7, 9]).view(-1, 1)
y_lst = torch.Tensor([1, 1, 1, 0, 0]).view(-1, 1)

net = Net()
bce = torch.nn.BCELoss()
optimizer = torch.optim.SGD(net.parameters(), lr=0.1)

for epoch in range(1000):
    y_hat = net(x_lst)

    loss = criterion(y_hat, y_lst)
    optimizer.zero_grad()
    loss.backward()
    optimizer.step()

```

```
        if epoch % 100 == 0:
            print(f'epoch={epoch}, loss={loss.item():0.5f}')

plt.plot(x_lst, y_lst,'*')
plt.plot(x_lst, net(x_lst).detach().numpy(),'-o')
plt.xlabel('x')
plt.ylabel('y')
plt.legend(('True','Predicted'))
plt.show()

x_test = torch.Tensor([[8]])
y_test = net(x_test)
is_tired = '하다' if y_test.item() >= 0.5 else '하지 않다'

print(f'{x_test.item()}시간 수면 후 \
피곤할 확률은 {y_test.item()*100:0.1f}%이다')

print(f'따라서 피곤{is_tired}.')
```

실행 결과

```
...중략...
epoch=600, loss=0.07571
epoch=700, loss=0.06875
epoch=800, loss=0.06304
epoch=900, loss=0.05825
```

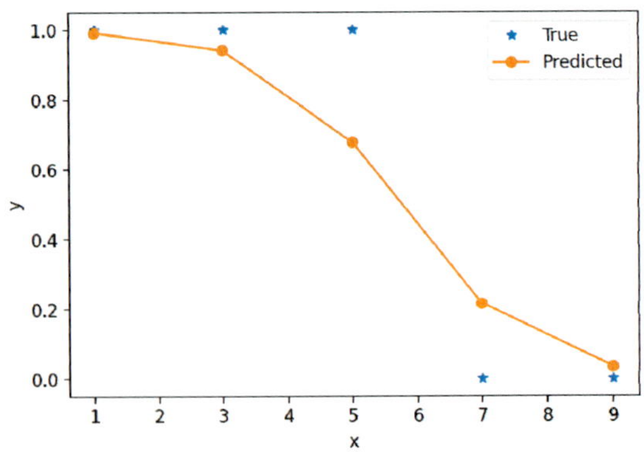

```
8.0시간 수면 후 피곤할 확률은 1.6%이다
따라서 피곤하지 않다.
```

분석

로지스틱 회귀 분석을 위한 인공신경망은 4~14번 줄에 **Net**이라는 class로 정의되었습니다.

```
004  class Net(torch.nn.Module):
005      def __init__(self):
006          super(Net, self).__init__()
007  
008          self.linear = torch.nn.Linear(1, 1)
009          self.sigmoid = torch.nn.Sigmoid()
010  
011      def forward(self, x):
012          z = self.linear(x)
013          y_hat = self.sigmoid(z)
014          return y_hat
```

Net class의 **__init__()** 함수에서는 선형 연산을 위한 **self.linear** 인스턴스와 시그모이드 연산을 위한 **self.sigmoid** 인스턴스를 선언합니다. **forward()** 함수는 인공신경망의 forward pass를 계산합니다. **x**를 입력받아 선형 연산을 거친 출력 **z**를 얻습니다. 그다음 **z**는 시그모이드 함수를 통과하여 **y_hat**이 됩니다. 최종 출력 **y_hat**은 0에서 1사이의 실수가 됩니다. 로지스틱 회귀에서 정답은 0과 1 두 개의 정수이지만 로지스틱 회귀의 예측값은 0에서 1사이의 실수입니다. 실수값을 0 또는 1의 정수로 바꾸기 위해 약간의 트릭이 필요합니다. 자세한 설명을 위해 다음 코드를 봅시다.

```
x_test = torch.Tensor([[8]])
y_test = net(x_test)
is_tired = '하다' if y_test.item() >= 0.5 else '하지 않다'

print(f'{x_test.item()}시간 수면 후 \
피곤할 확률은 {y_test.item()*100:0.1f}%이다')

print(f'따라서 피곤{is_tired}.')
```

41~48번 줄에서는 학습이 완료된 인공신경망에 대해 특정 값을 입력하여 이에 대한 예측을 얻는 코드입니다. 41번 줄에서 `x_test`는 인공신경망의 시험 입력값을 저장합니다. 전체 학습 데이터 쌍의 수가 N개이면, 우리가 지금 설계한 인공신경망의 입력 x는 $N \times 1$의 열벡터 형태가 됩니다. 따라서 `x_test`를 `torch.Tensor([[8]])`과 같이 선언해서 $N \times 1$ ($N=1$)의 형태로 선언했습니다. 42번 줄에서는 forward pass를 계산하여 8시간 수면했을 때 인공신경망의 예측값을 계산하여 `y_test`에 저장합니다. 앞서 언급했다시피 `y_test`는 0에서 1 사이의 실수입니다. 이 값을 0 또는 1의 정수로 변환하기 위해서 43번 줄과 같이 조건문을 사용했습니다. 즉, `y_test`가 0.5 이상이면 1로 변환하고, 0.5 보다 작다면 0으로 변환했습니다. 즉, 0에서 1사이의 실수를 0.5를 기준으로 0 또는 1로 구분하여 로지스틱 회귀 분석을 수행했습니다. 45~46번 줄에서는 8시간 수면했을 때 피곤할 확률을 출력합니다. 엄밀히 말해서 `y_test`에 저장된 값은 확률은 아니지만 0에서 1 사이의 값이므로 100을 곱해서 %로 표현했습니다.

학습 데이터세트는 16~17번 줄을 통해 정의했습니다.

```
016    x_lst = torch.Tensor([1, 3, 5, 7, 9]).view(-1, 1)
017    y_lst = torch.Tensor([1, 1, 1, 0, 0]).view(-1, 1)
```

데이터 쌍의 수가 5개이므로 `x_lst`와 `y_lst`는 각각 5×1의 열벡터로 선언되었습니다. 다만 앞서 설명한 바와 같이 `torch.Tensor([1, 3, 5, 7, 9])`는 크기가 5인 1차원 tensor이지만 `view()` 함수를 이용해 5×1의 2차원 tensor로 재배열했습니다.

```
019    net = Net()
020    bce = torch.nn.BCELoss()
021    optimizer = torch.optim.SGD(net.parameters(), lr=0.1)
```

다음으로 19번 줄에서 `Net` class의 인스턴스를 `net`으로 선언했습니다. 그리고, 20~21번 줄에서 BCE 학습 오차를 계산할 `torch.nn.BCELoss`의 인스턴스 `bce`를 선언했고, 지난 실습과 마찬가지로 경사하강법을 위한 `torch.optim.SGD`의 인스턴스를 `optimizer`로 선언합니다.

실제 학습을 위한 코드는 23~32번 줄에 위치합니다. 코드를 보면 실습 4.3.1의 선형 회귀 분석을 위한 인공신경망 학습 코드와 동일하다는 것을 알 수 있습니다. 그러므로 추가적인 분석은 하지 않겠습니다. 이것이 딥러닝 framework인 PyTorch의 장점 중 하나입니다. 인공신경망의 구조가 바뀌더라도 학습과 관련한 코드는 체계적으로 구성되어 있어 큰 틀에서 많이 변하지 않습니다.
실행 결과를 보면 학습된 인공신경망이 주어진 학습 데이터에 대해 피곤함 여부를 잘 예측한다는 것을 확인할 수 있습니다.

4.5 더 깊고 더 넓게

더 넓게

실습 4.3.1에서 수면 시간에 따른 피곤한 정도를 예측하기 위한 선형 회귀 분석 알고리즘을 구현했습니다. 결과를 보면, 7시간 수면 시 피곤한 정도의 참값이 25인데 반해 알고리즘의 예측 결과는 33.0이었습니다.

이런 오차가 발생하는 데에는 여러 요인이 있겠지만, 가장 크게 작용한 것은 문제의 가설이 잘못되었기 때문입니다. 피곤한 정도는 수면 시간과 정확히 선형적인 관계를 갖지 않을 것입니다. 수면 시간 외에도 침구의 안락함이나 정서적인 안정감, 대기 온도, 습도 등 다양한 요인에 의해 영향을 받을 것입니다.

A대학 연구소에서 실험을 통해 피실험자의 수면 시간과 대기 온도에 따른 피곤한 정도를 측정한 결과, 표 4.5.1의 결과를 얻었다고 가정합시다. 약간 부실한 데이터이지만 딥러닝 알고리즘에 집중하기 위해 간단하게 가정했습니다. 실제 데이터에 대한 인공신경망 구현은 이 장의 끝에서 실습으로 다뤄보겠습니다.

표 4.5.1 수면 시간과 피곤함의 상관관계

수면 시간	1시간	3시간	5시간	7시간	9시간
대기 온도	30℃	29℃	28℃	24℃	25℃
피곤한 정도	100	75	60	25	15
피곤함	O	O	O	X	X

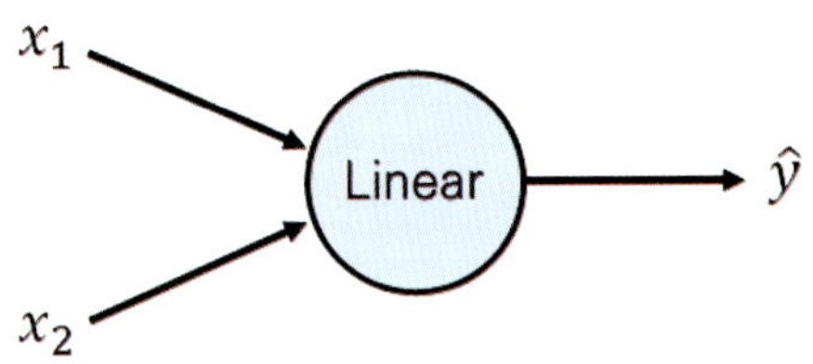

그림 4.5.1 입력이 두 개인 인공신경망

이제 인공신경망의 입력이 두 개가 되었습니다. 즉, 인공신경망이 넓어졌습니다. 표 4.5.1의 학습 데이터에 대한 선형 회귀 분석을 위한 인공신경망의 구조는 그림 4.5.1과 같습니다. 그림을 보면 두 개의 입력 x_1과 x_2이 인공신경망에 입력되면 선형 연산 후 예측값 $\hat{y}$가 출력되는 구조입니다. 여기서 x_1과 x_2는 각각 수면 시간과 대기 온도를 의미하고, $\hat{y}$는 피곤한 정도를 나타냅니다. 이를 식으로 나타내면 다음과 같습니다.

$$\hat{y} = x_1 w_1 + x_2 w_2 + b \tag{4.5.1}$$

식 (4.5.1)를 보면, 가중치가 기존 w에서 w_1과 w_2로 입력의 수에 따라 늘어났습니다. 이제 batch 학습을 위해 식 (4.5.1)를 행렬 형태로 표현하면 다음과 같습니다.

$$\hat{Y} = X \times W + B \tag{4.5.2}$$

식 (4.5.2)에서 각 행렬은 다음의 구조를 가집니다.

$$\hat{Y} = \begin{bmatrix} \hat{y}_1 \\ \hat{y}_2 \\ \vdots \\ \hat{y}_N \end{bmatrix}, X = \begin{bmatrix} x_{11} & x_{12} \\ x_{21} & x_{22} \\ \vdots & \vdots \\ x_{N1} & x_{N2} \end{bmatrix}, W = \begin{bmatrix} w_1 \\ w_2 \end{bmatrix}, B = \begin{bmatrix} b \\ b \\ \vdots \\ b \end{bmatrix}.$$

즉, $\hat{Y}$는 $N \times 1$, X는 $N \times 2$, W는 2×1, B는 $N \times 1$의 2차원 tensor입니다. $\hat{y}_i$ $(i = 1, 2, \cdots, N)$은 i번째 학습 데이터 쌍에 대한 예측값, x_{i1}과 x_{i2}는 각각 i번째 학습 데이터 쌍에 대한 수면 시간과 대기 온도를 의미합니다. 식 (4.5.1)에서처럼 식을 풀어서 쓰는 것 보다 식 (4.5.2)와 같이 형렬 연산의 식으로 표현하면, 입 · 출력 수가 늘어나거나 줄어나더라도 구조는 항상 식 (4.5.2)와 같으므로 편리합니다. 만약 입력의 수가 M개로 늘어난다면, 식 (4.5.2)에서 X는 $N \times M$, 그리고 W는 $M \times 1$의 크기를 가지는 tensor가 됩니다.

이제 우리의 목표는 표 4.5.1의 학습 데이터세트를 잘 표현하는 식 (4.5.2)의 인공 신경망 가중치 w_1, w_2, b를 찾는 것입니다. 입력의 수가 하나 늘어났지만, 기존과 똑같이 MSE 학습 오차가 최소화되도록 경사하강법을 사용하면 됩니다. PyTorch 코드 역시 실습 4.3.1과 크게 다르지 않습니다. 어떻게 다른지 이어지는 실습을 통해 살펴보겠습니다.

실습 4.5.1

lab4_5_1_wider_linear_regression.ipynb

실습 4.3.1을 수정하여 표 4.5.1의 학습 데이터세트에 대한 선형 회귀 분석 알고리즘을 PyTorch로 구현하세요

정답코드

```
import torch

class Net(torch.nn.Module):
    def __init__(self):
```

```
        super(Net, self).__init__()
        self.linear = torch.nn.Linear(2, 1, bias=True)

    def forward(self, x):
        y_hat = self.linear(x)
        return y_hat

x_lst = torch.Tensor([[1, 30],
                      [3, 29],
                      [5, 28],
                      [7, 24],
                      [9, 25]])
y_lst = torch.Tensor([100, 75, 60, 25, 15]).view(-1, 1)

net = Net()
criterion = torch.nn.MSELoss()
optimizer = torch.optim.SGD(net.parameters(), lr=0.001)

for epoch in range(2000):
    y_hat = net(x_lst)

    loss = criterion(y_hat, y_lst)
    optimizer.zero_grad()
    loss.backward()
    optimizer.step()

    if epoch % 100 == 0:
        print(f'epoch={epoch}, loss={loss.item():0.5f}')

for name, param in net.named_parameters():
    print(name, param.data)

x_test = torch.Tensor([[7, 24]])
y_test = net(x_test)
print(f'{x_test[0,1]}도에서 {x_test[0,0]}시간 수면 후 피곤한 정
도: {y_test.item():0.2f}')
```

실행 결과

```
...중략...
epoch=1600, loss=4.37929
epoch=1700, loss=4.37894
epoch=1800, loss=4.37859
epoch=1900, loss=4.37823
linear.weight tensor([[-8.3304,  3.5843]])
linear.bias tensor([-0.8107])
24.0도에서 7.0시간 수면 후 피곤한 정도: 26.95
```

분석

실습 4.3.1과 가장 크게 다른 점은 인공신경망의 구조가 바뀐 점입니다.

```
003  class Net(torch.nn.Module):
004      def __init__(self):
005          super(Net, self).__init__()
006          self.linear = torch.nn.Linear(2, 1, bias=True)
007
008      def forward(self, x):
009          y_hat = self.linear(x)
010          return y_hat
```

6번 줄을 보면 실습 4.3.1과 달리 **self.linear**의 입력은 2개이고, 출력은 1개로 정의되었습니다. 입력의 수만 달라졌기 때문에 당연히 forward pass를 계산하는 **forward()** 함수는 달라진 점이 없습니다.

학습 데이터세트에서 **x_lst**는 기존에 5×1의 2차원 tensor였으나, 입력이 두 개로 늘어났으므로 5×2의 tensor로 정의되어야 합니다.

```
x_lst = torch.Tensor([[1, 30],
                      [3, 29],
                      [5, 28],
                      [7, 24],
                      [9, 25]])
y_lst = torch.Tensor([100, 75, 60, 25, 15]).view(-1, 1)
```

코드에서 12~16번 줄에 5×2 tensor인 `x_lst`를 정의합니다. 반면, `y_lst`는 예측값의 참값이 바뀌지 않았으므로 달라지는 것이 없습니다.

오차 함수와 경사하강법의 정의 및 실제 학습을 수행하는 부분 등을 기술한 19~32번 줄은 모두 달라진 것이 없습니다.

34~45번 줄에서 학습된 가중치를 출력했습니다. 결과에 의하면 학습된 인공신경망은 다음과 같습니다.

$$\hat{y} = -8.3545x_1 + 3.5528x_2 + 0.1666 \tag{4.5.3}$$

기존 선형 회귀 분석 결과 식이 $\hat{y} = xw + b$와 같이 2차원 공간 상의 1차원 직선을 의미했던 것과 달리, 식 (4.5.3)은 3차원 공간 상의 2차원 평면을 나타냅니다. 따라서 위의 식을 이용해 그래프를 그린 결과는 다음과 같습니다.

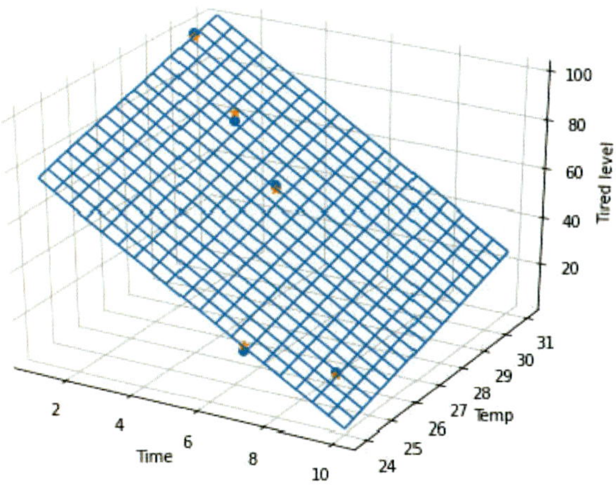

코드는 이 책의 범위를 벗어나므로 설명하지 않겠습니다.

그래프에서 격자무늬가 식 (4.5.3)에 의해 계산된 평면입니다. 다섯 개의 동그라미 마커는 표 4.5.1의 실제 학습 데이터이며, 주홍색 별표 마커는 주어진 입력 x_1과 x_2에 대한 인공신경망의 예측값입니다. 전체적으로 학습 데이터와 매우 유사한 예측을 하는 것을 알 수 있습니다.

마지막으로 37~40번 줄에서 대기 온도 24℃ 에서 7시간 수면했을 때의 피곤한 정도를 인공신경망을 통해 예측했습니다. 예측 결과 26.95가 나왔는데, 표 4.5.1에 의하면 참값은 25입니다. 실습 4.3.1에서는 예측값과 실제값의 차이가 8.0이었으나 이번 실습에서는 1.95로 더 욱 예측이 잘되었습니다. 그 이유는 학습 데이터세트가 수면 시간 뿐만 아니라 대기 온도 등 실제 수면의 질에 영향을 끼치는 항목을 추가하여 실제 문제를 더욱 잘 표현하기 때문입니다.

더 깊게

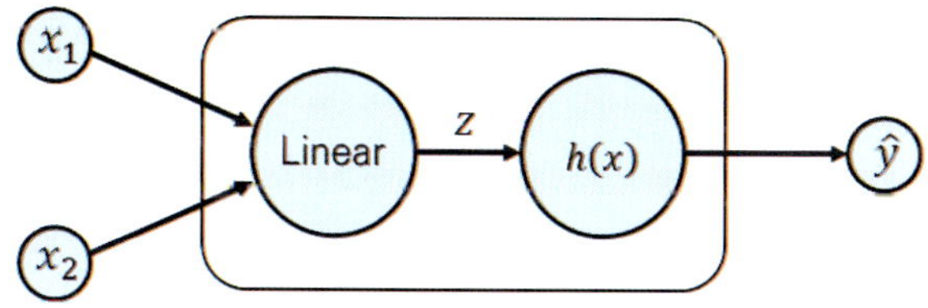

그림 4.5.2 논리 회로를 표현하기 위한 단층 신경망

실습 4.5.1을 통해 인공신경망을 더 넓게 만듦으로써 훨씬 더 좋은 결과를 얻을 수 있었습니다. 이번에는 인공신경망을 더 깊게 만들어 봅시다. 더 깊게 만든다는 것은 인공신경망의 은닉층 수를 더 늘려 보겠다는 의미입니다.

그림 4.5.2와 같이 은닉층이 한 개로 이루어진 단층 인공신경망을 봅시다. 활성화 함수가 다음과 같다고 가정하겠습니다.

$$h(z) = \begin{cases} 1, & \text{if} \quad z > 0 \\ 0, & \text{if} \quad z \leq 0 \end{cases} \tag{4.5.4}$$

그리고 앞서 살펴본 바와 같이 선형 연산은 $z = w_1x_1 + w_2x_2 + b$의 식으로 계산됩니다. 그림 4.5.2의 인공신경망을 이용하면 표 4.5.2와 같은 몇 가지 간단한 논리 연산을 구현할 수 있습니다.

표 4.5.2 간단한 논리 연산의 진리표

x_1	x_2	AND	OR	NAND
0	0	0	0	1
0	1	0	1	1
1	0	0	1	1
1	1	1	1	0

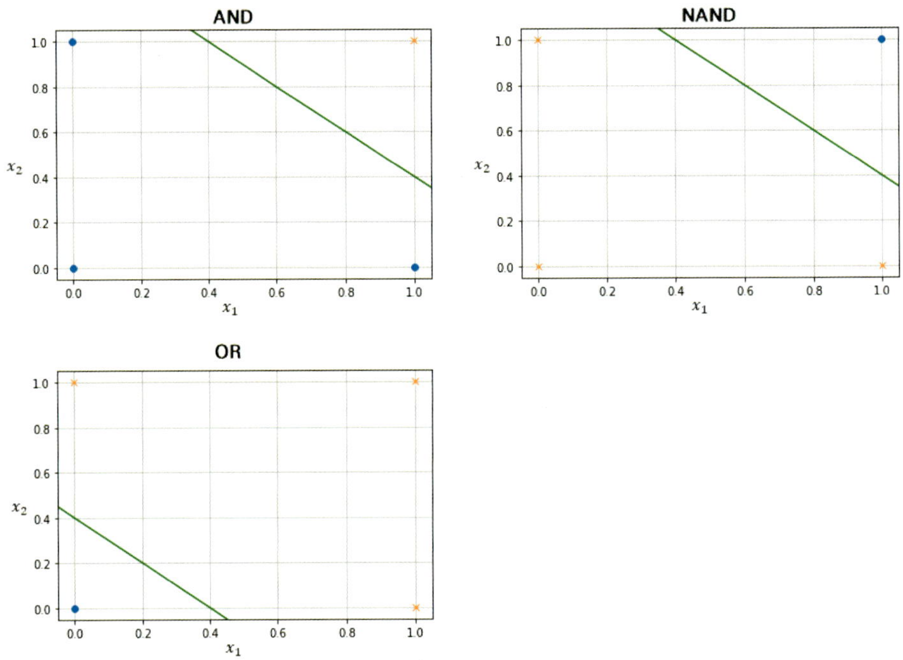

그림 4.5.3 각 논리 연산의 예측 결과 그래프

예를 들어 $w_1 = w_2 = 0.5$이고, $b = -0.7$이라면 그림 4.5.2의 인공신경망의 forward pass 연산으로 표 4.5.3의 결과를 얻습니다. 결과로부터 예측값 $\hat{y}$가 AND 연산의 결과와 같음을 알 수 있습니다. 마찬가지로 $w_1 = w_2 = -0.5$이고 $b = 0.7$이면 NAND, $w_1 = w_2 = 0.5$, $b = -0.2$이면 OR 연산의 결과를 냅니다.

표 4.5.3 $w_1 = w_2 = 0.5$, $b = -0.7$일 때의 예측값

x_1	x_2	z	$\hat{y}$
0	0	-0.7	0
0	1	-0.2	0
1	0	0.2	0
1	1	0.3	1

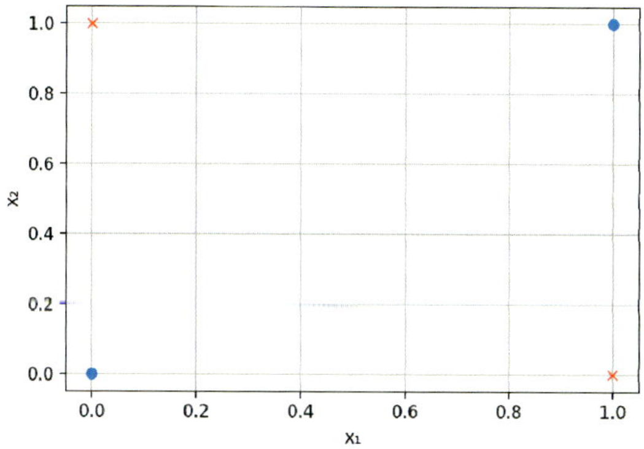

그림 4.5.4 XOR 논리 연산

사실 이 결과는 그림 4.5.3과 같이 파란색과 주홍색 점 군을 직선으로 분리하는 문제입니다. 녹색 직선은 $w_1x_1 + w_2x_2 + b = 0$의 식을 그래프로 나타낸 것이고, 파란점과 주홍점은 각각 0과 1을 의미합니다. 그림으로부터 녹색 선이 파란색과 주홍색 점 군을 분리하고 있는 것을 알 수 있습니다.

그렇다면, 단층 인공신경망으로 모든 논리 연산을 표현할 수 있을까요? 그림 4.5.4는 XOR 논리 연산의 진리표를 좌표상에 나타낸 것입니다. 그림 4.5.3에서처럼 그림 4.5.4의 두 점 군을 직선으로 분리할 수 있을까요? 만약 가능하다면 직선에 해당하는 w_1, w_2, b를 찾을 수 있으니 단층 인공신경망이 XOR 연산을 표현할 수 있습니다.

그런데 그래프를 보면 직선으로는 아무리 노력해도 두 점군을 분리할 수 없을 것

같습니다. 따라서 단층 인공신경망으로는 XOR 연산을 표현할 수 없습니다.

그런데 직선이 아니라 곡선을 이용하면 쉽게 두 점 군을 나눌 수 있습니다. 혹은 발상을 전환해서 평면을 구부린 다음 직선으로 나누면 두 점 군을 분류할 수 있습니다. 인공신경망의 층을 깊게 쌓는 것이 평면을 구부리는 효과를 냅니다.

논리 회로 이론에 의하면 XOR 연산은 AND, NAND, OR 연산의 조합으로 표현할 수 있습니다. 즉, 단층 인공신경망을 조합 (층을 깊게)해서 다층 (깊은) 인공신경망을 구성하면 XOR 연산을 표현할 수 있습니다.

비단 XOR 연산뿐만 아니라, 인공신경망을 이용해 복잡한 문제를 해결하기 위해서는 층이 깊어져야 합니다. 그림 4.5.5는 다층 인공신경망의 예를 보입니다. 각 은닉층은 하나의 단층 인공신경망으로 이루어져 있고, 앞선 은닉층의 출력이 이어지는 은닉층으로 입력됩니다. 따라서 앞선 은닉층의 출력의 수와 다음 층의 은닉층의 입력의 수는 서로 같아야 합니다.

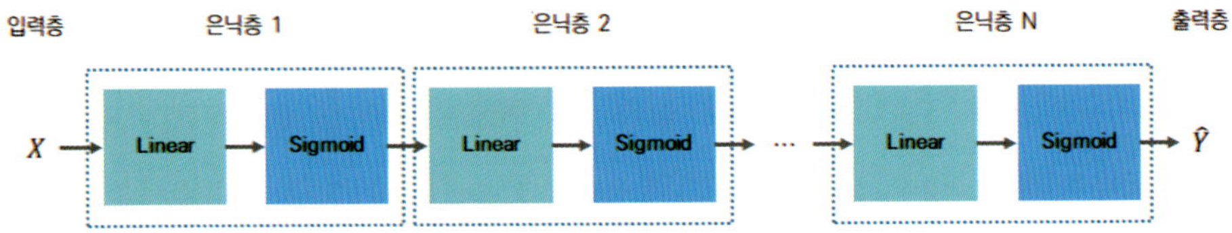

그림 4.5.5 다층 인공신경망의 구조

이상의 내용을 정리하여 이어지는 실습에서는 다층 인공신경망을 구성하여 로지스틱 회귀 문제를 해결해 보겠습니다.

실습 4.5.2

lab4_5_2_deeper_logistic_regression.ipynb

다층 인공신경망을 설계하고 표 4.5.1의 학습 데이터세트에 대한 로지스틱 회귀 문제를 해결하세요.

정답코드

```
import torch

class Net(torch.nn.Module):
    def __init__(self):
        super(Net, self).__init__()
        self.fc1 = torch.nn.Linear(2, 5)
        self.fc2 = torch.nn.Linear(5, 4)
        self.fc3 = torch.nn.Linear(4, 3)
        self.fc4 = torch.nn.Linear(3, 1)
        self.sigmoid = torch.nn.Sigmoid()

    def forward(self, x):
        z1 = self.fc1(x)
        yh1 = self.sigmoid(z1)

        z2 = self.fc2(yh1)
        yh2 = self.sigmoid(z2)

        z3 = self.fc3(yh2)
        yh3 = self.sigmoid(z3)

        z4 = self.fc4(yh3)
        y_hat = self.sigmoid(z4)
        return y_hat

x_lst = torch.Tensor([[1, 30],
                      [3, 29],
                      [5, 28],
                      [7, 24],
                      [9, 25]])
y_lst = torch.Tensor([1, 1, 1, 0, 0]).view(-1, 1)

net = Net()
criterion = torch.nn.MSELoss()
optimizer = torch.optim.SGD(net.parameters(), lr=0.1)
```

```python

for epoch in range(2000):
    y_hat = net(x_lst)

    loss = criterion(y_hat, y_lst)
    optimizer.zero_grad()
    loss.backward()
    optimizer.step()

    if epoch % 100 == 0:
        print(f'epoch={epoch}, loss={loss.item():0.5f}')

x_test = torch.Tensor([[5, 28]])
y_test = net(x_test)
is_tired = '하다' if y_test.item() > 0.5 else '하지 않다.'

print(f'{x_test[0,1]}도에서 {x_test[0,0]}시간 수면하면 \
yhat={y_test.item():0.2f}이므로 \
피곤{is_tired}.')
```

실행 결과

```
...중략...
epoch=1600, loss=0.23866
epoch=1700, loss=0.23853
epoch=1800, loss=0.23838
epoch=1900, loss=0.23821
28.0도에서 5.0시간 수면하면 yhat=0.60이므로 피곤하다.
```

분석

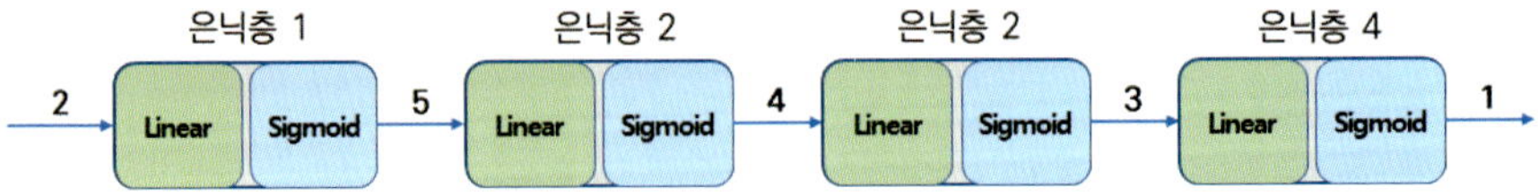

그림 4.5.6 인공신경망 구조

이번 실습에서는 그림 4.5.6과 같은 네 개의 은닉층을 가지는 다층 인공신경망을 설계합니다. 그림의 화살표 위 숫자는 입력과 출력의 수를 의미합니다. 첫 번째 은닉층에는 두 개의 입력 데이터가 들어오고, 다섯 개의 값을 출력합니다. 두 번째 은닉층은 첫 번째 은닉층에서 계산된 다섯 개의 출력을 입력받아 네 개의 출력을 내보냅니다. 이런 식으로 네 개의 은닉층이 서로 연결되어 마지막으로 네 번째 은닉층에서 한 개의 출력이 발생합니다. 이 값이 $\hat{y}$가 됩니다.

```
004  def __init__(self):
005          super(Net, self).__init__()
006          self.fc1 = torch.nn.Linear(2, 5)
007          self.fc2 = torch.nn.Linear(5, 4)
008          self.fc3 = torch.nn.Linear(4, 3)
009          self.fc4 = torch.nn.Linear(3, 1)
010          self.sigmoid = torch.nn.Sigmoid()
```

코드의 4~10번 줄은 여기서 필요한 네 개의 은닉층을 선언하는 내용을 담고 있습니다. 여기서 네 개의 은닉층을 사용한 것에는 아무런 이유가 없습니다. 층의 수는 설계 파라미터로 설계자가 최적의 성능을 낼 수 있도록 조절하는 값입니다. 여기서는 임의로 네 개의 층으로 선택했지만, 설계자의 선택에 따라 얼마든지 깊게 연결할 수 있습니다.

또한, 각 층의 이름은 fc로 시작하는데, 모든 입・출력이 서로 연결되어 있다는 의미인 fully connected의 약자입니다. **self.fc1**은 입력이 두 개이고, 출력이 다섯 개입니다. 입력이 두 개인 이유는 학습 데이터세트의 x가 두 개(수면 시간과 대기 온도)이기 때문입니다. 출력이 다섯 개인 이유는 없습니다. 이 역시 설계 파라미터입니다. 다만, **self.fc1**의 모든 출력이 **self.fc2**에 입력되어야 하므로, **self.fc2**의 입력은 **self.fc1**의 출력의 수와 같은 다섯 개이어야만 합니다. 마찬가지로 **self.fc2**의 출력의 수와 **self.fc3**의 입력의 수는 같아야 합니다. 그리고 **self.fc3**의 출력의 수와 **self.fc4**의 입력의 수는 같습니다. 마지막으로 **self.fc4**의 출력의 수는 반드시 한 개여야 합니다. 그 이유는 **fc4**의 출력이 예측값(피곤함 여부)이기 때문입니다.

이상을 정리하면 다음의 중요한 사실을 알 수 있습니다.

은닉층의 수는 설계 파라미터이다.

첫 번째 은닉층의 입력 수는 학습 데이터세트에 따라 결정된다.

각 은닉층의 출력 수는 설계 파라미터이다.

각 은닉층의 입력 수는 앞선 은닉층의 출력 수와 같다.
마지막 은닉층의 출력 수는 예측값의 수에 따라 결정된다.
다음으로 forward pass를 계산하는 **forward()** 함수를 보겠습니다.

```
def forward(self, x):
        z1 = self.fc1(x)
        yh1 = self.sigmoid(z1)

        z2 = self.fc2(yh1)
        yh2 = self.sigmoid(z2)

        z3 = self.fc3(yh2)
        yh3 = self.sigmoid(z3)

        z4 = self.fc4(yh3)
        y_hat = self.sigmoid(z4)
        return y_hat
```

함수에는 입력 **x**가 들어오고, 첫 번째 층을 거쳐 **z1**이 계산됩니다. **z1**을 시그모이드 함수에 통과시켜서 첫 번째 층의 출력인 **yh1**을 얻습니다. 시그모이드 함수는 별도의 학습되는 가중치가 없으므로 모든 층에서 공통으로 사용합니다. 마찬가지로 두 번째 층에는 **yh1**이 입력되어 **z2**를 계산하고, **z2**를 시그모이드 함수에 통과시켜 **yh3**을 얻습니다. 최종적으로 네 번째 층에서는 **yh3**이 입력되어 **z4**를 얻고, **z4**가 시그모이드 함수를 통과하여 **y_hat**이 됩니다.
각 tensor의 차원을 알아보겠습니다. 먼저 **x**의 크기는 $N \times 2$입니다. 여기서 N은 학습 데이터 쌍의 수로, 이번 실습에서는 $N=5$입니다. **z1**와 **yh1** 크기는 출력이 다섯 개인 은닉층을 거친 결과이므로 $N \times 5$입니다. 다음으로 **z2**와 **yh2**는 $N \times 4$입니다. 마지막으로 **z4**와 **y_hat**의 크기는 $N \times 1$이 됩니다. 따라서 실습 4.4.1의 단층 인공신경망과 같은 $N \times 2$의 입력이 들어와 $N \times 1$의 출력이 발생하는 인공신경망입니다.
가중치의 수는 어떨까요? 먼저 첫 번째 은닉층은 입력이 두 개인데, 출력은 다섯 개입니다. 첫 번째 은닉층의 출력은 $Z_1 = X \times W_1 + B_1$의 식으로 계산될 것입니다. X는 $N \times 2$의 크기라고 했으니, W_1은 행의 크기가 2인 2차원 tensor입니다. 열의 크기는 Z_1의 크기와 관련이 있습니다. 앞서 Z_1은 크기가 $N \times 5$라고 하였으므로, $X \times W_1$의 결과 tensor의 크기가 $N \times 5$가 되기 위해서는 W_1의 열의 크기가 5가 되어야 합니다. 따라서 W_1은 2×5의 크기를 가지는 tensor이므로 총 10개의 가중치를 포함합니다. B_1은 Z_1과 같은 $N \times 5$의 크기를 가지지만, $[b_{11}\ b_{12}\ b_{13}\ b_{14}\ b_{15}]$의 행 벡터 N개가 쌓여서 생성된 tensor이므로 가중치는 5개만을 포함합니다. 따라서 첫 번째 은닉층의 가중치와 편향의 수는 15개입니다. 같은 방식으로 계산하면, W_2는 $5 \times 4 = 20$개, B_2는 4개로 두 번째 은닉층은 총 24개를 가지며, 세 번째 은닉층은 $12+3=15$개, 마지막으로 네 번째 은닉층은 $3+1=4$개의 가중치와 편향을 가집니다. 따라서 우리가 설계한 다층 인공신경망은 총 58개의 가중치와 편향을 가집니다. 실습 4.4.1에서 설계한 단층 인공신경망이 한 개의 가중치와 한 개의 편향만을 가졌던 것과 비교하면 훨씬 많은 수가 포함되어 있습니다. 이렇게 가중치와 편향의 수가 늘어나게 되면, 학습 데이터세트를 더 잘 표현하는 가중치와 편향의 조합을 더 효과적으로 찾을 수 있기 때문에 더 나은 성능을 낼 것으로 기대됩니다.

실제 학습이 이루어지는 코드는 앞의 실습과 완전히 동일하므로 추가적인 분석은 하지 않겠습니다.

실습 4.5.2의 실행 결과를 보면 `torch.Tensor([[5, 28]])`의 값이 학습된 인공신경망에 입력되었을 때 $\hat{y}=0.60$으로 아슬아슬하게 피곤하다는 결과가 나온 것을 알 수 있습니다. 맞게 예측하기는 했지만, 결과가 썩 마음에 들지는 않습니다. 참고로 실습 4.4.1에서 $x=5$일 때, $\hat{y}=0.86$이 나와 더 높은 확률로 피곤하다는 것을 예측했습니다. 오히려 단층 인공신경망보다 더 좋지 않은 결과가 나왔습니다. 층이 깊어지고 넓어지면 더 좋을 것 같았는데, 실제 결과는 그렇지 않게 되었습니다. 그 이유는 무엇이고, 해결법은 어떤 것이 있는지 이어지는 절에서 알아보겠습니다.

활성화 함수

실습 4.5.2에서 설계한 다층 인공신경망의 예측 성능이 실습 4.4.1에서 설계한 단층 인공신경망보다 더 좋지 못했습니다. 층이 깊어짐에 따라 가중치의 수가 늘어났으므로 더 좋은 성능을 낼 것으로 예상되었지만, 결과는 딴판이었습니다. 물론 층의 수나 각 층의 입・출력 수를 조절해 보면 단층 인공신경망보다 더 좋은 결과를 얻을 수도 있지만, 여기서 중요한 것은 층이 깊어진다고 해서 무조건 더 좋은 성능을 내지 못한다는 것입니다. 이런 현상이 일어나는 이유는 여러 가지가 있지만, 여기서는 가장 간단하게 해결할 수 있는 문제를 분석하고 대안을 알아보겠습니다.

인공신경망을 학습시키기 위해서는 학습 오차의 가중치에 따른 경사인 $\partial L/\partial w$를 계산해야 하고, 이 값을 이용하여 학습 오차를 최소화하는 방향으로 가중치를 업데이트합니다. 경사하강법에 의하면 다음과 같은 식으로 가중치를 업데이트합니다.

$$w_{new} = w_{old} - \alpha \frac{\partial L}{\partial w} \tag{4.5.5}$$

만약 $\partial L/\partial w$가 0에 근접한 매우 작은 값이라면, 식 (4.5.5)를 이용해서는 가중치가 업데이트되지 않습니다. 경사 $\partial L/\partial w$는 오차 역전파를 이용해 계산되는데, 각 계산 노드를 지날 때 앞에서 계산된 경사를 곱해서 앞의 계산 노드로 경사값을 보냅니다. 따라서 그림 4.5.7에서처럼 각 계산 노드의 경사값이 1보다 작다면, 층을 지날 때마다 경사값이 줄어들어 층이 깊어 짊에 따라 경사가 0으로 줄어들게 됩니다. 이런 현상을 경사 소실 문제(vanishing gradient problem)이라고 합니다.

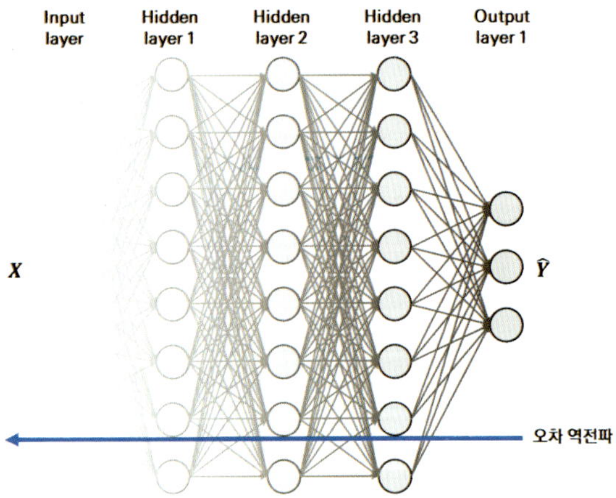

그림 4.5.7 경사 소실 문제

무엇이 경사 소실 문제를 일으키는지 알아봅시다. 우리가 지금까지 설계한 인공신경망은 $Z = XW + B$의 선형 행렬 연산과 $\hat{Y} = h(Z)$의 활성화 함수를 거치게 됩니다. 활성화 함수로 우리는 지금까지 시그모이드 함수를 사용했습니다. 시그모이드 함수와 시그모이드 함수의 도함수의 그래프는 그림 4.5.8과 같습니다. 그림에서 파란색 실선은 시그모이드 함수의 그래프이고, 주홍색 점선은 시그모이드의 도함수 그래프입니다. 그래프를 보면, 입력 Z의 절댓값이 일정 범위 이상의 큰 값이 되면 시그모이드 함수는 더 이상 변하지 않고 0 또는 1의 값을 유지합니다. 따라서 도함수 그래프를 보면 대부분의 Z에 대해 $\dot{h}(Z) = 0$이고, $Z = 0$일 때 최댓값은 $\dot{h}(0) = 0.25$입니다. 따라서 모든 Z에 대해 항상 1보다 작은 값이 곱해지므로, 오차 역전파를 통한 경사 계산 시 시그모이드 연산 노드를 지날 때마다 경사 값이 항상 1/4보다 더 줄어듭니다. 따라서 다중 인공신경망에서 은닉층의 활성화 함수로 시그모이드 함수를 사용하면 층이 깊어 짐에 따라 경사가 점점 더 소실되어 가중치의 갱신이 안 되는 현상이 일어납니다. 즉, 학습 오차가 더는 작아지지 않습니다. 경사 소실 문제를 해결하기 위해 여러 활성화 함수가 제안되었습니다. 실제로 PyTorch에 매우 많은 활성화 함수가 내장되어 있으니, 관심 있는 독자는 공식 홈페이지[14]에서 확인하시기 바랍니다. 이 책에서는 분량 관계상 몇 가지 의미 있는 함수만을 살펴보겠습니다.

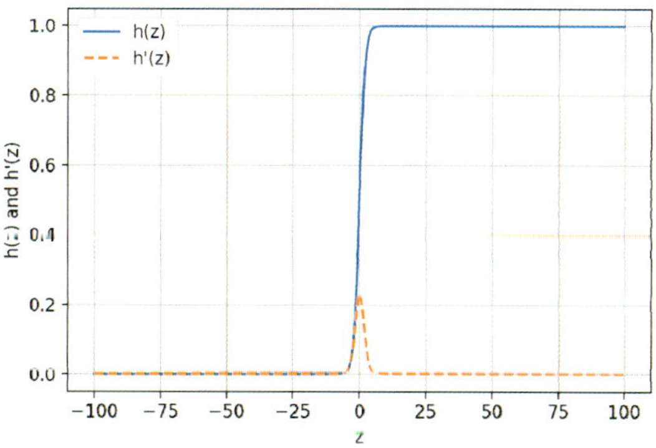

그림 4.5.8 시그모이드와 도함수 그래프

14) https://pytorch.org/docs/stable/nn.html#non-linear-activations-weighted-sum-nonlinearity

먼저, 도함수의 최댓값이 1보다 작은 문제를 해결하기 위해 시그모이드 함수를 수직 방향으로 늘린 함수가 있습니다. Hyperbolic tangent (tanh)라는 함수인데, 다음의 식으로 정의됩니다.

$$\tanh(x) = \frac{e^{x} - e^{-x}}{e^{x} + e^{-x}} \tag{4.5.6}$$

PyTorch에서 사용하려면 `torch.nn.Tanh` class의 인스턴스를 생성하여 사용하면 됩니다. 그림 4.5.9는 tanh 함수와 그의 도함수의 그래프입니다. 그림으로부터 도함수의 최댓값이 1이므로 시그모이드 함수보다 경사 소실 문제를 덜 일으킵니다. 다만, Z의 절댓값이 일정 범위 이상으로 커지면 도함수가 항상 0이므로 여전히 경사 소실 문제를 일으키기는 합니다.

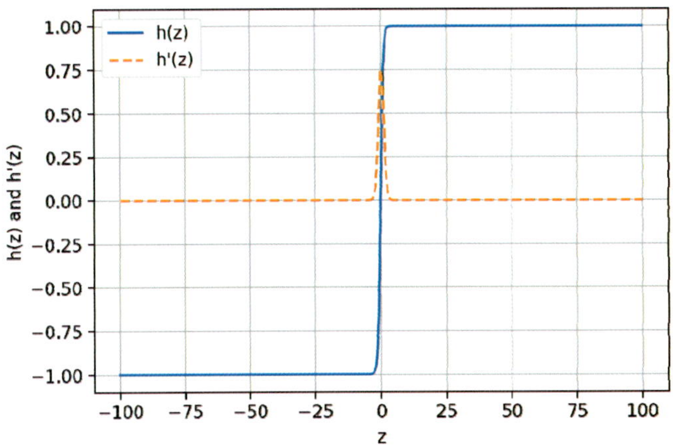

그림 4.5.9 tanh 함수와 도함수 그래프

이상을 정리하면, 시그모이드 함수는 도함수 최댓값이 1보다 작다는 문제가 있고, tanh 함수는 도함수 최댓값이 1이지만 대부분의 Z값에 대해 도함수 값이 0인 한계가 있습니다. 이를 해결하기 위해 ReLU(rectified linear unit)가 제안되었습니다. ReLU는 다음의 식으로 정의되었습니다.

$$h(z) = \max(0, z) \tag{4.5.7}$$

식 (4.5.7)에서 $\max(0,z)$는 0과 z 중에 큰 값을 출력하라는 의미입니다. 따라서 z가 0보다 작으면 $\max(0,z)=0$이므로 $h(z)=0$인 상수가 되고, 반대로 $z \geq 0$이면 $h(z)=z$인 선형 함수가 됩니다. $z \geq 0$일 때 선형 함수이긴 하지만, z의 값의 따라 함수의 형태가 바뀌므로 ReLU는 비선형 함수입니다. 따라서 활성화 함수로 동작할 수 있습니다. 그림 4.5.10에 ReLU 함수와 그의 도함수 그래프를 도식했습니다. 그림으로부터 $z \geq 0$인 범위에서 $h(z)=z$의 도함수는 $\dot{h}(z)=1$이므로 경사 소실 문제를 일으키지 않는다는 것을 알 수 있습니다. 물론 $z<0$의 범위에서 $h(z)=\dot{h}(z)=0$이라는 한계는 있습니다. 이를 해결하기 위한 연구도 현재 많이 진행되고 있지만, ReLU를 이용해서 충분히 만족할 만한 성능을 낼 수 있습니다. PyTorch에서는 `torch.nn.ReLU` class의 인스턴스를 이용해 사용할 수 있습니다.

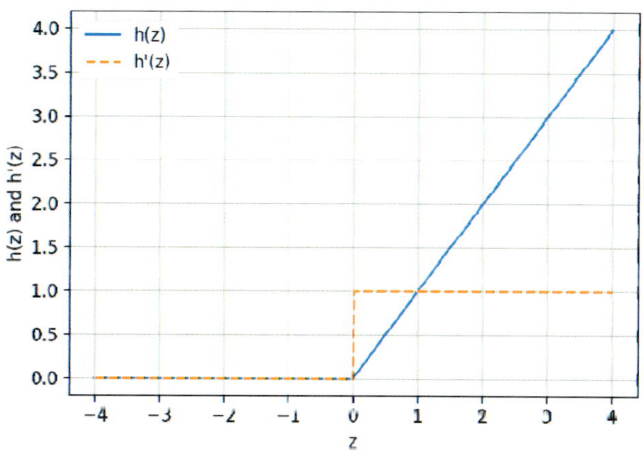

그림 4.5.10 ReLU 함수와 도함수 그래프

실습 4.5.3

lab4_5_3_logistic_regression_relu.ipynb

다층 인공신경망을 설계하고 표 4.5.1의 학습 데이터세트에 대한 로지스틱 회귀 문제를 해결하세요.

정답코드

```
import torch

class Net(torch.nn.Module):
    def __init__(self):
        super(Net, self).__init__()
        self.fc1 = torch.nn.Linear(2, 5)
        self.fc2 = torch.nn.Linear(5, 4)
        self.fc3 = torch.nn.Linear(4, 3)
        self.fc4 = torch.nn.Linear(3, 1)
        self.relu = torch.nn.ReLU()

    def forward(self, x):
        z1 = self.fc1(x)
        yh1 = self.relu(z1)

        z2 = self.fc2(yh1)
        yh2 = self.relu(z2)

        z3 = self.fc3(yh2)
        yh3 = self.relu(z3)

        z4 = self.fc4(yh3)
        y_hat = self.sigmoid(z4)
        return y_hat

x_lst = torch.Tensor([[1, 30],
                      [3, 29],
                      [5, 28],
                      [7, 24],
                      [9, 25]])
```

```
031  y_lst = torch.Tensor([1, 1, 1, 0, 0]).view(-1, 1)
032
033  net = Net()
034  criterion = torch.nn.MSELoss()
035  optimizer = torch.optim.SGD(net.parameters(), lr=0.1)
036
037  for epoch in range(2000):
038      y_hat = net(x_lst)
039
040      loss = criterion(y_hat, y_lst)
041      optimizer.zero_grad()
042      loss.backward()
043      optimizer.step()
044
045      if epoch % 100 == 0:
046          print(f'epoch={epoch}, loss={loss.item():0.5f}')
047
048  x_test = torch.Tensor([[5, 28]])
049  y_test = net(x_test)
050  is_tired = '하다' if y_test.item() > 0.5 else '하지 않다.'
051
052  print(f'{x_test[0,1]}도에서 {x_test[0,0]}시간 수면하면 \
053  yhat={y_test.item():0.2f}이므로 \
054  피곤{is_tired}.')
```

실행 결과

```
...중략...
epoch=1600, loss=0.00212
epoch=1700, loss=0.00197
epoch=1800, loss=0.00185
epoch=1900, loss=0.00174
28.0도에서 5.0시간 수면하면 yhat=0.99이므로 피곤하다.
```

분석

실습 코드는 지난 실습 4.5.2와 거의 완전히 같습니다. 다만, 다른 점은 1~3번 은닉층의 활성화 함수가 기존 시그모이드에서 ReLU로 바뀐 것뿐입니다. 코드에서는 10, 14, 17, 20번 줄이 바뀌었습니다.

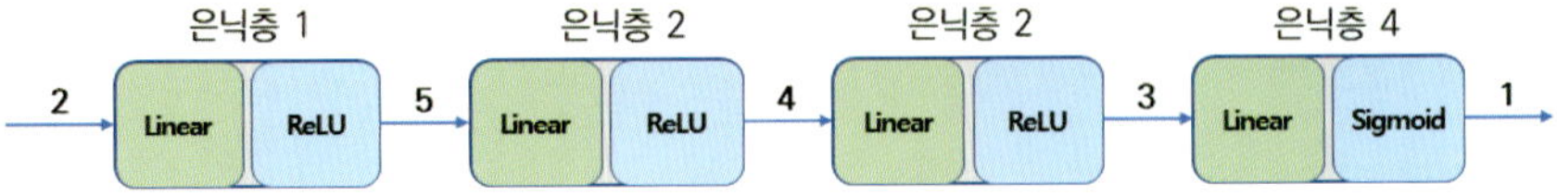

그림 4.5.11 4.5.3의 인공신경망 구조

이번 실습에서 인공신경망의 구조는 그림 4.5.11과 같습니다. 마지막 층을 제외한 은닉층의 활성화 함수로는 ReLU를 사용하였고, 마지막 층만은 시그모이드 함수를 그대로 활성화 함수로 사용하였습니다. 마지막 층에서는 ReLU 함수를 사용하지 않은 이유가 무엇일까요? 우리가 설계한 인공신경망은 로지스틱 회귀 분석을 수행해야 합니다. 즉, 최종 예측값이 0에서 1사이의 값으로 출력되어야 합니다. 마지막 은닉층의 선형 연산에서 계산된 $(-\infty, \infty)$ 범위의 실수값을 $[0,1]$사이의 실수로 변환해야 하므로 시그모이드 함수가 필요합니다. ReLU 함수는 그림 4.5.8로부터 알 수 있듯이 치역이 $[0, \infty)$의 범위를 가집니다. 따라서 마지막 은닉층까지 ReLU를 활성화 함수로 사용하면 안 됩니다. 실제로 마지막 층의 활성화 함수를 ReLU로 설정하고 학습을 진행하면, 학습이 전혀 되지 않고 잘못된 예측을 한다는 것을 알 수 있습니다.

이제 학습 결과를 확인해 봅시다. 실행 결과를 보면 1900 epoch에서 학습 오차가 0.00174로, 실습 4.5.2에서 0.23821에 비해 상당히 작은 값을 가진다는 것을 알 수 있습니다. 또한, $x=[28\ \ 5]$에 대해 $\hat{y}=0.99$가 예측되어 참값인 $y=1$에 더 근접한 결과를 얻습니다.
이는 ReLU 함수의 사용으로 인해 경사 소실 문제가 해결되어 주어진 학습 데이터세트에 대해 더 학습이 잘 진행되었기 때문으로 분석할 수 있습니다.

정리 예제

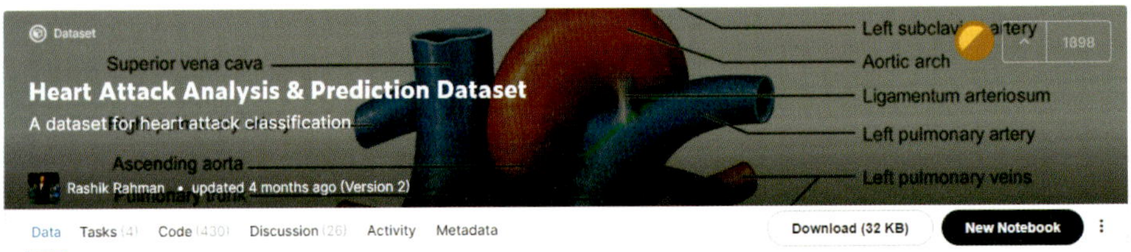

그림 4.5.11 Kaggle 홈페이지

이제까지 배운 내용을 종합하여 실제 대규모 데이터에 대한 인공신경망을 설계해 보겠습니다. 이번 예제에서는 총 303명의 일반인을 대상으로 나이, 성별, 콜레스테롤 수치 등 총 13가지 항목에 대한 측정치와 협심증 발병 여부를 기록한 데이터세트를 이용합니다. 우리의 인공신경망은 이 학습 데이터세트를 바탕으로 13가지 항목에 대한 측정값을 입력하면 이 사람의 협심증 여부를 예측합니다.

따라서 학습 데이터세트에서 X와 Y는 각각 303×13과 303×1의 크기를 가집니다. 이를 기존 실습에서처럼 `x=torch.Tensor([[1,2,...`와 같이 직접 타이핑 하는 것은 매우 어렵습니다. 따라서 이번 실습에서는 학습 데이터세트가 저장된 csv 파일을 코드에서 불러와 x와 y를 자동으로 구축하도록 하겠습니다.

먼저, 다양한 데이터세트를 무료로 공유하고 있는 kaggle이란 사이트에서 학습 데이터세트를 내려받겠습니다[15]. 링크에 접속하면 그림 4.5.12와 같은 화면을 볼 수 있는데, 여기서 Download 버튼을 클릭하여 데이터세트를 내려받습니다. archive.zip라는 압축 파일을 내려받게 되는데, 압축 파일의 내용물 중 heart.csv 파일을 사용할 것입니다.

이제 heart.csv 파일을 Google Colab에 업로드합니다. 이를 위해, 새 노트를 생성 후, 그림 4.5.13의 화면에서 ①과 ②를 순서대로 클릭하여 heart.csv 파일을 Colab 서버에 업로드합니다.

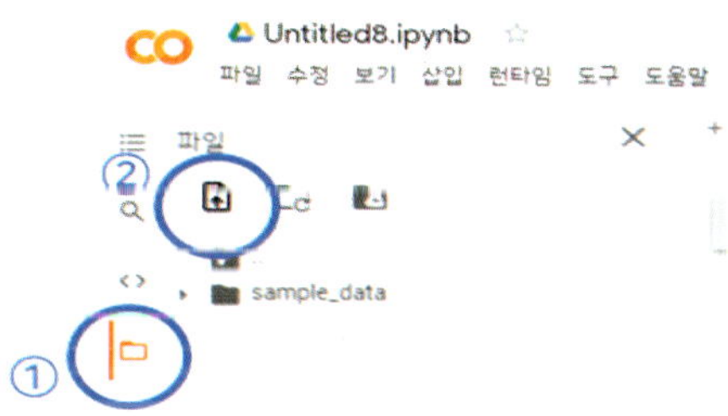

그림 4.5.13 Colab 데이터세트 업로드

15) https://www.kaggle.com/rashikrahmanpritom/heart-attack-analysis-prediction-dataset

이제 다음의 코드를 통해 학습 데이터세트가 정상적으로 접근 가능한지 확인해 보겠습니다.

```
001 import pandas as pd
002 dataset = pd.read_csv('heart.csv').to_numpy()
003 print(dataset.shape)
```

실행 결과

```
(303, 14)
```

먼저 csv파일을 읽기 위해 pandas라는 패키지를 사용했습니다. 이를 통해 heart.csv 파일을 쉽게 읽을 수 있고, **to_numpy()** 함수를 이용해 읽어온 값을 **numpy**의 **array**로 변환합니다. 따라서 **dataset** 변수는 **numpy array**가 됩니다. 3번 줄에서 **dataset**의 크기를 확인해 보았습니다. 결과는 **(303, 14)**인데, 의미하는 바는 총 303명에 대한 데이터이고, 각 학습 데이터는 13개의 입력값과 1개의 정답으로 구성되어 있다는 것입니다. 이제 **dataset**으로부터 X와 Y를 분리해서 PyTorch의 **Tensor** 형으로 변환해 보겠습니다.

```
import pandas as pd
import torch

dataset = pd.read_csv('heart.csv').to_numpy()

x = torch.Tensor(dataset[:,0:-1])
y = torch.Tensor(dataset[:,[-1]])

print(x.shape, y.shape)
```

실행 결과

```
torch.Size([303, 13]) torch.Size([303, 1])
```

먼저 dataset의 0~12번 열이 X에 대한 값을 가지고 있으므로 코드의 6번 줄에서 모든 행의 0~12번 열을 슬라이싱 하여 x에 대입했습니다. 다음으로 dataset의 13번 열만이 정답 라벨 Y이므로 코드의 7번 줄에서 모든 행의 13번 열을 슬라이싱 하여 y에 대입했습니다. 그런데 7번 줄에서 dataset[:,-1]이 아닌 dataset[:,[-1]]을 한 이유는 전자와 같이 하면 303 크기의 차원이 1인 Tensor가 되기 때문입니다. y는 303×1의 2차원 Tensor여야 하므로, 후자와 같이 [-1]을 해주었습니다. 코드의 9번 줄에서 x와 y의 크기를 출력한 결과 의도한 바와 같이 [303, 13]과 [303, 1]이 출력되었습니다.

이상을 정리하면 인공신경망은 13개의 입력을 받아서 1개의 예측값을 내보내야 합니다. 로지스틱 회귀 분석이므로 예측값은 0에서 1 사이의 실수가 되어야 합니다. 따라서 마지막 층의 활성화 함수는 시그모이드 함수를 사용합니다. 은닉층의 수와 각 은닉층의 입·출력의 수는 설계자가 정의하는 값입니다. 여러분들도 직접 여러 가지 조합으로 정의해서 더 나은 성능을 얻는 경우를 찾아보면 지금까지 내용 배운 내용을 정리하기 좋습니다.

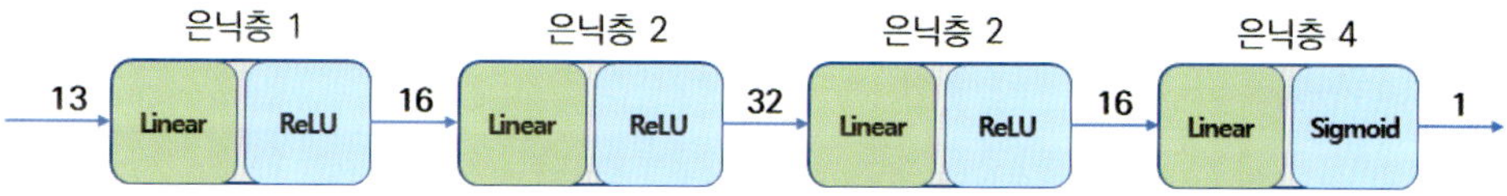

그림 4.5.14 실습에서 사용할 인공신경망의 구조

이 책에서는 그림 4.5.14의 구조를 사용하겠습니다. 다음 내용으로 진행하기 전에 지금까지 주어진 정보를 활용하여 직접 코드를 작성하고 실습해 보시기 바랍니다.

실습 4.5.4

lab4_5_4_excercise.ipynb

실습 예제에 주어진 문제를 해결하세요.

정답코드

```
import pandas as pd
import torch
import matplotlib.pyplot as plt

dataset = pd.read_csv('heart.csv').to_numpy()
x = torch.Tensor(dataset[:,0:-1])
y = torch.Tensor(dataset[:,[-1]])

class Net(torch.nn.Module):
    def __init__(self):
        super(Net, self).__init__()

        self.fc1 = torch.nn.Linear(13, 16)
        self.fc2 = torch.nn.Linear(16, 32)
        self.fc3 = torch.nn.Linear(32, 16)
        self.fc4 = torch.nn.Linear(16, 1)

        self.sigmoid = torch.nn.Sigmoid()
        self.relu = torch.nn.ReLU()

    def forward(self, x):
        z1 = self.fc1(x)
        yh1 = self.relu(z1)

        z2 = self.fc2(yh1)
        yh2 = self.relu(z2)

        z3 = self.fc3(yh2)
        yh3 = self.relu(z3)

        z4 = self.fc4(yh3)
        y_hat = self.sigmoid(z4)

        return y_hat

net = Net()
```

```
mse = torch.nn.MSELoss()
optimizer = torch.optim.SGD(net.parameters(), lr=0.1)

loss_lst = []
EPOCH = 20000

for epoch in range(EPOCH):
    y_hat = net(x)

    loss = mse(y_hat, y)
    optimizer.zero_grad()
    loss.backward()
    optimizer.step()
    loss_lst.append(loss.item())

    if epoch % 100 == 0:
        print(f'epoch={epoch}, loss={loss.item():0.5f}')

plt.plot(range(EPOCH), loss_lst)
plt.show()

y_hat = net(x)
y_hat = torch.Tensor([1 if yh>0.5 else 0 for yh in y_hat]).
view(-1,1)
correct = torch.sum(y_hat==y)
accuracy = correct / len(y) * 100
print(f'accuracy = {accuracy:0.2f}%')
```

실행 결과

```
...중략...
epoch=19600, loss=0.15008
epoch=19700, loss=0.09110
epoch=19800, loss=0.09017
epoch=19900, loss=0.10403
```

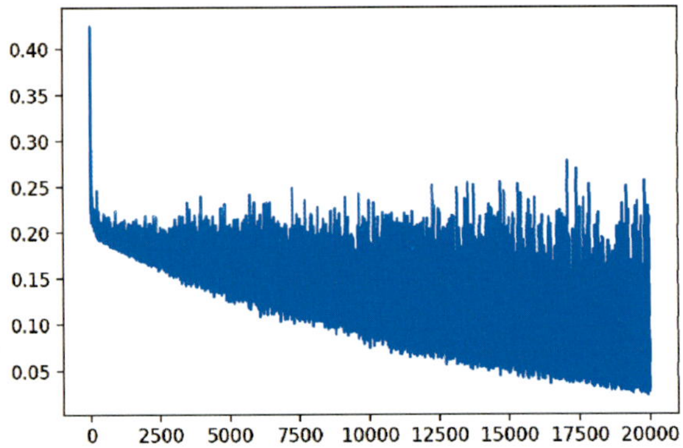


```
accuracy = 80.20%
```

분석

실제 인공신경망의 class를 정의하는 코드인 9~34번 줄은 실습 4.5.3에서와 같고, 단지 각 은닉층의 입·출력 수만 다르므로 따로 분석하지 않겠습니다.

50번 줄에서는 현재 epoch에서 계산된 학습 오차를 리스트에 저장하고 있습니다. 이후에 epoch에 따른 학습 오차 변화 그래프를 그리기 위한 용도입니다. 일반적으로 인공신경망의 학습에는 많은 시간이 소요되기 때문에 epoch에 따른 학습 오차의 변화를 잘 살펴봐야 합니다. 55~56번 줄에서 epoch에 따른 학습 오차 변화 그래프를 그리는 코드를 작성했습니다. 결과를 보면 학습 오차가 epoch에 따라 들쑥날쑥하지만, 전체적인 경향은 작아지고 있는 것을 알 수 있습니다. 따라서 학습이 잘 진행되고 있다고 판단할 수 있습니다.

58~63번 줄은 학습된 인공신경망에 전체 학습 데이터세트를 입력하여 정답 Y와 예측값 $\hat{Y}$가 얼마나 일치하는지 판단하는 코드입니다.

```
058    y_hat = net(x)
059    y_hat = torch.Tensor([1 if yh>0.5 else 0 for yh in y_hat]).
060    view(-1,1)
061    correct = torch.sum(y_hat==y)
062    accuracy = correct / len(y) * 100
063    print(f'accuracy = {accuracy:0.2f}%')
```

먼저 58번 줄에서 시그모이드 함수를 거친 $\hat{Y}$를 구합니다. 그리고 59번 줄에서는 $\hat{Y}$의 각 원소를 0.5 이상이면 1, 0.5 보다 작으면 0으로 하여 참과 거짓의 예측으로 변환합니다. 61번 줄에서 `y_hat==y`의 연산 결과로 원소가 `True`나 `False`의 값을 가지는 크기가 303×1인 2차원 `Tensor`가 생성됩니다. `torch.sum()` 함수를 통해 이 `Tensor`의 모든 원소를 더하는데 `True`는 `1`로, `False`는 `0`으로 간주합니다. 따라서 `correct` 변수에는 정답을 맞힌 횟수가 담기게 되고, 62번 줄에서 몇 퍼센트의 예측값이 정답인지 계산합니다. 실행 결과를 보면 80.20%의 정답률을 기록한 것을 볼 수 있습니다.

연습 문제 인공신경망 심화

4.1 신경망(Neural Network)에서 은닉층(hidden layer)의 역할을 자세히 기술하시오.

4.2 다음 그림과 같은 계산 그래프에서 모든 노드의 오차를 구하시오.

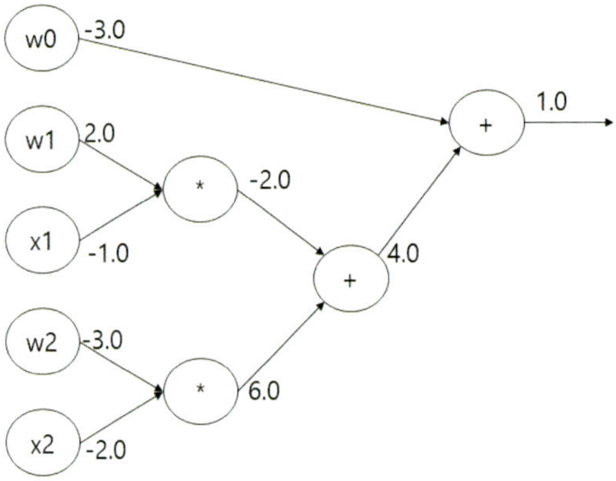

4.3 $f(x, w) = w_0x_0 + w_1x_1 + w_2x_2$이고 $x = (1, -1, -2)$이고 $w = (3, 2, -3)$일 때, 역전파(backpropagation)을 위한 계산 그래프(computation)를 그리고, 그 계산 그래프를 바탕으로 $\frac{\partial f}{\partial w_0}, \frac{\partial f}{\partial w_1}, \frac{\partial f}{\partial w_2}$ 를 구하시오.

4.4 다음 그림과 같은 계산 그래프에서 모든 노드의 오차를 구하시오.

4.5 Python 문장 "`t = torch.Tensor([[1, 2], [3, 4], [5, 6]])`"에 대해서 다음 연산의 값을 구하시오. 필요하면 Python을 실행해 보시오.

t.max(), t.max(dim=0), t.max(dim=1)

t.unsqueeze(0).shape, t.unsqueeze(−1).shape

t.mean(), t.mean(dim=0), t.mean(dim=1),

t.sum(), t.sum(dim=0), t.sum(dim=1)

t.view(−1), t.view(2, −1), t.view(−1, 3)

t.argmax(), t.argmax(dim=0), t.argmax(dim=1)

t.all(), t.all(dim=0), t.all(dim=1)

torch.zeros_like(t), torch.ones_like(t)

t.mul(t), t.mul_(t)

t.float(), t.bool()

4.6 배치 학습(batch learning)으로 얻을 수 있는 장점을 기술하시오.

4.7 활성화 함수로 시그모이드 함수를 사용할 때, 경사 소실 문제가 발생하는 이유를 기술하시오.

4.8 PyTorch에서 제공하는 활성화 함수에는 어떤 것들이 있는지 조사하시오.

4.9 BCE(Binary Cross Entropy) 학습 오차가 식 (4.4.7)과 같이 정의된다. BCE 학습 오차가 학습 오차로서 작동할 수 있는 이유를 구체적으로 기술하시오.

4.10 우리 주변에서 다변수 로지스틱 회귀 문제에 해당하는 예를 찾아보시오.

4.11 XOR 연산(A⊕B)을 계산하는 인공신경망을 설계하고 가중치를 직접 구하거나 아래의 데이터를 반복적으로 학습하여 가중치를 구하여 그 결과를 확인해 보세요.

A	B	XOR
1	1	0
1	0	1
0	1	1
0	0	0

4.12 코드 4.3.1에서 optimizer를 "`torch.optim.Adam( net.parameter(), lr=0.01)`"로 변경해서 학습 오차의 변화 곡선이 어떻게 달라지는지 비교해 보시오.

4.13 코드 4.3.5를 이용해서 유방암 데이터[16](data.csv)를 이용해서 유방암이 악성(malignant)인지 양성(benign)인지를 판단하는 프로그램을 작성하시오. 전체 데이터 중에서 80%만 학습하고 나머지 20%를 이용해서 정확률을 평가하시오.

4.14 다변수 로지스틱 회귀를 위한 인공신경망 코드를 작성하고, 앞서 찾은 예에 적용하시오.

16) https://www.kaggle.com/uciml/breast-cancer-wisconsin-data Breast Cancer Wisconsin (Diagnostic) Data Set

05

다중 클래스 분류

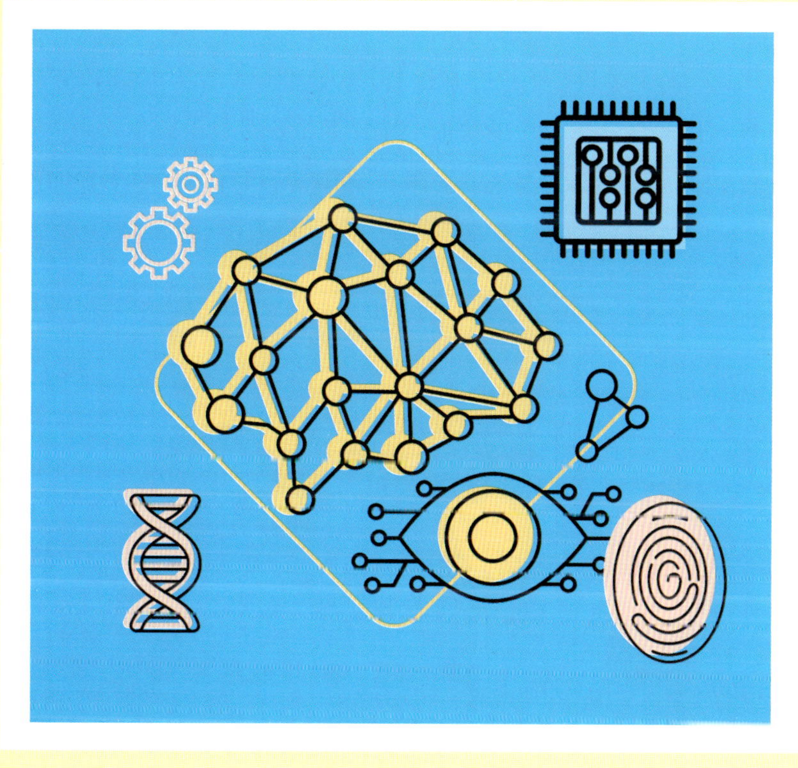

로지스틱 회귀를 위한 인공신경망은 단 하나의 예측값을 출력으로 내놓습니다. 예측값은 어떤 사람이 협심증에 걸렸는지를 판단하는 값이었습니다. 즉, 어떤 사람이 협심증 환자라는 집단에 속하는지 안 속하는지를 판단합니다. 입력된 값이 어떤 하나의 집단에 속하는지 판단하는 것을 이진 분류(binary classification) 문제라고 합니다.

1장에서 잠깐 살펴봤던 손 글씨를 인식하는 문제를 다시 생각해봅시다. 어떤 숫자가 적힌 이미지가 입력되면 인공신경망은 그 이미지가 0이라는 숫자인지, 1이라는 숫자인지, 혹은 9라는 숫자인지 판단합니다. 즉, 하나의 집단이 아닌 10개의 집단 중 어느 집단에 속하는 것인지 판단합니다. 집단을 클래스(class)라고 표현하여, 이런 문제를 우리는 다중 클래스 분류(multiclass classification) 문제라고 합니다.

이번 장에서는 입력된 값이 여러 클래스 중 어떤 클래스에 해당하는지를 판단하는 다중 클래스 분류 문제를 다층 인공신경망을 이용해 해결하는 방법을 알아보겠습니다.

5.1 소프트맥스 분류기

다중 클래스 분류

다중 클래스 분류를 위한 인공신경망은 그림 5.1.1의 형태를 가집니다. 입력에서 은닉층들의 구조는 기존에 4장에서 배웠던 다층 인공신경망과 완전하게 같습니다. 달라지는 것은 제일 마지막 은닉층입니다. 4장에서 다뤘던 인공신경망은 하나의 예측값을 출력하기 때문에 마지막 은닉층의 출력 수는 한 개였습니다. 따라서 다중 클래스 분류를 위해서는 마지막 은닉층의 구조를 새롭게 설계해야 합니다.

안이 보이지 않는 주머니 안에 삼각형, 사각형, 오각형 모양의 구슬이 있다고 가정합시다. 주머니에 손을 넣어 하나의 구슬을 꺼내어 무슨 구슬인지 예상해 보겠습니다.

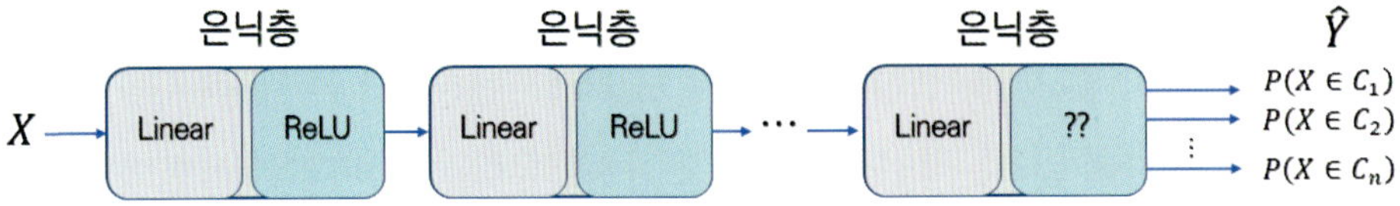

그림 5.1.1 다중 클래스 분류를 위한 인공신경망의 구조

구슬의 모양이 서로 다르지만, 손으로 느끼기에 확실한 차이가 없다고 가정하겠습니다. 이때, 손에 느껴지는 감촉이 우리 뇌에 입력되는 값이 됩니다. 우리는 손에 느껴진 감촉을 바탕으로 추론을 하여 지금 잡은 구슬이 삼각형일 확률이 얼마일지, 사각형일 확률은 얼마일지, 아니면 오각형일 확률은 얼마일지 예상을 합니다. 그러면 그중에서 가장 높은 확률을 가지는 종류를 선택해서 '지금 내 손에 잡혀 있는 구슬은 사각형일 것이다'와 같은 결론을 내게 됩니다. 이것이 우리 뇌의 출력입니다.

다중 클래스 분류를 위한 인공신경망도 같은 방식으로 동작합니다. 예를 들어 숫자 이미지를 입력받아 0에서 9 사이의 숫자를 판단하는 인공신경망을 개발하는 경우, 인공신경망의 출력은 입력된 이미지가 0일 확률, 1일 확률, ..., 9일 확률의 열 가지가 됩니다. 즉, 인공신경망에 입력된 특징을 바탕으로 알고 있는 클래스 중 각 클래스에 속할 확률을 계산합니다. 그런 다음, 우리는 그중에서 가장 높은 확률을 가지는 클래스를 선택하여, '입력된 값이 해당 클래스에 속한다'라고 판단합니다.

따라서 다중 클래스 분류를 위한 인공신경망의 최종 출력의 수는 클래스의 수와 같고, 각 출력의 의미는 해당 클래스에 속할 확률을 의미합니다. 예를 들어 전체 클래스의 수가 n이라면, 인공신경망의 출력 $\hat{Y}$는 $\begin{bmatrix}\hat{y}_1 & \hat{y}_2 & \cdots & \hat{y}_n\end{bmatrix}$의 형태로 $1\times n$의 크기를 가집니다. $\hat{Y}$의 i번째 원소 $\hat{y}_i$는 입력 X가 i번째 클래스에 속할 확률 $P(X\in C_i)$을 의미하고, 여기서 C_i는 i번째 클래스입니다. 입력 X는 $C_1,\ C_2,\ \cdots,\ C_n$ 중의 하나의 클래스에 속할 것이기 때문에 각 클래스에 속할 확률을 모두 더하면 1이 됩니다. 따라서 다음의 식이 성립합니다.

$$\sum_{i=1}^{n} P(X \in C_i) = 1 \tag{5.1.1}$$

이상을 종합하면 다중 클래스 분류를 위한 인공신경망의 구조는 그림 5.1.1과 같습니다. 로지스틱 회귀 분석에서는 마지막 은닉층의 출력이 시그모이드 함수를 거쳐 [0,1] 범위의 값으로 변환되었습니다. 그렇다면 다중 클래스 분류를 위해서는 마지막 은닉층이 어떤 활성화 함수를 가져야 최종 출력이 각 클래스에 속할 확률값이 될까요?

소프트맥스 함수

마지막 은닉층의 구조는 그림 5.1.2와 같습니다. 즉, 다음의 식과 같이 선형 연산을 통해 $(-\infty, \infty)$ 범위의 실수 $Z = \begin{bmatrix} z_1 & z_2 & \cdots & z_n \end{bmatrix}$가 소프트맥스(softmax)라는 함수를 거쳐 각 클래스에 속할 확률이 계산됩니다.

$$\hat{Y} = \sigma(Z) = \begin{bmatrix} \sigma_1(Z) & \sigma_2(Z) & \cdots & \sigma_n(Z) \end{bmatrix} = \begin{bmatrix} \hat{y}_1 & \hat{y}_2 & \cdots & \hat{y}_n \end{bmatrix} \tag{5.1.2}$$

식 (5.1.2)에서 각각의 소프트맥스 함수는 다음의 형태로 정의됩니다.

$$\sigma_i(Z) = \frac{e^{z_i}}{\sum_{j=1}^{n} e^{z_j}}, \ i = 1, 2, \cdots, n \tag{5.1.2}$$

식 (5.1.2)이 복잡하게 생겼지만, 다음의 두 가지 성질이 성립함은 쉽게 이해할 수 있습니다.

1. $\sigma_i(Z)$의 치역은 $[0, 1]$이다.
2. $\sum_{i=1}^{n} \sigma_i(Z) = 1$이다.

1과 2의 조건이 성립하기 때문에 식 (5.1.2)이 각 클래스에 속할 확률을 표현하게 됩니다. 이제 각 조건이 정말 성립하는지 알아봅시다.

먼저 식 (5.1.2)의 분모는 0보다 큰 원소들의 합인 $e^{z_1}+e^{z_2}+\cdots+e^{z_n}$이고, 분자는 $e^{z_i}>0$이므로 분모가 분자보다 항상 같거나 큽니다. 따라서 분자를 분모로 나눠주면 $[0,1]$의 범위가 되므로 위의 1번 조건이 성립합니다.

마찬가지로 2번이 성립하는 것 또한 쉽게 증명 가능합니다.

$$\sum_{i=1}^{n}\sigma_i(z)=\frac{e^{z_1}}{e^{z_1}+e^{z_2}+\cdots+e^{z_n}}+\frac{e^{z_2}}{e^{z_1}+e^{z_2}+\cdots+e^{z_n}}+\cdots+\frac{e^{z_n}}{e^{z_1}+e^{z_2}+\cdots+e^{z_n}}$$

$$=\frac{e^{z_1}+e^{z_2}+\cdots+e^{z_n}}{e^{z_1}+e^{z_2}+\cdots+e^{z_n}}=1.$$

다중 클래스 분류에서 소프트맥스 함수의 연산을 살펴보겠습니다. 여기서는 세 개의 클래스를 분류하는 문제를 예로 들겠습니다. 즉, $n=3$입니다. 마지막 은닉층의 선형 연산 결과 $Z=[2.0 \quad -1.0 \quad 5.5]$가 출력되었다고 가정합시다. 이 값만 봐서는 입력된 값이 어떤 클래스에 속할지 알 수 없습니다. 이제 Z를 소프트맥스 함수에 통과시키겠습니다. 먼저, Z의 각 원소에 exponential을 취한 값은 다음과 같습니다.

$$e^{z_1}=7.3891,\ e^{z_2}=0.3679,\ e^{z_3}=244.6919 \tag{5.1.3}$$

그러므로 소프트맥스 함수의 분모는 다음과 같습니다.

$$\sum_{j=1}^{n}e^{z_j}=7.3891+0.3679+244.6919=252.4489 \tag{5.1.4}$$

식 (5.1.3)과 (5.1.4)의 정보를 바탕으로 $\hat{Y}$를 다음과 같이 계산할 수 있습니다.

$$\hat{Y}=\begin{bmatrix}\hat{y}_1 & \hat{y}_2 & \hat{y}_3\end{bmatrix}=[0.0293 \quad 0.0015 \quad 0.9693] \tag{5.1.5}$$

식 (5.1.5)를 보면, 각 원소는 $[0,1]$의 범위에 속하고, 각 원소를 모두 더하면 1이라는 것을 알 수 있습니다. 따라서 식 (5.1.5)는 입력된 값이 각 클래스에 속할 확률을 의미하며, $\hat{y}_3=P(X\in C_3)=0.9693$이기 때문에 입력된 값이 세 번째 클래스에 속할 확률이 96.93%로 가장 큽니다. 따라서 '입력된 값은 세 번째 클래스에 속한다'라고 얘기할 수 있습니다.

그러므로 다중 클래스 분류를 위한 인공신경망의 구조인 그림 5.1.1에서 마지막 은닉층의 활성화 함수는 소프트맥스 함수를 사용합니다. PyTorch에서 소프트맥스 계산은 torch.softmax() 함수를 이용해 계산할 수 있습니다.

Cross entropy loss

인공신경망의 구조는 정해졌으니 이제 학습 오차를 정의해야 합니다. 식 (4.4.7)에서 정의했던 BCE 학습 오차를 다시 봅시다.

$$BCE\ loss = -\{y\log\hat{y} + (1-y)\log(1-\hat{y})\} \tag{5.1.6}$$

식 (5.1.6)에서 y는 0 또는 1의 값을 가집니다. 따라서 입력된 값에 따라 두 개의 클래스로 분류하는 것으로 생각할 수 있습니다. $y=1$이라면, 학습 오차는 $-\log\hat{y}$이고, 반대로 $y=0$이면, 학습 오차는 $-\log(1-\hat{y})$가 됩니다. 즉, 정답 클래스가 학습 오차를 선택합니다. 다시 말해, 정답에 해당하는 함수에만 1이 곱해지고, 정답에 해당하지 않는 함수는 0이 곱해집니다. 이러한 점에 착안해서 다중 클래스 분류를 위한 학습 오차도 설계할 수 있습니다.

다중 클래스 분류에서 정답 라벨인 y는 입력된 값이 속하는 클래스를 의미합니다. 예를 들어 3을 쓴 이미지가 입력되었을 때 정답 라벨 $y=3$이 됩니다. 식 (5.1.6)과 같이 정답 라벨 y가 학습 오차 함수를 선택(정답 라벨에 속한 함수만 1을 곱함)해야 하는데, $y=3$과 같이 정수로 표현하면 이것이 쉽지 않습니다.

이러한 문제에 착안하여 원-핫 엔코딩(one-hot encoding)이라는 것이 고안되었습니다. 원-핫 엔코딩은 정답 라벨 y에서 정답 클래스에 해당하는 값만 1(one)으로 설정하고(hot) 나머지는 클래스에 해당하는 값은 0으로 지정하는 방법입니다. 앞선 예제에서 총 세 개의 클래스가 있었으므로, 만약 정답 라벨이 $y=3$이었다면, y를 1×3으로 표현합니다. 그리고 세 번째 클래스에 해당하는 값만 1로 선택하고 나머지 클래스에 해당하는 값은 0으로 선택합니다. 즉, $y=3$에 해당하는 원-핫 엔코딩은 $Y=[y_1 \;\; y_2 \;\; y_3]=[0 \;\; 0 \;\; 1]$이 됩니다.

그러면, 원-핫 엔코딩과 식 (5.1.6)으로부터 다음의 학습 오차를 정의할 수 있습니다.

$$CE=-\sum_{i=1}^{n} y_i \times \log \hat{y}_i \tag{5.1.7}$$

식 (5.1.6)은 식 (5.1.7)의 특수한 경우로 클래스가 두 개 있는 경우에 해당합니다. 식 (5.1.6)은 클래스가 두 개이므로 binary라는 용어가 붙어 binary cross entropy loss라고 했습니다. 식 (5.1.7)은 여러 개의 클래스에 대응되므로 binary를 떼고, cross entropy loss라고 부릅니다.

앞선 예제에 이어서 학습 오차를 계산해 보겠습니다. 예측된 값이 $\hat{Y}=[\hat{y}_1 \;\; \hat{y}_2 \;\; \hat{y}_3]=[0.0293 \;\; 0.0015 \;\; 0.9693]$였고, 정답은 $y=3$이라고 가정하겠습니다. 예측된 값과 정답 모두 세 번째 클래스에 속하므로, 학습 오차가 가장 작을 것입니다. 정답이 3이므로, 원-핫 엔코딩에 의해 $Y=[y_1 \;\; y_2 \;\; y_3]=[0 \;\; 0 \;\; 1]$입니다. 따라서 식 (5.1.7)에서 $\log\hat{y}_3$만 남기 때문에 다음과 같이 계산이 됩니다.

$$\begin{aligned} &-(y_1 \times \log\hat{y}_1 + y_2 \times \log\hat{y}_2 + y_3 \times \log\hat{y}_3) \\ &=-y_3 \times \log\hat{y}_3 = 0.0312 \end{aligned} \tag{5.1.8}$$

만약 정답 클래스가 2라면, $Y=[0 \;\; 1 \;\; 0]$이므로, 식 (5.1.7)의 학습오차는 $-y_2\log\hat{y}_2=6.5312$이 됩니다. 식 (5.1.8)과 비교해보면, 정답이 2인데 3이라고 예측한 것이므로 학습 오차가 더 크게 됩니다. 따라서 식 (5.1.7)의 cross entropy loss가 다중 클래스 분류를 위한 인공신경망의 학습에 사용될 수 있다는 것을 알 수 있습니다. PyTorch에서는 **torch.nn.CrossEntropyLoss** class의 인스턴스를 이용하여 cross entropy loss를 계산할 수 있습니다. 이어지는 실습에서 PyTorch를 이용해 cross entropy loss를 계산하는 예제를 다뤄보겠습니다.

실습 5.1.1

lab5_1_1_cross_entropy_loss.ipynb

PyTorch를 이용해 cross entropy loss를 구하세요.

정답코드

```
001  import torch
002
003  Z = torch.Tensor([[2.0, -1.0, 5.5]])
004  y = torch.LongTensor([1])
005
006  cel = torch.nn.CrossEntropyLoss()
007  loss = cel(Z, y)
008
009  print(loss.item())
```

실행 결과	
	6.531208515167236

분석

Z는 1×3 크기의 Tensor입니다. 그리고 정답 라벨 y는 몇 번째 클래스가 정답인지를 의미하기 때문에 정수입니다. 따라서 4번 줄에서와같이 정수로 이루어진 Tensor를 정의하는 **torch.LongTensor**를 이용했습니다. 6번 줄에서 cross entropy loss를 계산하기 위한 인스턴스 **cel**을 선언했습니다. 그리고 7번 줄에서 **cel**을 이용해 학습 오차를 계산했고, 9번 줄에서 학습 오차 값을 출력했습니다.

결과를 보면 우리가 이전에 직접 계산했던 값과 같음을 알 수 있습니다. 그런데 약간 이상한 것이 있습니다. 눈치채셨나요? 먼저 식 (5.1.7)을 계산하기 위해서는 Z가 아닌 Z를 소프트맥스 함수에 통과시켜 얻은 $\hat{Y}$가 필요합니다. 그런데 코드에는 그런 과정이 전혀 보이지 않습니다. 그리고 정답 라벨 y는 원-핫 엔코딩으로 표현하여 Y의 형태를 가져야 한다고 했는데, 역시나 코드에 그런 부분은 보이지 않습니다.
다중 클래스 분류는 딥러닝에서 많이 다뤄지는 문제입니다. 이 문제를 해결하기 위해서는 소프트맥스 함수를 거친 예측값과 원-핫 엔코딩으로 표현된 정답의 cross entropy loss를 계산해야 합니다. 어차피 cross entropy loss를 구할 때 소프트맥스 함수와 원-핫 엔코딩 변환 연산을 해야 하는데, 이 과정을 개발자가 매번 코드로 구현하는 것은 비효율적이겠지요. 따라서 PyTorch에서는 `CrossEntropyLoss`를 사용하면 내부에서 자동으로 소프트맥스 함수와 원-핫 엔코딩 변환 연산을 수행하고 학습 오차를 계산합니다. 따라서 우리는 그런 과정을 코드로 표현할 필요가 없습니다.

정리 예제

Setosa Versicolor Virginica

그림 5.1.3 붓꽃의 세 종인 Setosa, Versicolor, Virginica의 이미지

이제 실제 데이터세트를 이용해 인공신경망을 설계해 보겠습니다. 이번 실습에서는 꽃받침(sepal)과 꽃잎(petal)의 길이(length)와 너비(width) 정보를 바탕으로 붓꽃의 종류를 분류하는 인공신경망을 설계하겠습니다. 그림 5.1.3은 세 종류의 붓꽃인 Setosa, Versicolor, Virginica의 이미지입니다[17].

17) https://commons.wikimedia.org/wiki/File:Kosaciec_szczecinkowaty_Iris_setosa.jpg

학습을 위한 데이터세트는 널리 알려져 있어 쉽게 구할 수 있습니다. 이 책에서는 Kaggle에 공개된 데이터세트[18]를 이용하겠습니다. 데이터세트는 붓꽃의 종류와 해당 붓꽃의 네 가지 속성값을 저장해 두었습니다. 붓꽃의 종류는 총 세 가지가 있으므로 클래스의 수는 세 개입니다. 데이터세트에는 각 클래스 별로 50개의 꽃을 측정한 값이 있으므로 총 150개의 꽃에 대한 꽃잎과 꽃받침의 길이와 너비 정보가 수록되어 있습니다.

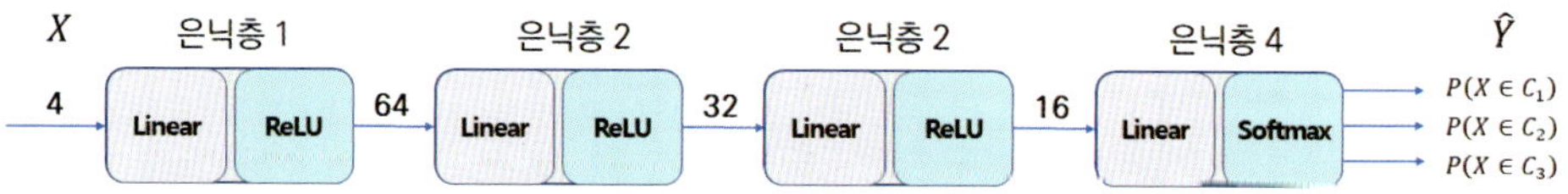

그림 5.1.4 실습에서 사용할 인공신경망의 구조

각 클래스의 이름은 iris-setosa, iris-versicolor, iris-virginica인데, 문제를 쉽게 하기 위해서 이번 실습에서는 클래스의 이름을 다음과 같이 재정의하겠습니다.

0: iris-setosa

1: iris-versicolor

2: iris-virginica

인공신경망은 꽃잎과 꽃받침의 길이와 너비의 네 가지 입력을 받아 세 가지 클래스에 속할 확률을 계산합니다. 따라서 입력은 네 개이고, 출력은 세 개입니다. 은닉층의 수와 각 은닉층의 입・출력 수는 설계 파라미터로 설계자가 자유롭게 설정할 수 있습니다. 이번 실습에서는 그림 5.1.4의 구조를 가지는 인공신경망을 설계하겠습니다. PyTorch로 구현 시에 마지막 은닉층의 소프트맥스 활성화 함수는 작성하지 않는다는 것을 주의하면 됩니다. 나머지 코드 구조는 로지스틱 회귀 분석 코드와 같으니 해답을 보기 전에 먼저 작성해 보시기 바랍니다. 다음 실습을 통해 정답 코드를 확인해 보시기 바랍니다.

18) https://www.kaggle.com/arshid/iris-flower-dataset

실습 5.1.2

lab5_1_2_softmax_classifier.ipynb

PyTorch를 이용해 다중 클래스 분류를 위한 인공신경망을 설계하세요.

정답코드

```
import pandas as pd
import torch
import matplotlib.pyplot as plt

dataset = pd.read_csv('iris.csv').to_numpy()
x = torch.Tensor(dataset[:,0:-1])
y = torch.LongTensor(dataset[:,-1])

class Net(torch.nn.Module):
    def __init__(self):
        super(Net, self).__init__()
        self.fc1 = torch.nn.Linear(4, 64)
        self.fc2 = torch.nn.Linear(64, 32)
        self.fc3 = torch.nn.Linear(32, 16)
        self.fc4 = torch.nn.Linear(16, 3)
        self.relu = torch.nn.ReLU()

    def forward(self, x):
        x = self.relu(self.fc1(x))
        x = self.relu(self.fc2(x))
        x = self.relu(self.fc3(x))
        z = self.fc4(x)

        return z

net = Net()
cel = torch.nn.CrossEntropyLoss()
optimizer = torch.optim.SGD(net.parameters(), lr=0.01)

loss_lst = []
EPOCH = 10000
```

```
for epoch in range(EPOCH):
    z = net(x)

    loss = cel(z, y)
    optimizer.zero_grad()
    loss.backward()
    optimizer.step()
    loss_lst.append(loss.item())

    if epoch % 100 == 0:
        print(f'epoch={epoch}, loss={loss.item():0.5f}')

plt.plot(range(EPOCH), loss_lst)
plt.xlabel('Epochs')
plt.ylabel('Loss')
plt.grid(True)
plt.show()

z = net(x)
y_hat = torch.argmax(torch.softmax(z,dim=1),dim=1)
correct = torch.sum(y==y_hat)
accuracy = correct / len(y)*100

print(f'Accuracy={accuracy:0.2f}%')
```

실행 결과

```
...중략...
epoch=9600, loss=0.04698
epoch=9700, loss=0.04741
epoch=9800, loss=0.04822
epoch=9900, loss=0.04827
```

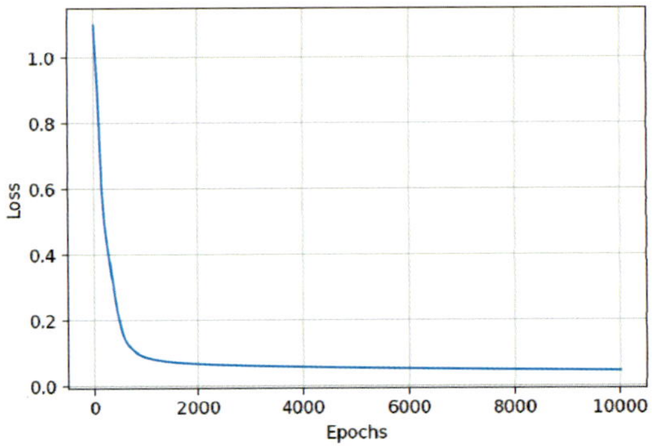


```
Accuracy=97.99%
```

분석

먼저 iris.csv 파일을 저자의 깃허브 페이지에서 내려받은 후 Colab에 업로드합니다.

```
005    dataset = pd.read_csv('iris.csv').to_numpy()
006    x = torch.Tensor(dataset[:,0:-1])
007    y = torch.LongTensor(dataset[:,-1])
```

5~7번 줄에서는 업로드된 iris.csv 파일로부터 x와 y Tensor를 구축합니다. csv 파일에서 0~3번 열에는 각각 꽃잎과 꽃받침의 길이와 너비가 저장되어 있으므로 6번 줄에서와같이 이 값들을 x로 정의합니다. 그리고 4번 열에는 0~3번 열에 해당하는 붓꽃이 어떤 종인지를 분류한 값, 즉 클래스 번호가 저장되어 있습니다. 4번 열의 값이 0이면 Setosa 종이라는 뜻입니다. 클래스 번호는 0, 1, 2의 정수이므로 7번에서와같이 LongTensor를 이용해 y를 선언합니다.

```
009    class Net(torch.nn.Module):
010        def __init__(self):
011            super(Net, self).__init__()
012            self.fc1 = torch.nn.Linear(4, 64)
013            self.fc2 = torch.nn.Linear(64, 32)
014            self.fc3 = torch.nn.Linear(32, 16)
015            self.fc4 = torch.nn.Linear(16, 3)
```

```
016         self.relu = torch.nn.ReLU()
017
018     def forward(self, x):
019         x = self.relu(self.fc1(x))
020         x = self.relu(self.fc2(x))
021         x = self.relu(self.fc3(x))
022         z = self.fc4(x)
023
024         return z
```

9~24번 줄에서는 그림 5.1.4의 인공신경망이 정의되어 있습니다. 22번 줄을 보면 네 번째 은닉층의 선형 연산을 거친 결과인 z가 출력되는 것을 확인할 수 있습니다. 19~21번 줄에서는 기존과 달리 하나의 은닉층을 통과한 값의 변수 이름을 입력과 같은 x로 정했습니다. 이렇게 하면 층이 깊어지더라도 코드를 더 간단하게 작성할 수 있다는 장점이 있습니다.

```
027 cel = torch.nn.CrossEntropyLoss()
```

27번 줄에서는 cross entropy loss를 계산하기 위해 **cel**을 선언했습니다.

```
033 for epoch in range(EPOCH):
034     z = net(x)
035
036     loss = cel(z, y)
037     optimizer.zero_grad()
038     loss.backward()
039     optimizer.step()
040     loss_lst.append(loss.item())
041
042     if epoch % 100 == 0:
043         print(f'epoch={epoch}, loss={loss.item():0.5f}')
```

33~43번 줄은 실제 학습이 진행되는 코드입니다. 36번 줄에서 cross entropy loss를 계산했습니다. 그리고 40번 줄에서는 현재 학습 오차를 **loss_lst** 배열에 저장합니다. 그리고 42~43번 줄에서 100 epoch마다 현재 epoch 번호와 학습 오차를 출력합니다.

```
051    z = net(x)
052    y_hat = torch.argmax(torch.softmax(z,dim=1),dim=1)
053    correct = torch.sum(y==y_hat)
054    accuracy = correct / len(y)*100
```

학습이 완료된 후 현재 학습된 인공신경망의 정확도를 측정하기 위해 51~54번 줄에서와같이 **accuracy**를 계산합니다. 먼저 학습이 완료된 인공신경망에 전체 학습 데이터세트의 **x**를 입력하여 출력 **z**를 얻습니다. 그다음 52번 줄에서와같이 각 데이터 쌍이 속할 것으로 예측되는 클래스를 계산합니다. **torch.softmax(z, dim=1)**로부터 $\hat{Y}$를 계산합니다. 이 값은 확률 값이므로 $\hat{y}_i$ 중 가장 큰 값을 가지는 i를 예측 클래스 번호로 선택합니다. 이 과정에서 **torch.argmax()** 함수를 이용합니다. 53번 줄에서 예측한 클래스와 정답 클래스가 같은지 **==** 연산자를 이용해 계산하면 모든 i번째 데이터 쌍에 대해 예측한 클래스가 정답과 같은지 확인할 수 있습니다. **==** 연산자의 연산 결과는 크기가 $N \times 1$인 **Tensor**이고 각 원소는 **True**나 **False**의 값을 가집니다. **torch.sum()** 함수를 이용해 이 **Tensor**의 값을 모두 더하면 정답인 데이터 쌍의 수가 계산됩니다. 이 값이 **correct** 변수에 저장됩니다. 마지막으로 정답을 맞힌 수를 전체 데이터 쌍의 수로 나누어 주면 정답을 맞힌 비율인 정확도(accuracy)를 계산할 수 있습니다. 실행 결과를 보면 97.99%를 맞춘 것을 알 수 있습니다. 결과로부터 우리가 설계한 인공신경망이 주어진 정보로부터 붓꽃의 종을 97.99%의 정확도로 인식한다는 것을 알 수 있습니다.

이번에는 어떤 붓꽃의 특징을 입력하여 인공신경망에게 붓꽃의 종류를 판단하도록 하는 코드를 작성해 보겠습니다. Colab에서 코드 블록을 하나 더 추가하여 아래와 같이 작성해 보세요.

```
classes = ['setosa', 'versicolor', 'virginica']
test_index = 60
x_test = x[test_index]
y_test = y[test_index]
z_test = net(x_test)
yhat_test = torch.softmax(z_test,dim=0)
val, ind = torch.max(yhat_test,dim=0)
print(f'{x_test}인 꽃은 {val*100:0.2f}%의 확률로
 {classes[ind]}라고 예측한다.')
```

```
010    print(f'정답은 {classes[y_test]}이다.')
```

실행 결과	tensor([5.9000, 3.0000, 4.2000, 1.5000])인 꽃은 99.97%의 확률로 versicolor라고 예측한다. 정답은 versicolor이다.

먼저 1번 줄에서 각 클래스 번호에 해당하는 붓꽃 종의 이름을 배열로 저장했습니다. 3번 줄에서는 학습 데이터세트 중에서 test_index번째 데이터 쌍을 뽑아서 x_test에 저장합니다. 5번 줄에서 x_test에 해당하는 z값을 학습된 인공신경망으로 계산하여 z_test에 저장합니다. 6번 줄에서는 z_test에 대해 소프트맥스 연산을 하여 각 클래스에 속할 확률 값인 yhat_test를 얻습니다. 7번 줄에서는 yhat_test 중 몇 번째 원소가 가장 큰 값이고, 그 값은 무엇인지 각각 ind와 val 변수에 저장합니다. 8~9번 줄을 통해 결과를 출력합니다. 결과를 보면, 이 붓꽃은 99.97%의 확률로 versicolor 종이라고 합니다. 10번 줄에 의해 정답도 확인할 수 있는데 정답도 versicolor이므로 옳게 판단했다는 것을 알 수 있습니다. 2번 줄에서 test_index를 다른 값으로 선택해서 결과가 어떻게 달라지는지 확인해 보세요.

5.2 미니 배치 학습

미니 배치

그림 5.2.1의 **배치 학습**은 전체 학습 데이터세트를 인공신경망에 입력하여 얻은 출력을 이용해 학습 오차를 구하고, 이들 바탕으로 인공신경망의 가중치를 업데이트하는 학습 방법입니다. 학습 데이터를 하나씩 입력하는 기존의 방법에 비해 인공신경망이 전체 데이터세트의 분포를 알 수 있어 학습이 더욱 빠르게 효과적으로 진행됩니다.

그림 5.2.1 배치 학습

지금까지 실습에서 학습 데이터세트는 고작 수백 개의 데이터 쌍으로 이루어진 텍스트 데이터였습니다. 파일로 저장해도 수십 킬로바이트에 지나지 않았기 때문에 배치 학습을 하더라도 컴퓨터 메모리에 부담이 없습니다. 그러나 이미지와 같이 한 장의 이미지마저도 용량이 크거나, 빅데이터 분야와 같이 학습 데이터세트 자체가 큰 경우에는 배치 학습이 불가능합니다. 일반적으로 인공신경망의 학습은 GPU를 이용하는데, 학습 데이터세트의 크기가 수십에서 수백 기가바이트라면 이를 수용하는 GPU의 가격이 매우 높아지게 됩니다. 2021년 현재 일반 소비자용 GPU 중 24기가바이트의 메모리를 가지는 NVIDIA의 RTX3090 GPU의 경우 300만원 선에서 거래되고 있습니다. 따라서 메모리를 효율적으로 사용하는 학습법이 필요합니다.

배치 학습 방법의 많은 메모리를 요구하는 문제를 해결하기 위해 그림 5.2.2와 같은 미니 배치(mini batch) 학습 방법이 고안되었습니다. 미니 배치 학습은 전체 학습 데이터세트를 여러 개의 미니 배치로 나누어 미니 배치 별로 학습을 진행하는 방법입니다. 전체 학습 데이터세트의 크기가 수백 기가바이트이더라도, 이를 수십 메가바이트

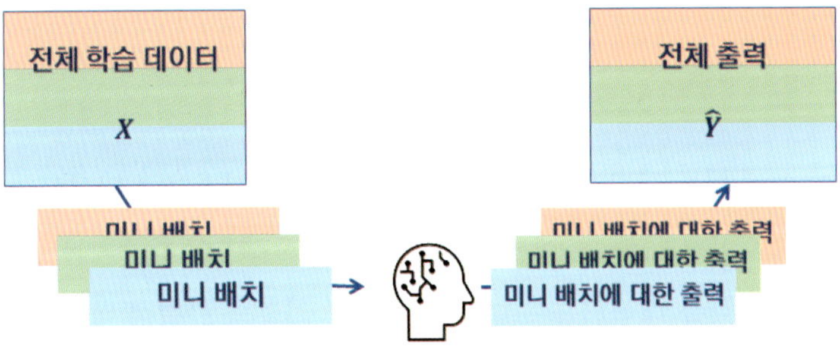

그림 5.2.2 미니 배치 학습

정도 크기의 미니 배치로 나누어 미니 배치 별로 인공신경망의 학습을 진행하면 적은 메모리로도 큰 데이터세트를 학습할 수 있습니다.

그림 5.2.2를 다시 보면, 전체 학습 데이터세트를 총 세 개의 미니 배치로 나누었습니다. 예를 들어 전체 학습 데이터세트가 총 900개의 데이터 쌍으로 이루어져 있다고 가정하면, 각 미니 배치는 300개의 데이터 쌍으로 생성됩니다. 여기서 300을 배치 크기(batch size)라고 합니다. 따라서 인공신경망의 학습 시에는 한 번에 300개의 학습 데이터 쌍이 입력되어 이를 바탕으로 학습이 진행됩니다. 그러니 미니 배치를 총 세 번 학습하면 전체 학습 데이터세트를 1회 학습한 것이 되므로 이때를 1 epoch이라고 얘기합니다. 그러면 전체 학습 데이터가 900개이고, 미니 배치가 300개라면, 10 epoch 학습하면 미니 배치를 몇 번 학습한 것일까요? 정답은 900 ÷ 300 × 10 = 30번입니다.

정리하면, 전체 학습 데이터세트의 크기가 크면 메모리의 한계로 인해 한 번에 학습이 어렵습니다. 메모리의 크기를 늘리는 것은 곧 비용의 증가로 이어지기 때문에 좋은 해결책이 아닙니다. 그렇기에 전체 데이터세트를 여러 부분 집합으로 나누어 학습하는 미니 배치 학습법을 이용합니다. 그렇다면 메모리를 아끼기 위해서 미니 배치의 배치 크기를 아주 작게 하면 좋을까요? 그림 5.2.3은 배치 크기가 큰 경우와 작은 경우의 이미지 학습을 예로 들고 있습니다. 그림으로부터 알 수 있듯이 배치 크기가 작으면 미니 배치가 전체 데이터를 대표하지 못하기 때문에 지금 학습하고 있는 이미지가 어떤 것인지 제대로 알기 어렵습니다. 그림에서 배치 크기가 작으면 고양이의 전체적

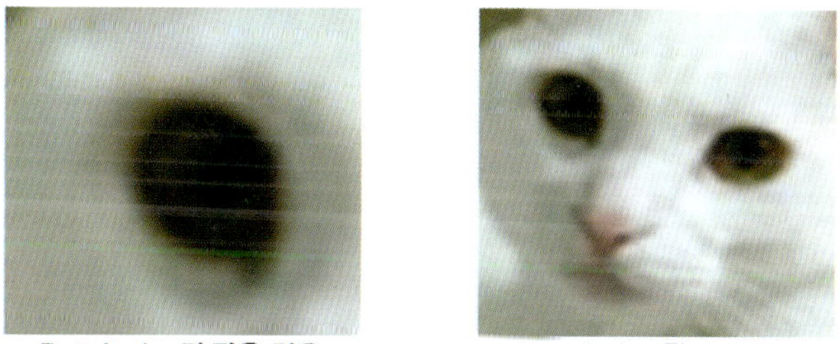

Batch size가 작은 경우 Batch size가 큰 경우

그림 5.2.3 배치 크기에 따른 대표성

인 특성을 보는 것이 아니기 때문에 학습이 효율적으로 진행되지 않습니다. 따라서 배치 크기는 메모리가 허용하는 한 크게 하는 것이 여러 가지로 좋습니다. 이어지는 절에서 PyTorch를 이용해 미니 배치 학습을 구현하는 방법을 알아보겠습니다.

Dataset class

PyTorch를 이용해 미니 배치 학습을 하기 위해서는 학습 데이터세트를 **Dataset** class로 정의해야 합니다. **Dataset** class는 **torch.utils.data**에 포함된 class입니다. **Dataset** class는 학습 데이터세트를 포함하고 있으며, 디스크에 저장된 파일로부터 학습 데이터세트를 읽어오고, PyTorch에서 특정 데이터 쌍을 요청하면 반환하는 기능 등을 구현합니다.

설계자는 **Dataset** class를 상속받아 학습 데이터세트에 맞는 class를 새롭게 정의하여 사용합니다. 사용자 정의 class의 예는 다음과 같습니다.

```
from torch.utils.data import Dataset

class 데이터세트명(Dataset):
    def __init__(self):
        # 데이터세트의 초기화 (데이터 다운로드/불러오기 등)
        pass
    def __getitem__(self, index):
        # index 번째의 데이터 쌍을 반환
        pass
    def __len__(self):
        # 데이터세트의 데이터 쌍의 수를 반환
        pass
```

Dataset을 상속받아 선언한 클래스는 **__init__()**, **__getitem__()**, **__len__()**의 세 가지 함수를 재정의해야 합니다. 각 함수의 역할은 코드의 주석을 참고하세요. 그러면 지난 실습에서 사용했던 붓꽃 데이터세트를 **Dataset** class로 선언하고 사용하는 예를 살펴봅시다.

```
001  from torch.utils.data import Dataset
002  import pandas as pd
003  import torch
004
005  class IrisDataset(Dataset):
006      def __init__(self):
007          dataset = pd.read_csv('iris.csv').to_numpy()
008          self.x = torch.Tensor(dataset[:,0:-1])
009          self.y = torch.LongTensor(dataset[:,-1])
010          self.len = dataset.shape[0]
011
012      def __getitem__(self, index):
013          return self.x[index], self.y[index]
014
015      def __len__(self):
016          return self.len
017
018  iris = IrisDataset()
019
020  print(len(iris))
021  print(iris[0])
```

실행 결과

```
149
(tensor([4.9000, 3.0000, 1.4000, 0.2000]), tensor(0))
```

코드의 7~9번 줄은 기존의 **Dataset** class를 사용하지 않았을 때와 같습니다. 디스크에서 iris.csv 파일을 **Pandas**를 이용해 불러오고, 불러온 데이터를 PyTorch의 **Tensor** 형으로 변환합니다. 10번 줄에서는 전체 데이터세트의 크기를 **self.len** 변수에 저장합니다. 코드의 12~13번 줄에서는 **Dataset** class의 인덱싱과 슬라이싱을 위한 함수가 정의되어 있고, 15~16번 줄의 **__len__()** 함수는 **len()** 함수를 이용해 **Dataset** class의 데이터 크기를 확인할 때 호출됩니다. 18번 줄에서와같이 선언한 **Dataset** class의 인스턴스를 만들어 사용하면 됩니다. 20~21번 줄을 통해 데이터세트의 크기와 인덱싱이 잘 되는 것을 확인할 수 있습니다.

Dataset class를 상속하여 데이터세트를 표현하는 class를 정의하는 방법은 class를 우리의 입맛에 맞게 자유자재로 설계할 수 있다는 장점이 있습니다. 그러나 IrisDataset class처럼 매우 간단한 기능만 구현되어 있는 class는 새롭게 정의하지 않고 더 쉬운 방법으로 표현할 수 있습니다. torch.utils.data 모듈에 포함된 TensorDataset class를 이용하면 훨씬 간단하게 데이터세트를 표현할 수 있습니다. 다음의 코드를 보겠습니다.

```
from torch.utils.data import TensorDataset
from torch.utils.data import TensorDataset
import torch
import pandas as pd

dataset = pd.read_csv('iris.csv').to_numpy()
x_tensor = torch.Tensor(dataset[:,0:-1])
y_tensor = torch.LongTensor(dataset[:,-1])

iris = TensorDataset(x_tensor, y_tensor)

print(len(iris))
print(iris[0])
```

실행 결과

```
149
(tensor([4.9000, 3.0000, 1.4000, 0.2000]), tensor(0))
```

기존에 IrisDataset이라는 class를 정의한 후 이를 이용해 iris라는 인스턴스를 생성한 것과 달리 iris.csv 파일로부터 데이터를 불러온 후 바로 TensorDataset class에 입력하여 iris 인스턴스를 만들었습니다. 데이터세트에 새로운 기능을 추가하여 설계하는 것이 아니라면 이렇게 Tensordataset의 인스턴스를 만들어 사용하는 것이 훨씬 효율적이라는 것을 알 수 있습니다. 인스턴스를 만든 후에는 우리가 만들었던

IrisDataset을 이용한 것과 사용법은 동일하다는 것을 확인할 수 있습니다.

DataLoader class

Dataset class로 표현된 데이터세트를 학습에서 사용하기 위해서는 DataLoader class가 필요합니다. 이를 통해 학습 데이터세트로부터 배치 크기만큼의 데이터를 뽑아와 인공신경망에 입력할 수 있습니다. 또한, 학습 데이터세트를 임의로 뒤섞어 각 데이터 쌍 간의 순차적인 관계를 풀어서 학습이 더 잘되게 하는 기능 등 편리한 기능을 제공합니다.

DataLoader class는 PyTorch에서 제공되는 class를 그대로 인스턴스화하여 사용하는데, Dataset class와 마찬가지로 torch.utils.data에 포함된 class입니다. 다음과 같이 인스턴스화할 수 있습니다.

```
from torch.utils.data import DataLoader

Instance = DataLoader(dataset = 데이터세트명,
                      batch_size = 배치 크기,
                      shuffle = True) # or False
```

인스턴스화할 때 세 가지 항목을 입력합니다. dataset는 Dataset class의 인스턴스명을 입력하면 됩니다. batch_size는 말 그대로 미니 배치의 배치 크기를 의미합니다. 마지막으로 shuffle은 앞서 언급한 데이터세트를 뒤섞는 기능을 활성화하는지 여부를 지정합니다. True로 지정하면 데이터세트를 섞은 후 미니 배치로 나누게 됩니다. 이 외에도 몇 가지 매개 변수가 더 있는데, 이 책에서는 다루지 않겠습니다.

DataLoader의 인스턴스는 iterable이기 때문에 for와 같은 반복문을 이용해 학습 데이터세트로부터 미니 배치를 순차적으로 얻어올 수 있습니다. 예를 들어 다음의 코드와 같이 사용할 수 있습니다.

```
001  from torch.utils.data import DataLoader
002
003  loader = DataLoader(dataset = iris,
004                      batch_size = 50,
005                      shuffle = True)
006
007  for i, data in enumerate(loader):
008      x, y = data
009      print(i, x.shape, y.shape)
```

실행 결과

```
0 torch.Size([50, 4]) torch.Size([50])
1 torch.Size([50, 4]) torch.Size([50])
2 torch.Size([49, 4]) torch.Size([49])
```

먼저 3~5번 줄에서처럼 iris 데이터세트에 대한 **DataLoader**의 인스턴스를 선언합니다. 미니 배치의 배치 크기는 50인데, 전체 데이터세트가 149개의 데이터로 이루어져 있으므로, 총 세 번의 학습이 진행되면 1 epoch이 됩니다. 7번 줄에서와같이 **DataLoader**의 인스턴스를 반복하여 **data**를 뽑아올 수 있습니다. **enumerate**에 의해 **i**는 현재 미니 배치가 몇 번째인지를 의미하며, **data**에 미니 배치의 데이터가 담겨 있습니다. 학습 데이터는 x와 y의 튜플로 이루어져 있으므로 이를 8번 줄에서처럼 **x**와 **y**로 나누어 주었습니다. 9번 줄에서는 **x**와 **y**의 크기를 출력하였는데, 실행 결과를 보면 처음 두 번의 반복에서는 50개의 데이터 쌍으로 미니 배치가 구성되어 있는데, 마지막 세 번째 반복에서는 49개밖에 되지 않습니다. 그 이유는 전체 데이터세트 크기가 149개이므로, 세 번째 반복에서는 남은 데이터가 49개밖에 없기 때문입니다. 따라서 미니 배치의 배치 크기가 꼭 데이터세트를 딱 떨어지게 나누는 수일 필요는 없습니다.

학습 시에는 이렇게 얻은 **x**를 인공신경망에 입력하여 얻은 $\hat{y}$와 **y**의 학습 오차로부터 가중치를 업데이트하면 됩니다. 이어지는 실습을 통해 자세한 사용법을 알아보겠습니다.

실습 5.2.1

lab5_2_1_mini_batch.ipynb

PyTorch를 이용해 미니 배치 학습을 구현하세요.

정답코드

```
from torch.utils.data import TensorDataset, DataLoader
import torch
import pandas as pd
import matplotlib.pyplot as plt

dataset = pd.read_csv('iris.csv').to_numpy()
x_tensor = torch.Tensor(dataset[:,0:-1])
y_tensor = torch.LongTensor(dataset[:,-1])

iris = TensorDataset(x_tensor, y_tensor)

BATSIZE = 50
loader = DataLoader(dataset=iris,
                    batch_size=BATSIZE,
                    shuffle=True)

class Net(torch.nn.Module):
    def __init__(self):
        super(Net, self).__init__()
        self.fc1 = torch.nn.Linear(4, 64)
        self.fc2 = torch.nn.Linear(64, 32)
        self.fc3 = torch.nn.Linear(32, 16)
        self.fc4 = torch.nn.Linear(16, 3)
        self.relu = torch.nn.ReLU()

    def forward(self, x):
        x = self.relu(self.fc1(x))
        x = self.relu(self.fc2(x))
        x = self.relu(self.fc3(x))
        z = self.fc4(x)

```

```
        return z

net = Net()
cel = torch.nn.CrossEntropyLoss()
optimizer = torch.optim.SGD(net.parameters(), lr=0.01)

loss_lst = []
EPOCH = 10000
for epoch in range(EPOCH):
    l_sum = 0
    for data in loader:
        x, y = data
        z = net(x)
        loss = cel(z, y)

        optimizer.zero_grad()
        loss.backward()
        optimizer.step()

        l_sum += loss.item()
    loss_lst.append(l_sum)

    if epoch % 100 == 0:
        print(f'epoch={epoch}, loss={l_sum:0.5f}')

plt.plot(range(EPOCH), loss_lst)
plt.xlabel('Epochs')
plt.ylabel('Loss')
plt.grid(True)
plt.show()

correct_sum = 0
for data in loader:
    x, y = data
    z = net(x)
    y_hat = torch.argmax(torch.softmax(z,dim=1),dim=1)
    correct_sum += torch.sum(y==y_hat)

```

```
accuracy = correct_sum / len(iris) * 100

print(f'Accuracy={accuracy:0.2f}%')
```

실행 결과

```
...중략...
epoch=9600, loss=0.12836
epoch=9700, loss=0.12043
epoch=9800, loss=0.13988
epoch=9900, loss=0.12133
```

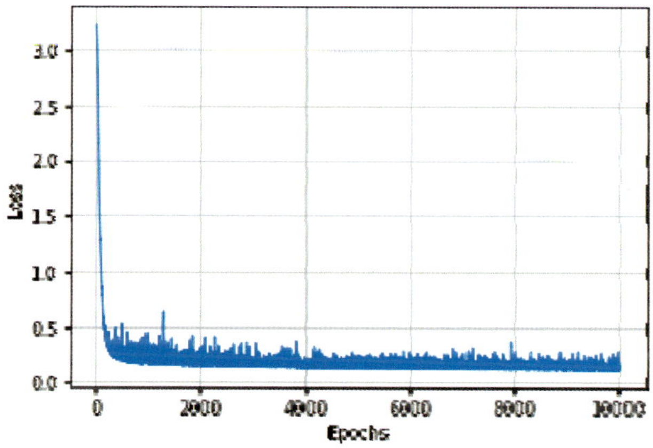


```
Accuracy=98.66%
```

분석

먼저 실습 5.1.2와 이번 실습의 결과를 비교해 보겠습니다. 두 실습에서 같은 학습 데이터세트와 같은 인공신경망의 구조를 이용했기 때문에 비슷한 성능을 얻어야 합니다. 단과진 것은 실습 5.1.2에서는 전체 학습 데이터세트를 한 번에 인공신경망에 입력하여 학습을 진행했고, 이번 실습에서는 50개의 데이터 씩으로 이루어진 미니 배치를 이용해 학습을 수행한 것입니다. 정확도를 보면 실습 5.1.2에서는 97.99%였고, 이번 실습에서는 98.66%입니다. 같은 코드라도 실행할 때마다 가중치의 초깃값이 임의로 지정되기 때문에 정확도는 약간의 차이가 발생합니다. 따라서, 오차 범위 안에서 거의 같은 성능을 낸다고 할 수 있습니다. 다만 epoch에 따른 학습 오차의 변화 그래프를 보면 실습 5.1.2에서는 들쑥날쑥하지 않고 깨끗한 선분으로 감소했지만, 이번 실습에서는 매 epoch마다 학습 오차가 들쑥날쑥하게 변하는 것을 알 수 있습니다. 그 이유는 미니 배치 학습은 전체 데이터가 아닌 일부분의 데이터만을 이용해서 학습하기 때문입니다. 그림 5.2.3의 고양이 사진을 예로 들면, 한 번은 고양이의 눈만 보고 고양이의 모양을 학습하고 또 다음번에는 고양이의 입 부분만 보고 고양이의 모양을 학습하기 때문에 어떨 때는 고양이의 특징을 잘 학습했다가도 다음 미니 배치에서는 고양이의 특징을 잘못 학습하기도 하기 때문에 학습 오차가 들쑥날쑥합니다. 그러나 학습이 계속 진행됨에 따라 고양이의 일반적인 특징이 점점 학습되어 학습 오차는 전반적으로 감소합니다.

Dataset과 **DataLoader**를 선언하고 인공신경망의 구조를 설계하는 부분은 앞에서 이미 다뤘으니 실제 학습이 진행되는 부분인 38~55번 줄의 코드를 살펴보겠습니다.

```
038 loss_lst = []
039 EPOCH = 10000
040 for epoch in range(EPOCH):
041     l_sum = 0
042     for data in loader:
043         x, y = data
044         z = net(x)
045         loss = cel(z, y)
046 
047         optimizer.zero_grad()
048         loss.backward()
049         optimizer.step()
050 
051         l_sum += loss.item()
052     loss_lst.append(l_sum)
053 
054     if epoch % 100 == 0:
055         print(f'epoch={epoch}, loss={l_sum:0.5f}')
```

매 epoch 마다 **DataLoader**의 인스턴스인 **loader**로부터 미니 배치를 불러와 학습합니다. 42번 줄에서 **loader**에서 미니 배치를 **data**에 받아 옵니다. 미니 배치의 크기가 50이므로, **data**는 50개의 데이터 쌍으로 이루어졌습니다. **data**에서 **x**와 **y**를 분리하고, 미니 배치의 데이터로부터 인공신경망의 가중치를 업데이트합니다. **loss**에는 현재 미니 배치에 대한 학습 오차가 저장되어 있으므로 전체 학습 데이터세트에 대한 학습 오차는 각 미니 배치의 학습 오차를 모두 더해준 값입니다. 따라서 l_sum 변수에 각 미니 배치로부터 얻은 학습 오차를 모두 더합니다.

다음으로 정확도를 계산하기 위한 부분을 살펴보겠습니다.

```
063  correct_sum = 0
064  for data in loader:
065      x, y = data
066      z = net(x)
067      y_hat = torch.argmax(torch.softmax(z,dim=1),dim=1)
068      correct_sum += torch.sum(y==y_hat)
069
070  accuracy = correct_sum / len(iris) * 100
```

정확도를 계산할 때에도 DataLoader로부터 미니 배치를 받아와 각 미니 배치에 대해 정답을 맞힌 횟수를 누적합니다. 68번 줄에서 torch.sum(y==y_hat)에는 이번 미니 배치에서 정답을 맞힌 횟수가 저장되어 있으므로 이를 correct_sum 변수에 누적하여 저장합니다. 그러면 70번 줄에서 correct_sum에는 전체 학습 데이터세트에 대해 정답을 맞힌 횟수가 저장되어 있고, len(iris)는 전체 학습 데이터세트의 수인 149개가 출력됩니다. 따라서 accuracy는 전체 학습 데이터세트에서 정답을 맞힌 비율이 계산됩니다.

학습과 시험 데이터세트

그림 5.2.4처럼 두 점 군을 분류하는 문제를 생각해봅시다. 점 군의 분류 문제는 붓꽃을 예로 들면, 가로축이 꽃잎의 길이이고, 세로축이 꽃잎의 너비일 때, 원이 Setosa, 십자가가 Versicolor라고 생각할 수 있습니다. 우리가 지난 실습을 통해 설계한 인공신경망은 두 점 군을 나누는 선을 그리는 방법을 학습한 것입니다. 그림 5.2.5는 점 군을 나누는 세 가지 방법의 예를 보입니다. 1번과 같이 선분을 구불구불하게 만들어 정확히 원과 십자가를 나눌 수 있습니다. 혹은 2번처럼 두 점군을 적절하게 직선으로 나눌

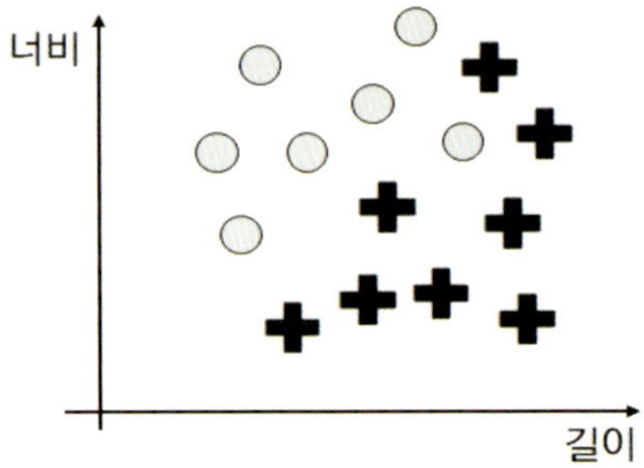

그림 5.2.4 점군의 분류

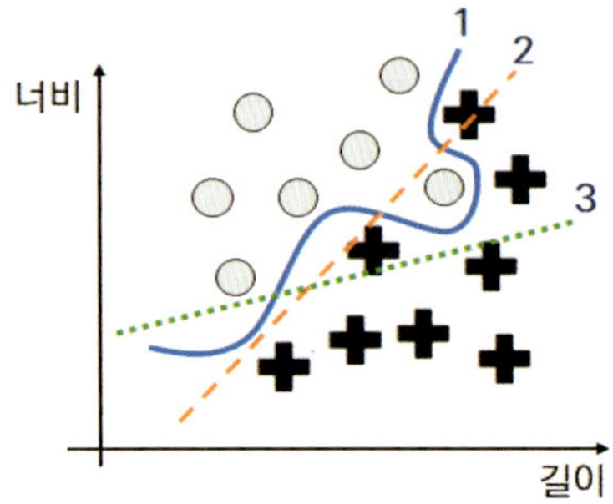

그림 5.2.5 점군을 나누는 방법들

수도 있고, 아니면 3번처럼 오차가 많이 포함되게 나눌 수도 있습니다. 3번은 제대로 나눈 결과라고 보기 힘드니 제외하면, 1번과 2번 중 어느 것이 점 군을 더 잘 나눈 것일까요? 얼핏 보면 1번 방법이 원과 십자가를 정확히 나누기 때문에 좋은 것으로 생각됩니다. 그런데 십자가에 둘러싸인 원이 측정치의 오차이거나 돌연변이가 일어난 Setosa 종이라면 1번의 점 군 분류가 좋은 결과라고 할 수 있을까요? 이 경우 주어진 학습 데이터세트에 대해서는 100%의 정확도를 내겠지만, 다른 사람이 측정한 학습 데이터세트에 대해서는 좋지 못한 성능을 낼 것입니다. 이처럼 주어진 학습 데이터세트만 잘 나누도록 학습되었을 때 인공신경망이 과적합(overfit)되었다고 합니다. 반면, 2번의 경우 현재 주어진 학습 데이터세트에서는 오차가 존재하지만 일반적인 Setosa 종과 Versicolor 종을 구분하는 성능은 오히려 1번보다 좋을 것입니다. 반면, 3번의 직선은 점 군을 나누는 대표성이 결여되어 있기 때문에 학습이 덜 되었다(underfit)고 합니다.

정리하면, 과적합(overfitting)은 두 종류의 꽃을 대표하는 특성을 학습한 것이 아닌 현재 주어진 학습 데이터세트에 편향되어 오히려 성능이 나빠지는 것을 의미합니다. 즉, 주어진 학습 데이터세트에 대해서는 정답률이 높아지지만 처음 보는 측정 데이터가 입력되면 다른 결과를 낼 수 있습니다. 이는 한정된 학습 데이터세트만을 너무 많이 학습했기 때문으로 학습 epoch이 증가할수록 과적합될 가능성이 커집니다. 예를 들어 10개의 문제집을 각각 10번 풀어본 학생과 하나의 문제집만 반복하여 100번 풀어본 학생이 있다면 둘 중 누가 더 좋은 점수를 받을까요? 하나의 문제집만 반복하여 100번 풀어본 학생은 풀어본 문제집은 백점을 맞겠지만, 처음 보는 문제는 잘 풀지 못할 것입니다. 반면에 10개의 문제집을 10번 푼 학생은 풀었던 문제도 틀릴 수 있겠지만, 처음 보는 문제는 곧잘 풀 것으로 예상됩니다.

지금까지는 학습이 잘 진행되는지 확인하기 위해서 epoch이 반복됨에 따라 학습 오차가 어떻게 변하는가를 살펴봤습니다. 일반적으로 학습이 진행됨에 따라 학습 오차는 줄어들었습니다. 반대로 얘기하면, 현재 주어진 학습 데이터세트에 대해서는 정답률이 높아집니다. 그런데 너무 많은 epoch을 반복하면 과적합이 일어나 오히려 학습에 사용되지 않은 데이터에 대해서는 정확도가 떨어집니다. 따라서 학습에 사용되지 않은 데이터에 대한 정확도를 같이 확인해야 합니다. 이런 검증 작업을 위해 사용되는 데이터세트를 앞으로 시험 데이터세트(test dataset)라고 하고, 학습에 사용되는 데이터세트를 학습 데이터세트(train dataset)라고 하겠습니다.

그런데 데이터세트를 구축하는 데에는 많은 인력, 비용, 시간 등이 소모됩니다. 따라서 시험용 데이터세트, 학습용 데이터세트를 따로 구축하는 것이 일반적으로 어렵습니다. 그러므로 일반적으로 그림 5.2.6에서처럼 전체 학습 데이터세트를 구축한 후에 임의로 이를 학습 데이터세트와 시험 데이터세트로 나누어 학습합니다. 인공신경망은 학습 과정에서 시험 데이터세트를 보지 못하기 때문에 시험 데이터세트에 대해 정확도가 증가하면 일반적인 데이터에서의 성능 역시 좋아진다고 할 수 있습니다.

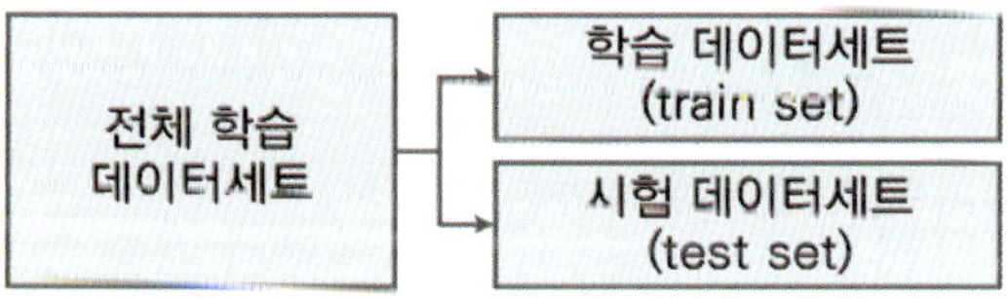

그림 5.2.6 학습과 시험 데이터세트의 분류

학습 과정에서는 당연히 학습 데이터세트만을 이용하므로, 학습 데이터세트로 계산된 학습 오차가 최소화되도록 위해 가중치가 업데이트됩니다. 그리고 학습 오차가 줄어드는지를 확인함으로써 인공신경망이 현재 학습 데이터세트를 잘 학습하고 있는지 확인합니다. 이와 동시에 시험 데이터세트를 이용해 정확도를 확인하며, 정확도는 말 그대로 시험 데이터세트에 대해 정답을 맞힌 비율이므로 높아지는 것이 목표입니다. 반드시 그런 것은 아니지만, 그림 5.2.7을 보면 학습 오차는 일반적으로 epoch이 진행됨에 따라 지속적으로 감소하는 반면에 정확도는 어느 시점까지 증가하다 감소하기 시작합니다. 이 시점이 과적합이 일어나는 시점이므로 이 이상 학습을 진행하지 않는 것이 좋습니다.

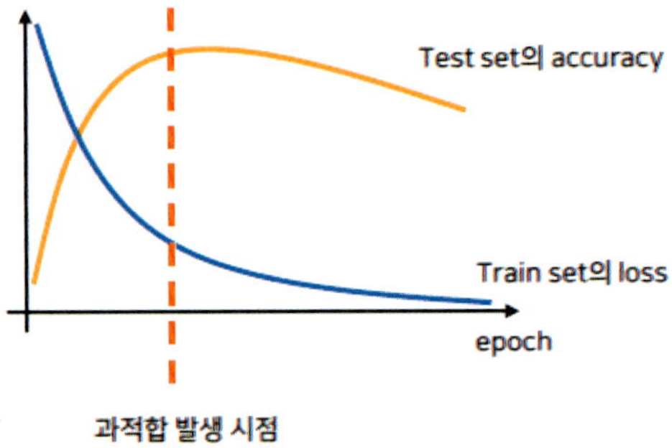

그림 5.2.7 과적합 발생 시점

PyTorch를 이용해 전체 학습 데이터세트를 학습 데이터세트와 시험 데이터세트로 나누기 위해서는 `torch.utils.data`의 `random_split()` 함수를 사용하면 됩니다. 사용법은 다음과 같습니다.

```
from torch.utils.data import random_split
train_set, test_set = random_split(dataset명,
                                   [trainset의 크기, testset의 크기])
```

`random_split()` 함수에 전체 학습 데이터세트를 입력하고 학습 데이터세트와 시험

데이터세트를 구성할 크기를 입력하면 임의로 데이터를 뽑아서 각각 학습 데이터세트와 시험 데이터세트로 나누어 저장합니다. 당연히 **trainset**의 크기와 **testset**의 크기를 합한 것이 전체 학습 데이터세트의 크기와 같아야 합니다. 그리고 일반적으로 시험 데이터세트의 크기가 학습 데이터세트의 크기보다 작습니다. 그 이유는 많은 양의 데이터를 이용해 학습을 해야 인공신경망의 학습이 잘 진행되기 때문입니다. 이어지는 실습을 통해 지금까지 배운 내용을 확인해 보겠습니다.

실습 5.2.2

lab5_2_2_train_test.ipynb

전체 학습 데이터세트를 학습 데이터세트와 시험 데이터세트로 나누어 학습하는 코드를 작성하세요.

정답코드

```
from torch.utils.data import TensorDataset, DataLoader
from torch.utils.data import random_split
import torch
import pandas as pd
import matplotlib.pyplot as plt

dataset = pd.read_csv('iris.csv').to_numpy()
x_tensor = torch.Tensor(dataset[:,0:-1])
y_tensor = torch.LongTensor(dataset[:,-1])
iris = TensorDataset(x_tensor, y_tensor)

test_set_size = int(len(iris)*0.2)
train_set_size = len(iris) - test_set_size

train_set, test_set = random_split(iris,
                                   [train_set_size,
                                    test_set_size])

BATSIZE = 50
train_loader = DataLoader(dataset=train_set,
```

```
                                    batch_size=BATSIZE,
                                    shuffle=True)
test_loader = DataLoader(dataset=test_set,
                                    batch_size=test_set_size,
                                    shuffle=False)

class Net(torch.nn.Module):
    def __init__(self):
        super(Net, self).__init__()
        self.fc1 = torch.nn.Linear(4, 64)
        self.fc2 = torch.nn.Linear(64, 32)
        self.fc3 = torch.nn.Linear(32, 16)
        self.fc4 = torch.nn.Linear(16, 3)
        self.relu = torch.nn.ReLU()

    def forward(self, x):
        x = self.relu(self.fc1(x))
        x = self.relu(self.fc2(x))
        x = self.relu(self.fc3(x))
        z = self.fc4(x)

        return z

net = Net()
cel = torch.nn.CrossEntropyLoss()
optimizer = torch.optim.SGD(net.parameters(), lr=0.005)

loss_lst = []
acc_lst = []
EPOCH = 3000
for epoch in range(EPOCH):
    l_sum = 0
    net.train()
    for data in train_loader:
        x, y = data
        z = net(x)
        loss = cel(z, y)
        optimizer.zero_grad()
```

```python
            loss.backward()
            optimizer.step()
            l_sum += loss.item()
        loss_lst.append(l_sum/len(train_loader))

        net.eval()
        correct = 0
        for x, y in test_loader:
            y_hat = net(x)
            y_hat = torch.argmax(y_hat,dim=1)
            correct += torch.sum(y==y_hat)

        accuracy = correct / test_set_size
        acc_lst.append(accuracy)

        if epoch % 100 == 0:
            print(f'epoch={epoch}, loss={l_sum:0.5f},\
accuracy={accuracy*100:0.2f}%')

plt.plot(range(EPOCH), loss_lst)
plt.plot(range(EPOCH), acc_lst)
plt.grid(True)
plt.xlabel('epochs')
plt.ylabel('loss and accuracy')
plt.legend(('loss', 'accuracy'))
plt.show()
```

실행 결과

```
...중략...
epoch=2500, loss=0.14021, accuracy=93.10%
epoch=2600, loss=0.14842, accuracy=93.10%
epoch=2700, loss=0.17738, accuracy=89.66%
epoch=2800, loss=0.16169, accuracy=93.10%
epoch=2900, loss=0.24451, accuracy=93.10%
```

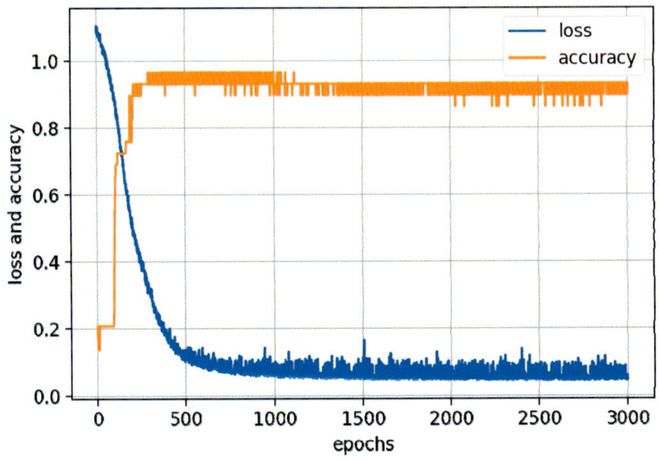

분석

iris.csv 의 전체 데이터세트 크기는 149입니다. 다음의 코드를 통해 전체 학습 데이터세트의 20%인 29개의 데이터 쌍을 시험 데이터세트로 뽑고 나머지 120개의 데이터 쌍을 학습 데이터세트로 구성합니다.

```
test_set_size = int(len(iris)*0.2)
train_set_size = len(iris) - test_set_size

train_set, test_set = random_split(iris,
                                   [train_set_size,
                                   test_set_size])
```

매번 실행 시마다 `random_split()` 함수는 시험과 학습 데이터세트를 임의로 뽑기 때문에 실행 결과는 항상 달라집니다. 그렇기 때문에 이 책에 나와 있는 실행 결과와 여러분이 실행한 결과는 다를 것입니다. 컴퓨터에서 random 함수는 seed 값을 기반으로 특정한 알고리즘에 의해 값을 뽑는 pseudo random 알고리즘입니다. seed 값에 따라 random 함수로부터 매번 임의의 값이 뽑히게 됩니다. 인공신경망의 가중치의 초깃값 역시 seed 값에 따라 임의로 뽑힙니다. 따라서 seed 값을 사용자가 지정하지 않으면 언제나 실행 결과가 조금씩 달라집니다. 이를 위해 PyTorch에서는 다음과 같이 seed 값을 고정하는 방법을 제공합니다. 이번 실습에서 책에 나와 있는 결과와 같은 결과를 얻기 위해서는 seed 값을 777로 설정하시기 바랍니다.

```
torch.manual_seed(seed 값)
```

다음으로 학습 데이터세트와 시험 데이터세트를 불러오는 DataLoader를 선언합니다.

```
BATSIZE = 50
train_loader = DataLoader(dataset=train_set,
                          batch_size=BATSIZE,
                          shuffle=True)
test_loader = DataLoader(dataset=test_set,
                         batch_size=test_set_size,
                         shuffle=False)
```

train_loader는 train_set에서 데이터를 뽑아오며, 배치 크기는 BATSIZE 변수에 정의된 값으로 설정됩니다. 여기서는 배치 크기를 50으로 했으므로, 총 세 번의 미니 배치를 학습하면 1 epoch이 됩니다. shuffle=True이므로 학습 데이터를 뽑아올 때 학습 데이터세트에서 임의로 BATSIZE 만큼 뽑아와 미니 배치를 만듭니다. 반면에 시험 데이터세트는 인공신경망의 성능을 측정하는 용도로만 사용되므로 임의로 순서를 섞을 필요가 없어 shuffle=False로 설정했습니다. 그리고 test_loader의 배치 크기는 시험 데이터세트의 크기인 test_set_size로 설정했습니다.

인공신경망의 학습 과정은 학습 데이터세트를 이용해 학습이 진행되는 과정과 시험 데이터세트에 대해 현재까지 학습이 완료된 인공신경망의 성능을 측정하는 부분으로 나뉩니다. 다음의 코드는 인공신경망의 학습을 다룹니다.

```
        l_sum = 0
        net.train()
        for data in train_loader:
            x, y = data
            z = net(x)
            loss = cel(z, y)
            optimizer.zero_grad()
            loss.backward()
            optimizer.step()
            l_sum += loss.item()
```

```
062         loss_lst.append(l_sum/len(train_loader))
```

학습 부분은 실습 5.2.1과 크게 다르지 않습니다. 다만, 53번 줄의 **net.train()**이 새로 추가되었습니다. **train()** 함수는 인공신경망을 학습 모드로 변환하는 함수입니다. 기본적으로 인공신경망은 학습 모드로 설정되어 있습니다. 기존에는 매 epoch 마다 인공신경망을 학습하기만 했기 때문에 53번 줄의 코드가 필요하지 않았습니다. 그러나 이제는 매 epoch에서 학습을 수행하고, 학습된 인공신경망의 성능도 평가해야 합니다. 따라서, 학습 모드와 평가 모드를 번갈아 가며 전환하기 위해 53번 줄이 필요합니다.

다음으로 시험 데이터세트에 대한 정확도를 측정하는 부분을 살펴보겠습니다.

```
064         net.eval()
065         correct = 0
066         for x, y in test_loader:
067             y_hat = net(x)
068             y_hat = torch.argmax(y_hat,dim=1)
069             correct += torch.sum(y==y_hat)
070
071         accuracy = correct / test_set_size
072         acc_lst.append(accuracy)
```

먼저 인공신경망을 평가 모드로 전환하기 위해 64번 줄에서처럼 **eval()** 함수를 사용합니다. 66번 줄에서는 시험 데이터세트를 불러오기 위해 **test_loader**로부터 데이터를 가져옵니다. 가져온 데이터에 대해서 예측값을 계산해서 올바르게 예측한 횟수를 **correct** 변수에 저장합니다.

이제 실행 결과를 보겠습니다. epoch 이 진행됨에 따라 학습 오차는 꾸준히 감소하고 있습니다. 물론 미니 배치 학습을 했기 때문에 약간 들쑥날쑥하기는 하지만 전체적인 경향은 항상 감소하고 있습니다. 그에 반해 정확도는 초기 epoch에서는 증가하지만, 1000 epoch 부근에서 감소했습니다. 이번 실습에서 사용한 iris 데이터세트는 잘 구축된 데이터세트이기 때문에 과적합 문제가 잘 발생하지는 않습니다. 그러나 앞으로 더 크고 복잡한 문제를 다룰 때는 과적합이 곧잘 발생하므로, 시험 데이터세트의 정확도를 잘 확인해가며 학습을 진행해야 합니다.

옵티마이저

인공신경망에서 학습이란 '주어진 학습 데이터세트에 대해 학습 오차가 최소화가 되는 인공신경망의 가중치를 찾는 것이다'라고 얘기할 수 있습니다. 즉, 학습 오차는 가중치에 대한 함수인데, 이 학습 오차 함수가 최소화되는 가중치를 찾는 문제입니다. 어떤 함수값이 최소나 최대가 되는 점을 찾는 문제를 최적화 문제(optimization problem)라고 얘기합니다. 지금까지는 최적화 문제를 풀기 위해 경사하강법을 사용했습니다. 경사하강법이 함수의 최적화 문제를 풀어주기 때문에 옵티마이저(optimizer)라고 합니다. 사실 인공신경망의 학습에는 경사하강법 외에도 다양한 옵티마이저를 사용할 수 있습니다. 지금부터는 이에 대해 알아보겠습니다.

지금까지 사용한 옵티마이저는 확률적 경사하강법 (stochastic gradient descent)입니다. 전체 학습 데이터세트에서 데이터를 임의로(확률적) 뽑아서 그에 대해 경사를 계산해 가중치를 업데이트하는 방법입니다. 그림 5.2.8[19]은 학습 오차 함수의 등고선

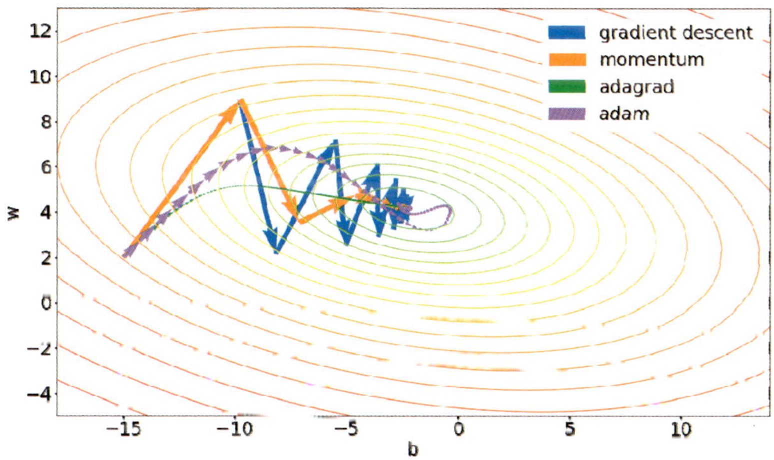

그림 5.2.8 옵티마이저에 따른 최적화 과정

19) https://github.com/ilguyi/optimizers.numpy

을 나타냅니다. 확률적 경사하강법은 해당 위치에서의 경사를 따라 가중치가 업데이트되는데, 그림에서 알 수 있듯이 학습 오차가 매 단계마다 들쑥날쑥하게 변한다는 단점이 있습니다.

이렇게 들쑥날쑥하게 방향이 바뀌는 문제를 해결하기 위해 물리학에서 관성의 개념을 도입하게 됩니다. 모멘텀(momentum) 방법은 확률적 경사하강법에 관성을 도입하여 학습 오차가 들쑥날쑥하게 변하는 것을 방지합니다. 즉, 지난번 계산되었던 경사의 방향을 참고해서 가능하면 지난번의 방향으로 업데이트되도록 방향을 잡습니다.

PyTorch에서는 `torch.optim.SGD`를 그대로 이용하되, `momentum` 값을 추가적으로 대입해 줍니다.

```
optimizer = torch.optim.SGD(net.parameters(), lr=학습률,
momentum=모멘텀)
```

`momentum`은 0~1 사이의 값을 대입합니다. 값이 클수록 관성의 작용이 커집니다. 그림 5.2.8을 보면 기존 확률적 경사하강법에 비해 들쑥날쑥하게 변하는 것이 적어진 것을 확인할 수 있습니다.

한편, 인공신경망은 다수의 가중치로 이루어져 있습니다. 그런데, 모든 가중치가 같은 비율로 업데이트되지 않습니다. 학습이 진행됨에 따라 더 많이 변하는 가중치가 있고, 반대로 거의 변하지 않는 가중치도 있습니다. 업데이트가 많이 된 가중치는 최적값에 거의 도달했다고 생각할 수 있는데, 업데이트가 많이 안 된 가중치는 반대로 최적값에 도달하려면 많이 남았다고 생각할 수 있습니다. 따라서 학습을 진행하면서 가중치가 변한 정도에 따라 각 가중치의 학습률을 조절하는 기법을 adagrad라고 합니다. 모멘텀 방법이 학습이 진행되는 방향을 고르게 해주는 역할을 한다면, adagrad는 학습이 진행되는 보폭을 가중치에 따라 알맞게 조절한다고 생각할 수 있습니다. PyTorch에서는 다음과 같이 사용합니다.

```
optimizer = torch.optim.Adagrad(net.parameters(), lr=학습률)
```

Adagrad 방법에서 가중치별로 학습률을 조절하는 것은 좋은 접근법이었지만, 학습이 진행되다 보면 학습률이 거의 0에 수렴하게 되어 가중치 학습이 더 이상 진행되지 않는 문제가 있습니다. 이런 현상을 방지하기 위해 지수 이동 평균 방법을 적용하는 방법이 연구되었습니다. RMSprop 방법이라고 하며, PyTorch에서는 다음과 같이 사용합니다.

```
optimizer = torch.optim.RMSprop(net.parameters(), lr=학습률)
```

모멘텀 방법이나 adagrad 혹은 RMSprop은 각각 학습이 진행되는 방향이나 보폭 둘 중 하나만을 개선한 방법입니다. 이 둘을 동시에 개선하면 어떨까요? 이런 생각에서 연구된 방법이 adam(adaptive moment estimation)입니다. PyTorch에서는 다음과 같이 사용합니다.

```
optimizer = torch.optim.Adam(net.parameters(), lr=학습률)
```

지금까지 여러 옵티마이저 방법을 알아봤고, 정리한 내용과 그림 5.2.8의 학습 오차 감소 궤적을 보면 각 방법의 특징을 알 수 있습니다. 그러면 어떤 방법이 가장 좋을까요? 정답은 없습니다. 각 인공신경망의 응용 분야나 데이터세트의 관계 등에 따라 더 좋은 성능을 내는 옵티마이저가 항상 다릅니다. 그러므로 여러 가지 방법을 교차적으로 사용해보며 최적의 옵티마이저를 찾아봐야 합니다.

그림 5.2.9는 iris.csv 학습 데이터세트에 대해 epoch에 따른 학습 오차의 변화를 각 옵티마이저에 따라 정리한 그래프입니다. Adam 방법이 가장 빨리 학습 오차가 줄어들었지만, 중간중간 튀는 부분이 있었으며, SGD 방법이 가장 느리게 수렴하고 있습

니다. 반드시 이런 경향이 나오는 것은 아니므로 여러 가지 방법을 적용해 보는 것이 좋습니다.

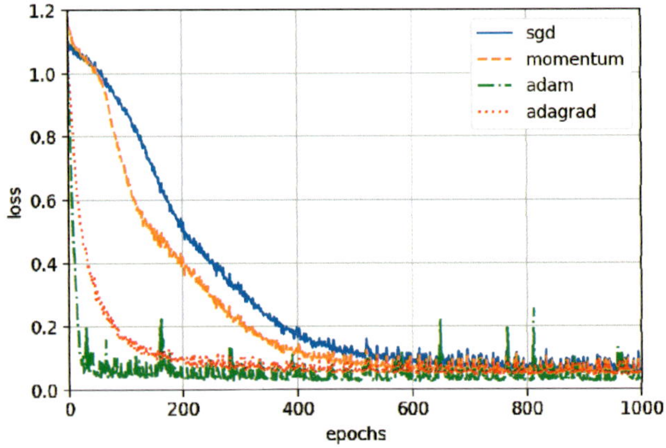

그림 5.2.9 옵티마이저에 따른 학습 오차의 변화

5.3 이미지 인식

인공신경망과 이미지 인식

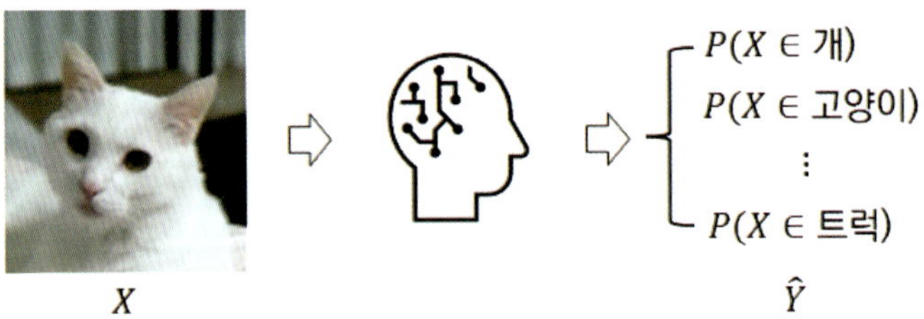

그림 5.3.1 인공신경망의 이미지 인식

소프트맥스 분류기는 다중 클래스 분류의 한 종류입니다. 지난 절에서는 붓꽃의 네 가지 종류의 실수 측정값으로부터 붓꽃의 종류를 세 종류 중 하나로 분류하는 실습을 진행했습니다. 소프트맥스 분류기의 예측값은 입력된 특징값을 가지는 붓꽃이 각 종에 속할 확률입니다. 이것이 가능했던 이유는 붓꽃을 연구한 전문가가 꽃잎과 꽃받침의 길이와 너비만으로 붓꽃의 종류를 구분할 수 있다는 것을 알았기 때문입니다. 만약 전문가가 잘못된 선택을 하여, 붓꽃의 꽃잎의 색과 줄기의 색만으로 붓꽃의 종류를 구분하고자 한다면, 아무리 좋은 인공신경망 학습 알고리즘을 사용하더라도 붓꽃의 종을 구분할 수 없습니다. 왜냐면 모든 붓꽃의 종은 같은 색의 꽃잎과 줄기를 가지기 때문입니다. 이렇듯, 전문가의 분석 능력이 인공신경망의 성능에 지대한 영향을 미칩니다.

반면에, 인공신경망이 붓꽃의 이미지를 직접 입력으로 받아 이미지로부터 붓꽃의 종을 구분한다면, 전문가의 분석이 필요 없습니다. 이 경우 입력은 붓꽃 이미지의 픽셀 값이 될 것이고 예측값은 기존과 마찬가지로 해당 붓꽃이 각 종에 속할 확률이 됩니다.

같은 맥락으로 그림 5.3.1처럼 어떤 이미지가 입력되면 입력된 이미지가 사전에 정의한 클래스에 속할 확률을 각각 계산할 수 있습니다. 그러면 입력된 이미지는 그중에서 가장 높은 확률을 갖는 클래스의 이미지라고 판단할 수 있습니다. 따라서 그림 5.3.1에서는 예측값 중 $P(x \in \text{고양이})$이 가장 큰 값을 가지도록 인공신경망이 학습되어야 합니다.

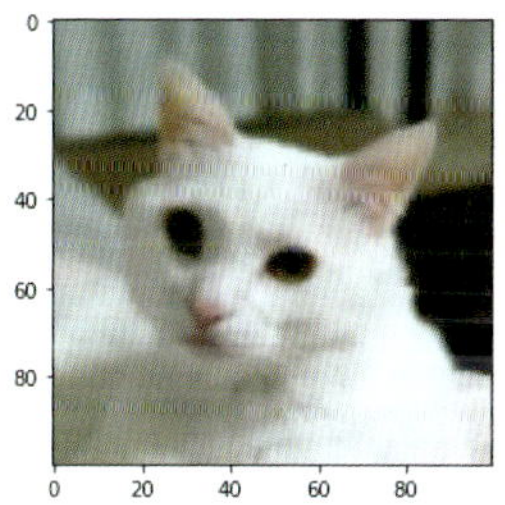


```
[[[136 150 147]
  [136 150 147]
  [142 156 153]
  ...
  [209 205 204]
  [209 204 203]
  [209 204 203]]]
```

그림 5.3.2 컴퓨터의 이미지 표현

그렇다면 이미지를 어떻게 인공신경망에 입력할 수 있을까요? 지금까지 살펴본 바에 의하면 인공신경망의 입력은 실수의 벡터이었습니다. 붓꽃 분류의 예를 보면 네 개의 실수로 이루어진 벡터가 입력값이었습니다. 컴퓨터는 이미지를 픽셀 단위로 표현합니다. 만약 100×100 크기의 이미지가 있다면, 컴퓨터는 이를 100×100×3의 3차원 정수 배열로 표현합니다. 그림 5.3.2에서 왼쪽 이미지는 100×100 크기의 컬러 이미지이고 오른쪽의 값은 이 이미지가 컴퓨터에 저장된 방식을 나타냅니다. 각 픽셀의 값은 0~255 사이의 정수로 표현되며, 값이 클수록 밝은색을 의미합니다. 컬러 이미지는 빛의 삼원색의 조합으로 색을 표현하므로, 100×100크기의 컬러 이미지는 각각 빨간색, 초록색, 파란색만을 표현하는 100×100 크기의 이미지 세 장이 겹쳐진 것입니다.

이미지는 100×100×3 크기의 3차원 배열인데, 인공신경망의 입력은 1차원의 벡터이어야 합니다. 따라서 3차원인 이미지를 인공신경망에 직접 입력할 수 없고, 이를 1차원 벡터로 바꿔야 하는데 이를 평탄화(flatten)이라고 합니다. **평탄화**는 단순히 100×100×3의 3차원 tensor를 일렬로 늘어뜨려 1×30000의 1차원 벡터로 표현한 것으로 그림 5.3.3과 같습니다.

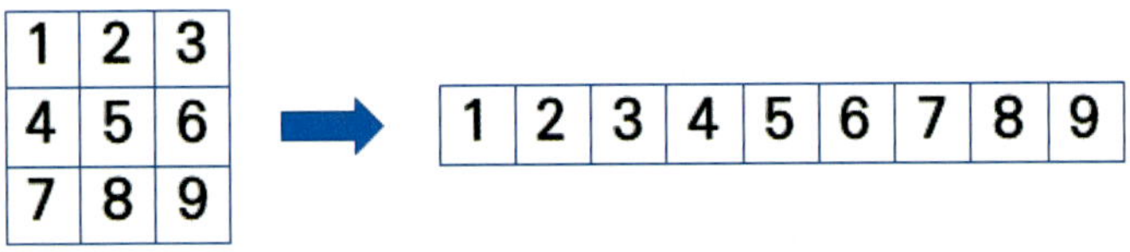

그림 5.3.3 평탄화의 예

그러므로 인공신경망의 입력은 이제 각 원소가 0~255 사이의 정수인 1×30000 크기의 1차원 벡터이고, 출력은 사전에 정의된 클래스에 속할 확률이 됩니다. 붓꽃 분류 예에서 입력이 네 개였던 것에 비해 매우 많아졌지만, 기본적으로 구조는 같습니다.

MNIST 데이터베이스

MNIST(modified national institute of standards and technology) 데이터베이스는 미국의 국립표준기술연구소에서 미국 인구조사국 직원과 중등학교 학생들로의 손 글씨 이미지를 취득하여 데이터베이스화 한 이미지 데이터세트입니다. 각 이미지는 28×28 픽셀의 8bit(0~255) 흑백(gray scale) 이미지로, 0~9 사이의 수가 하나 적혀있습니다. 그리고 이미지별로 정답 라벨이 적혀있어 이를 통해 인공신경망을 학습시킬 수 있습니다. 데이터세트는 총 60,000개의 학습 이미지와 10,000개의 시험 이미지로 구성되어 있습니다. 그림 5.3.4는 MNIST 데이터세트에서 임의로 뽑은 몇 가지 이미지의 예입니다.

그림 5.3.4 MNIST 데이터세트

각 이미지 파일은 28×28 크기의 2차원 tensor로 저장되어 있으며, tensor의 각 원소는 0~255 사이의 정수입니다. 그림 5.3.5에 MNIST 데이터세트에서 임의로 뽑은 한 장의 이미지와 해당 이미지가 컴퓨터에 저장된 tensor를 도식했습니다. 우리의 인공신경망은 1차원 벡터만을 입력받을 수 있으므로 28×28 크기의 이미지를 28×28 = 784 크기의 1차원 벡터로 평탄화해야 합니다. 이미지가 저장된 변수의 이름이 x라면 다음의 PyTorch 코드로 평탄화가 가능합니다.

```
x = x.view(784)
```

그림 5.3.5 MNIST 이미지의 예

정리하면, 우리는 손 글씨 이미지의 총 784개의 픽셀을 이용해 이 이미지가 0~9중 어느 숫자일 확률이 가장 높은지 예측하는 인공신경망을 설계할 것입니다. 그리고 각 입력값은 0~255 사이의 정수입니다. 따라서 붓꽃의 종 분류를 위한 인공신경망이 네 개의 실수 입력값으로부터 붓꽃을 분류했듯이 784개의 정수 입력값으로부터 숫자 이미지를 분류하는 것으로 생각할 수 있습니다.

그러면 이제 PyTorch를 이용해 MNIST 데이터세트를 불러오는 과정을 알아보겠습니다. 기존에 했었던 것처럼 MNIST 데이터세트 파일을 인터넷에서 내려받아 Colab에 업로드하여 Dataset class와 DataLoader class를 생성해도 됩니다. 그런데 PyTorch에는 MNIST 데이터세트를 포함하여 널리 알려진 몇 가지 데이터세트를 쉽게 불러올 수 있는 함수를 내장하고 있으므로 이를 이용하는 것이 좋습니다.

```
001  import torchvision.datasets as datasets
002  import torchvision.transforms as transforms
003  
004  mnist_train = datasets.MNIST(root='MNIST_data/',
005                               train=True,
006                               transform=transforms.ToTensor(),
007                               download=True)
008  mnist_test = datasets.MNIST(root='MNIST_data/',
009                              train=False,
010                              transform=transforms.ToTensor(),
011                              download=True)
012  
013  print(len(mnist_train), len(mnist_test))
```

실행 결과	60000 10000

torchvision.datasets에 MNIST 데이터세트를 불러오는 코드가 내장되어 있습니다. 4~7번 줄을 통해 MNIST 데이터세트를 불러오는데, PyTorch에는 데이터세트 자체가 내장되어 있지 않고, 인터넷에서 데이터세트를 내려받아 Dataset class로 변환하는 기능이 구현되어 있습니다. 입력 인수 root는 데이터세트를 저장할 로컬 컴퓨터의 위치를 지정합니다. train은 학습 데이터세트를 불러올 것인지 시험 데이터세트를 불러올 것인지 지정합니다. True로 지정하면 학습 데이터세트를 받아오고 False로 지정하면 시험 데이터세트를 받아옵니다. transform을 통해 데이터세트에 여러 가지 변환을 수행하도록 지정할 수 있는데, 예를 들면 각 이미지의 크기를 변환하던가 회전이나 반전 등 다양한 변환이 가능합니다. 내려받은 MNIST 데이터세트는 Tensor 형이 아니므로 학습 데이터세트를 Tensor 형으로 변환하기 위해 torchvision.transforms.ToTensor()을 지정했습니다. 그리고 데이터세트를 인터넷에서 내려받아야 하므로 download를 True로 설정했습니다. 이어서 8~11번 줄에서는 MNIST의 시험 데이터세트를 받아오기 위해 train=False로 지정했습니다.

처음 실행 시에는 데이터세트를 내려받기 때문에 약간 시간이 걸립니다. 처음 내려받은 이후에는 로컬에 저장된 데이터세트를 불러오기 때문에 바로 실행됩니다. 그 다음으로 내려받은 데이터세트가 잘 불러왔는지 확인하기 위해 13번 줄에서 각 데이터세트의 크기를 출력했고, 예상한 대로 각각 60,000개와 10,000개의 데이터 쌍으로 구성되었음을 확인할 수 있습니다.

이어서 데이터세트를 화면에 출력해 보기 위해 코드 블록을 하나 더 추가해 다음 코드를 입력해 봅시다.

```
import matplotlib.pyplot as plt

plt.imshow(mnist_train[10000][0].view(28,28), cmap='Greys')
plt.show()
print(mnist_train[10000][1])
```

실행 결과

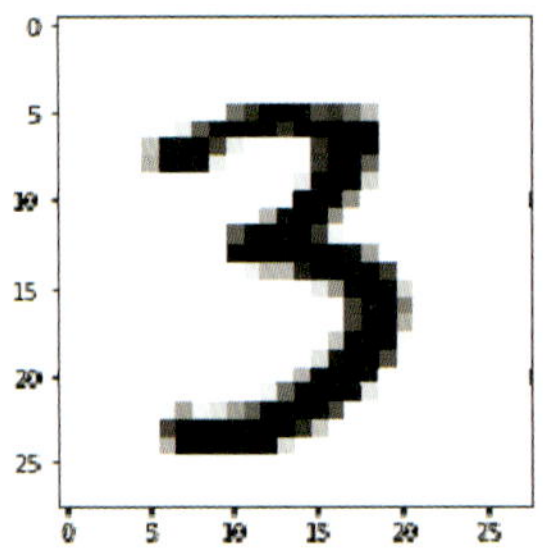

```
3
```

코드에서 `mnist_train`는 60,000개의 x와 y의 데이터 쌍으로 이루어졌습니다. `mnist_train[10000]`에서 인덱스 10000이 의미하는 것은 학습 데이터세트에서 10,000번째 데이터를 불러오겠다는 것입니다. 그중에서 x를 불러오고 싶으면 `mnist_train[10000][0]`으로 두 번째 인덱스를 0으로 지정하면 됩니다. `mnist_train[10000][0].shape`로 10000번째 x값의 크기를 출력하면 (1, 28, 28)로 3차원 tensor로 출력되는 것을 확인할 수 있습니다. 그런데 한 장의 이미지는 28×28의 2차원 행렬이어야 하므로 `mnist_train[10000][0].view(28,28)`로 차원을 축소하면 이 이미지를 `matplotlib`를 이용해 화면에 출력할 수 있습니다. 다음으로 정답 라벨 y는 `mnist_train[10000][1]`으로 두 번째 인덱스를 1로 선택하면 됩니다. x가 `Tensor` 형이었던 것과는 대조적으로 정답 라벨 y는 0~9중의 하나의 값을 가지는 정수형(`int`)입니다. 출력 결과를 보면 10,000번째 이미지를 화면에 그려보았더니 숫자 3으로 보이며, 정답 라벨을 출력해 보니 3으로 정답이 잘 적혀있는 것을 알 수 있습니다. 이제 우리는 이 데이터를 이용해서 인공신경망이 숫자 이미지를 인식할 수 있도록 학습하면 됩니다.

손 글씨 분류

그림 5.3.6에 손 글씨 분류를 위한 인공신경망의 구조를 도식했습니다. 물론 은닉층의 수, 각 은닉층의 입・출력 수, 활성화 함수의 종류 등은 설계 파라미터로 설계자에 의해 얼마든 자유롭게 선택할 수 있습니다. 독자분들도 실습을 진행한 후에 인공신경망의 구조를 자유롭게 수정해서 더 나은 성능을 낼 수 있는지 확인해 보세요. 이 책에서는 총 다섯 개의 은닉층으로 구성되었습니다.

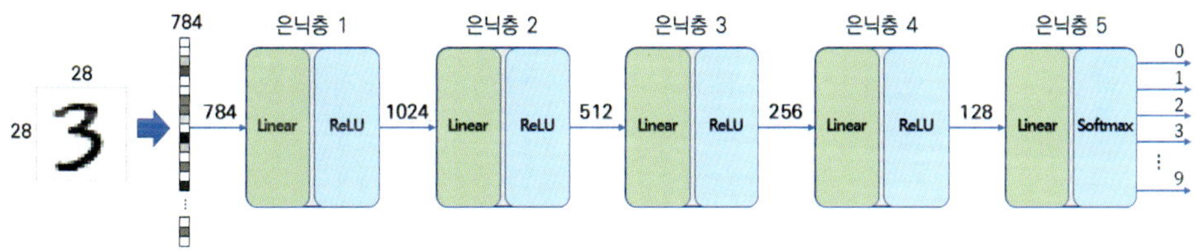

그림 5.3.6 손 글씨 분류를 위한 인공신경망의 구조

먼저 28×28 크기의 이미지를 784 크기의 차원이 1인 tensor로 평탄화합니다. 우리는 미니 배치 학습을 하므로 실제로는 $N \times 28 \times 28$ 크기의 3차원 tensor가 입력됩니다. 여기서 N은 미니 배치의 크기입니다. 이를 $N \times 784$의 2차원 tensor로 평탄화해야 합니다. 코드로 구현 시에는 784의 크기가 고정되어 있기 때문에 미니 배치의 크기를 모르더라도 다음의 명령어로 $N \times 784$의 크기로 평탄화가 가능합니다.

즉, $N\times 28\times 28$의 입력 데이터 x를 두 번째 차원의 크기는 784로 고정하고 첫 번째 차원의 크기는 -1이므로 PyTorch에게 자동으로 배정하라는 의미인데, $N\times 28\times 28$과 $N_2\times 784$가 같아지도록 N_2를 결정합니다.

```
x = x.view(-1,784)
```

따라서 첫 번째 은닉층의 입력은 784 크기의 tensor이고, 출력의 크기는 임의로 1024로 정의했습니다. 첫 번째 은닉층의 출력이 1024이므로 두 번째 은닉층의 크기는 반드시 1024여야만 하고, 출력의 크기는 임의로 반으로 줄인 512로 선택했습니다. 이렇게 네 번째 은닉층까지 출력의 크기가 반으로 줄어들도록 임의로 설정하여, 다섯 번째 은닉층의 입력의 크기는 128이 되었습니다. 마지막 층의 출력은 소프트맥스 활성화 함수를 거쳐 입력된 이미지가 0~9일 확률을 각각 계산하여 출력합니다. 따라서 마지막 층의 출력은 10개가 됩니다. 물론 PyTorch에 내장된 `torch.nn.CrossEntropyLoss()` 함수 내부에서 소프트맥스 연산과 원-핫 엔코딩 연산이 수행되므로 실제 구현 시에는 마지막 층의 활성화 함수는 따로 지정하지 않아도 됩니다.

이상의 내용을 정리하면 다음과 같이 인공신경망 class를 구현할 수 있습니다. 전체적으로 계속 작성했던 구조와 같으므로 여기서는 분석하지 않겠습니다만, 12번 줄에서 평탄화하는 코드는 유의하셔야 합니다.

```
001  class Net(torch.nn.Module):
002      def __init__(self):
003          super(Net, self).__init__()
004          self.fc1 = torch.nn.Linear(784, 1024)
005          self.fc2 = torch.nn.Linear(1024, 512)
006          self.fc3 = torch.nn.Linear(512, 256)
007          self.fc4 = torch.nn.Linear(256, 128)
008          self.fc5 = torch.nn.Linear(128, 10)
009          self.relu = torch.nn.ReLU()
010
```

```python
    def forward(self, x):
        x = x.view(-1, 784)
        x = self.relu(self.fc1(x))
        x = self.relu(self.fc2(x))
        x = self.relu(self.fc3(x))
        x = self.relu(self.fc4(x))
        z = self.fc5(x)

        return z
```

다음으로 학습 오차 함수와 옵티마이저를 다음과 같이 선택했습니다.

```python
cel = torch.nn.CrossEntropyLoss()
optimizer = torch.optim.Adam(net.parameters(), lr=0.01)
```

소프트맥스 분류이므로 학습 오차는 cross entropy loss를 선택했고, 옵티마이저는 지난번에 알아본 Adam을 사용합니다. 물론 SGD 등을 사용해도 학습하는 데에는 문제가 없지만, 학습 성능에 많은 차이가 있으니 여러 가지 방법을 비교해 보시기 바랍니다.

학습 데이터세트와 시험 데이터세트는 이전 절에서 mnist_train과 mnist_test로 불러왔습니다. 이제는 학습 데이터세트와 시험 데이터세트에서 미니 배치를 추출해 불러오는 DataLoader를 다음과 같이 생성합니다.

```python
BATSIZE = 10000
train_loader = DataLoader(dataset=mnist_train,
                          batch_size=BATSIZE,
                          shuffle=True)

test_loader = DataLoader(dataset=mnist_test,
                         batch_size=len(mnist_test),
                         shuffle=False)
```

학습 데이터세트에서는 미니 배치의 크기는 임의로 10,000개로 설정했으나, 시험 데이터세트는 미니 배치를 사용하지 않고 전체 10,000개의 데이터를 한 번에 불러오도록 배치 크기를 **len(mnist_test)**로 전체 시험 데이터세트의 크기를 입력했습니다.

다음으로 학습 코드를 살펴보겠습니다. 학습 시에는 매 epoch 마다 학습 데이터세트를 이용한 학습과 시험 데이터세트를 이용한 정확도 평가를 수행합니다.

```
EPOCHS = 10
loss_lst = []
acc_lst = []

start_time = time.time()
for epoch in range(EPOCHS):
    epoch_time = time.time()
    print(f'====== Epoch: {epoch+1:2d} / {EPOCHS} ======')

    net.train()
    l_sum = 0
    for batch_idx, (x,y) in enumerate(train_loader):
        z = net(x)
        loss = cel(z, y)
        optimizer.zero_grad()
        loss.backward()
        optimizer.step()
        l_sum += loss.item()

        print(f'Batch: {batch_idx+1:2d}/{len(train_loader)} ',
              f'Loss: {loss.item():0.6f}')
    loss_lst.append(l_sum/len(train_loader))

    net.eval()
    correct = 0
    for batch_idx, (x,y) in enumerate(test_loader):
        z = net(x)
        yhat = torch.argmax(z, dim=1)
```

```
029         correct += torch.sum(y==yhat)
030
031     accuracy = correct / len(mnist_test)
032     acc_lst.append(accuracy)
033     print(f'Accuracy: {accuracy.item()*100:0.2f}%')
034     print("elapsed time:", time.time() - epoch_time)
035
036 print("elapsed time:", time.time() - start_time)
```

코드의 5번 줄에서 학습이 시작되는 시점의 시간을 저장합니다. **time** 모듈의 **time()** 함수는 1970년 1월 1일 0시 0분 0초 (UTC)로부터 현재까지 지난 시간을 초 단위로 반환합니다. 따라서 학습이 시작될 때 이 값을 저장한 후 학습이 완료된 시점에서 다시 **time.time()** 함수를 호출해서 두 시간 간격의 차이를 계산하면 학습에 소모된 시간을 초 단위로 측정할 수 있습니다. 7번 줄에서는 마찬가지로 이번 epoch이 시작된 시간을 저장합니다.

10번 줄에서 인공신경망을 학습 모드로 변환합니다. 12~22번 줄에서는 **train_loader**로부터 미니 배치의 배치 크기만큼 학습 데이터세트를 임의로 뽑아온 후 인공신경망에 입력하여 예측값을 얻어오고, 실제 정답과 비교하여 학습 오차를 cross entropy loss 함수를 이용해 계산합니다. 이렇게 구한 학습 오차의 경사를 구하여 인공신경망의 가중치를 Adam 방법으로 업데이트합니다. 20~21번 줄에서는 현재 몇 번째 미니 배치를 학습했는지와 현재 미니 배치에 대한 학습 오차를 출력합니다.

다음으로 24번 줄에서는 인공신경망을 평가 모드로 변환합니다. 26~32번 줄은 지난번에 알아본 코드와 동일합니다. 시험 데이터세트에서 데이터를 뽑아와 현재 학습된 인공신경망의 정확도를 계산합니다.

34번 줄에서는 1 epoch 학습에 걸린 시간을 출력하고, 36번 줄에서는 전체 학습이 완료되는데 소요된 시간을 출력합니다. 그러면 학습 실행 결과를 확인해 보겠습니다.

실행 결과

```
...중략...
====== Epoch: 10 / 10 ======
Batch:  1/6  Loss: 0.073094
Batch:  2/6  Loss: 0.078404
Batch:  3/6  Loss: 0.067561
Batch:  4/6  Loss: 0.082200
Batch:  5/6  Loss: 0.075617
Batch:  6/6  Loss: 0.064312
Accuracy: 97.13%
elapsed time: 11.45801854133606
elapsed time: 114.95671939849854
```

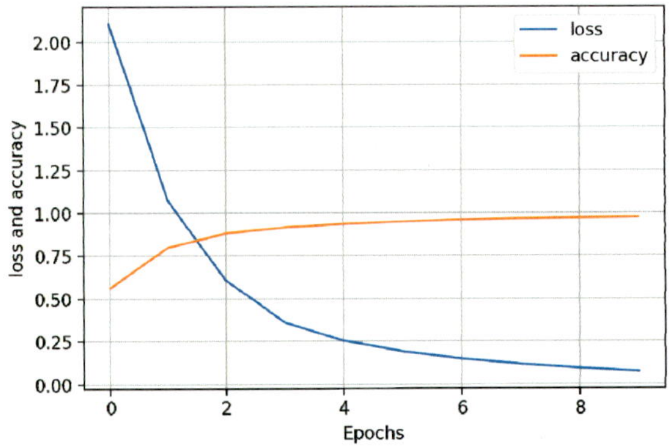

실행 결과를 보면 10번째 epoch의 학습에 11.46초가 소요되었고, 10 epoch을 학습하기 때문에 전체 학습에는 114.96초, 대략 1분 54초가 소요되었습니다. 이번 실습에서 작성한 코드는 CPU에서 실행되는데, Colab에서 제공하는 CPU는 2GHz로 동작하는 Intel의 Xeon 모델로 전체 코어 중 두 개의 코어만 사용 가능합니다. 한편, 2020년에 출시된 AMD의 Ryzen 9 5900X CPU를 사용한 결과 매 epoch 학습에 대략 4.4초 정도가 걸리고, 전체 학습에는 43.56초가 걸렸습니다. 인공신경망의 학습에 컴퓨터의 성능이 매우 중요하다는 것을 다시 한번 알 수 있었습니다.

한편, 정확도를 보면 10번째 epoch에서 97.13%를 달성했습니다. 즉, 전체 10,000

개의 시험 데이터세트 중 9,713개의 숫자 이미지를 정상적으로 인식한다는 것을 의미합니다. 시험 데이터세트는 학습 과정에서 한 번도 학습되지 않은 데이터이므로 이는 일반적으로 어떤 사람이 숫자를 써서 학습이 완료된 인공신경망에 입력하면 97.13% 확률로 정답을 맞힐 것으로 예상할 수 있다는 의미입니다.

다음으로 임의의 시험 데이터세트에 대한 예측 결과를 확인하는 코드를 작성해 보겠습니다. 코드 블록을 아래에 추가하고 다음 코드를 넣고 실행해 보세요.

```
import matplotlib.pyplot as plt

test_index = 77
x = mnist_test[test_index][0].view(28,28)
y = mnist_test[test_index][1]

net.eval()
z = net(x)
pred = torch.max(z, 1)[1].item()

print(f'Predicted: {pred}')
print(f'Label: {y}')

plt.imshow(x.view(28,28), cmap='Greys')
plt.show()
```

실행 결과

```
Predicted: 2
Label: 2
```

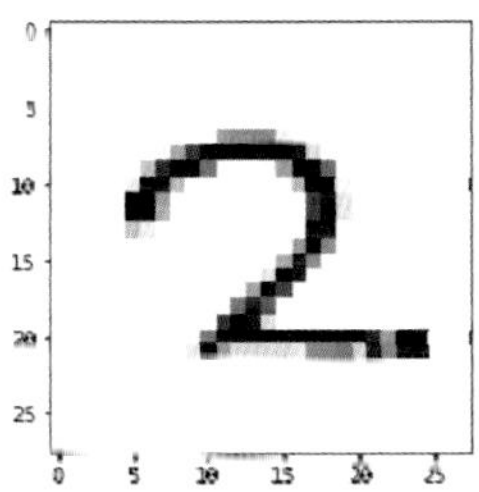

먼저 시험 데이터세트에서 77번째 이미지의 예측 결과를 확인하기 위해 test_index=77로 설정했습니다. 이 변수에 저장된 값을 0~9999 중 하나로 선택해서 다른 이미지도 확인할 수 있습니다.

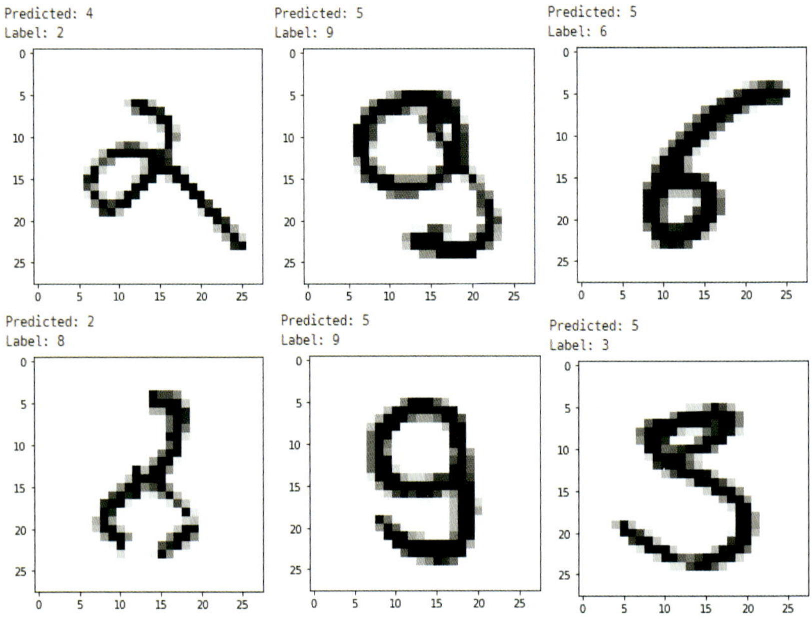

그림 5.3.7 분류에 실패한 이미지의 예

mnist_test[test_index][0]은 77번째 시험 데이터세트의 x값을 의미하는데 $1 \times 28 \times 28$ 크기의 3차원 tensor이므로 이를 28×28 크기의 2차원 tensor로 변환하여 6번 줄에서 변수 x에 대입합니다. 다음으로 정답 label을 7번 줄에서 변수 y에 대입합니다. x를 인공신경망에 입력하여 이에 대한 예측값을 8~9번 줄을 통해 획득합니다. 11번과 12번 줄에서 각각 예측된 값과 실제 정답을 출력합니다. 실행 결과를 보면 현재 이미지는 숫자 2의 이미지라고 예측했고, 정답 역시 2이므로 정답을 맞혔습니다. x를 이미지로 출력하니 실제로 눈으로 보기에도 숫자 2를 쓴 이미지가 맞습니다. test_index를 이것저것 바꿔가며 실행해봐도 97%의 정답률을 보이기에 대부분은 정답을 맞히는 것을 볼 수 있고, 실제로 눈으로 보기에도 알아보기 힘든 숫자도 얼추 잘 맞추는 것을 알 수 있습니다.

그림 5.3.7에 정답을 틀린 이미지들을 몇 가지 가지고 왔습니다. 그림을 보면 인공 신경망이 조금 더 학습이 잘 되면 충분히 맞출 수 있을 것 같이 생긴 것도 있지만, 우리가 보기에도 애매해서 판별이 어려운 이미지도 있는 것을 알 수 있습니다. 따라서 MNIST 데이터세트에 대해서는 정확도 100%를 달성하기가 쉽지 않습니다. 이번 절에서 공부한 내용은 이미 1장에서 맛보기로 실행했었던 코드입니다. 어떤가요? 처음 1장을 공부할 때는 너무 복잡해 보이고 어떤 의미인지 전혀 감이 안 잡혔지만, 이제는 능히 코드를 분석하고 실제로 작성할 수 있게 되지 않았나요? 자, 그럼 다음 실습을 통해 전체 코드를 확인하시기 바랍니다.

실습 5.3.1

lab5_3_1_mnist_classifier.ipynb

MNIST 데이터세트를 이용해 숫자 이미지를 분류하는 인공신경망 코드를 작성하세요.

정답코드

```
import torchvision.datasets as datasets
import torchvision.transforms as transforms
from torch.utils.data import DataLoader
import torch
import matplotlib.pyplot as plt
import time

mnist_train = datasets.MNIST(root='MNIST_data/',
                             train=True,
                             transform=transforms.ToTensor(),
                             download=True)
mnist_test = datasets.MNIST(root='MNIST_data/',
                            train=False,
                            transform=transforms.ToTensor(),
                            download=True)

```

```
BATSIZE = 10000
train_loader = DataLoader(dataset=mnist_train,
                          batch_size=BATSIZE,
                          shuffle=True)
test_loader = DataLoader(dataset=mnist_test,
                         batch_size=len(mnist_test),
                         shuffle=False)

class Net(torch.nn.Module):
    def __init__(self):
        super(Net, self).__init__()
        self.fc1 = torch.nn.Linear(784, 1024)
        self.fc2 = torch.nn.Linear(1024, 512)
        self.fc3 = torch.nn.Linear(512, 256)
        self.fc4 = torch.nn.Linear(256, 128)
        self.fc5 = torch.nn.Linear(128, 10)
        self.relu = torch.nn.ReLU()

    def forward(self, x):
        x = x.view(-1, 784)
        x = self.relu(self.fc1(x))
        x = self.relu(self.fc2(x))
        x = self.relu(self.fc3(x))
        x = self.relu(self.fc4(x))
        z = self.fc5(x)
        return z

net = Net()

cel = torch.nn.CrossEntropyLoss()
optimizer = torch.optim.Adam(net.parameters(), lr=0.01)

EPOCHS = 10
loss_lst = []
acc_lst =  []

start_time = time.time()
for epoch in range(EPOCHS):
```

```
    batch_time = time.time()
    print(f'====== Epoch: {epoch+1:2d} / {EPOCHS} ======')

    net.train()
    l_sum = 0
    for batch_idx, (x,y) in enumerate(train_loader):
        z = net(x)
        loss = cel(z, y)
        optimizer.zero_grad()
        loss.backward()
        optimizer.step()
        l_sum += loss.item()
        print(f'Batch: {batch_idx+1:2d}/{len(train_loader)} ',
              f'Loss: {loss.item():0.6f}')
    loss_lst.append(l_sum/len(train_loader))

    net.eval()
    correct = 0
    for batch_idx, (x,y) in enumerate(test_loader):
        z = net(x)
        yhat = torch.argmax(z, dim=1)
        correct += torch.sum(y==yhat)

    accuracy = correct / len(mnist_test)
    acc_lst.append(accuracy)
    print(f'Accuracy: {accuracy.item()*100:0.2f}%')
    print("elapsed time:", time.time() - batch_time)

print("elapsed time:", time.time() - start_time)
plt.plot(range(EPOCHS), loss_lst)
plt.plot(range(EPOCHS), acc_lst)
plt.xlabel('Epochs')
plt.ylabel('loss and accuracy')
plt.legend(['loss', 'accuracy'])
plt.grid(True)
plt.show()
```

실행 결과	...중략... ====== Epoch: 10 / 10 ====== Batch: 1/6 Loss: 0.073094 Batch: 2/6 Loss: 0.078404 Batch: 3/6 Loss: 0.067561 Batch: 4/6 Loss: 0.082200 Batch: 5/6 Loss: 0.075617 Batch: 6/6 Loss: 0.064312 Accuracy: 97.13% elapsed time: 11.45801854133606 elapsed time: 114.95671939849854 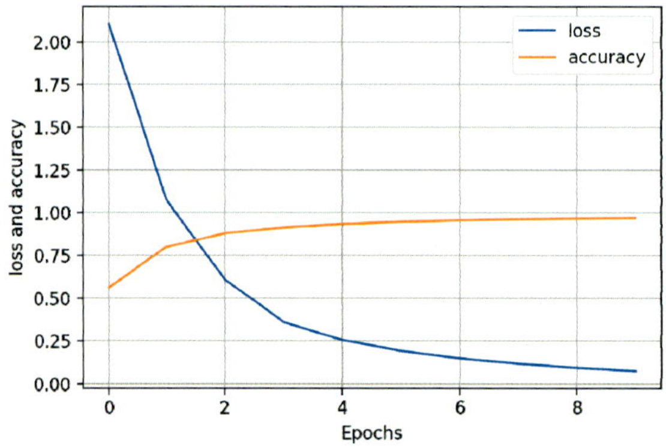

GPU를 이용한 가속

손 글씨 분류에서 미니 배치의 크기가 N이라고 하면, 입력의 크기는 $N \times 784$입니다. 그림 5.3.6에서 첫 번째 은닉층의 출력은 1024개이므로, 가중치 행렬을 W_1이라 하면, W_1는 784×1024 크기의 행렬이 됩니다. 첫 번째 은닉층의 출력은 다음의 행렬식을 통해 계산됩니다.

$$Z_1 = X \times W_1 + B_1 \tag{5.3.1}$$

만약 미니 배치의 크기가 10,000이라면, $X \times W_1$의 계산에는 10000×784의 행렬

과 784×1024의 행렬의 곱셈 계산이 수반되어 최종적으로 Z_1은 10000×1024 크기의 행렬이 됩니다. 거기에 더해 행렬의 각 원소는 실수이기 때문에 연산량이 매우 많습니다. 행렬의 곱셈은 병렬 연산이 가능한데, CPU는 일반적으로 코어의 수가 많지 않기 때문에 식 (5.3.1)과 같은 연산을 효율적으로 하기 어렵습니다.

3차원 게임 등에서 객체의 움직임 등에 따른 상의 변화는 식 (5.3.1)의 형태로 계산됩니다. 따라서 GPU는 이런 연산을 매우 빠르게 해야 하므로, 이에 특화되어 있습니다. 실제로 3D 게임에서 게임의 인터페이스와 같은 일반적인 연산은 CPU에서 실행되지만, 그래픽 효과는 모두 GPU에서 실행됩니다.

인공신경망의 학습에도 식 (5.3.1)과 같은 형태의 식의 계산이 포함되므로, GPU를 사용하면 CPU를 사용할 때보다 훨씬 빠르게 인공신경망을 학습시킬 수 있습니다. NVIDIA 사의 GPU는 CUDA(compute unified device architecture)라는 병렬 컴퓨팅 플랫폼을 제공하는데, 프로그래머는 이를 통해 그래픽 표현이 아닌 일반적인 병렬 연산에 GPU를 활용할 수 있습니다. PyTorch에서는 간단한 명령을 통해 CPU 대신 CUDA를 이용해 인공신경망의 학습 및 추론에 NVIDIA 사의 GPU를 사용할 수 있습니다. 한 가지 아쉬운 점은, 아직 Intel이나 AMD 사의 GPU는 공식적으로 지원하지 않기 때문에 GPU를 통한 가속을 위해서는 NVIDIA 사의 GPU를 사용해야 한다는 것입니다. 그러나 다행스럽게도, Colab에는 NVIDIA GPU가 탑재된 서버를 사용할 수 있습니다.

Colab에서 GPU를 사용하기 위해서는 그림 5.3.8과 같이 런타임 메뉴의 런타임 유형 변경을 선택해야 합니다. GPU는 고가의 장비이기 때문에 별도로 설정하지 않으면 Colab은 사용자에게 GPU가 탑재되지 않은 서버를 제공합니다. 따라서 Colab에서 NVIDIA GPU가 탑재된 서버를 사용할 수 있게 요청해야 합니다. 그림 5.3.9와 같이 기본 설정된 하드웨어 가속기 'None'을 'GPU'로 변환한 후 저장을 클릭합니다. 이 설정을 바꾸더라도 기존과 같이 완전히 무료로 사용할 수 있습니다. 다만, 너무 많이 사용하면 한동안 사용이 불가능하고 연속적으로는 12시간만 사용할 수 있습니다.

Colab의 무료 GPU 환경으로도 이 책의 내용을 학습하는 데에는 부족함이 없으나 이후에 더 크고 복잡한 모델의 학습에는 부족할 수 있습니다. 그럴 때는 어쩔 수 없이 GPU가 탑재된 컴퓨팅 환경을 구축하거나 Google cloud platform과 같은 유료 클라우드 환경을 이용해야 합니다.

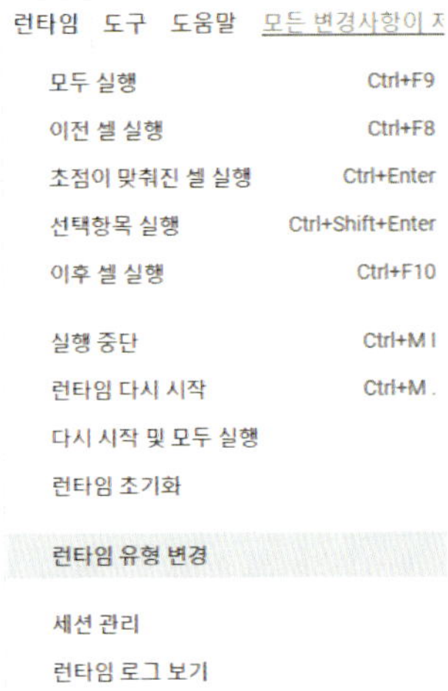

그림 5.3.8 런타임 유형 변경

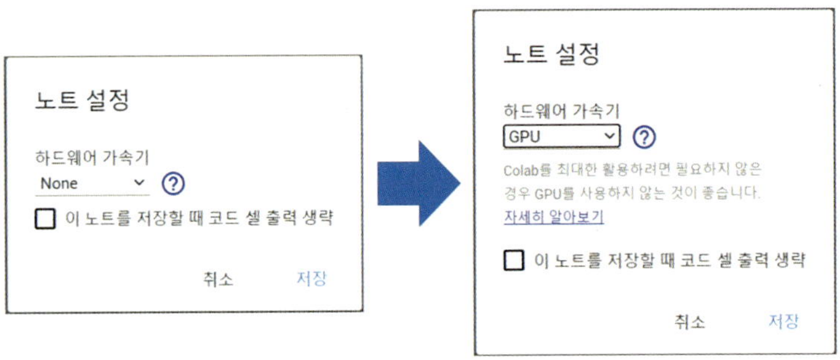

그림 5.3.9 GPU 사용 선택

이 책에서는 Colab의 GPU 환경을 사용한다고 가정하겠습니다. 하드웨어 가속기를 'GPU'로 선택하고 런타임에 연결하여 서버를 할당받은 후 다음 코드를 실행해 보세요.

001	!nvidia-smi

실행 결과

```
+-----------------------------------------------------------------------------+
| NVIDIA-SMI 470.42.01    Driver Version: 460.32.03    CUDA Version: 11.2     |
|-------------------------------+----------------------+----------------------+
| GPU  Name        Persistence-M| Bus-Id        Disp.A | Volatile Uncorr. ECC |
| Fan  Temp  Perf  Pwr:Usage/Cap|         Memory-Usage | GPU-Util  Compute M. |
|                               |                      |               MIG M. |
|===============================+======================+======================|
|   0  Tesla K80           Off  | 00000000:00:04.0 Off |                    0 |
| N/A   32C    P8    28W / 149W |      0MiB / 11441MiB |      0%      Default |
|                               |                      |                  N/A |
+-------------------------------+----------------------+----------------------+

+-----------------------------------------------------------------------------+
| Processes:                                                                  |
|  GPU   GI   CI        PID   Type   Process name                  GPU Memory |
|        ID   ID                                                   Usage      |
|=============================================================================|
|  No running processes found                                                 |
+-----------------------------------------------------------------------------+
```

Colab에서 코드의 제일 앞에 느낌표(!)를 붙이면 Python 코드가 아닌 리눅스 명령어를 실행한다는 의미입니다. 실제로 **nvidia-smi**라는 리눅스 명령어는 NVIDIA 그래픽 카드의 현재 사용량 등을 확인하는 명령어입니다. 실행 결과로 몇 가지를 확인할 수 있는데요, 우선 현재 GPU는 NVIDIA 사의 Tesla K80이라는 GPU로 전용 메모리가 12GB임을 알 수 있습니다.

이번에는 PyTorch에서 GPU 접근이 가능한지 확인해 보겠습니다. 다음의 함수를 실행한 결과 **True**가 반환되면 PyTorch에서 GPU 사용이 가능합니다. Colab에서는 모든 설정이 기본적으로 되어 있어 아무 문제 없이 사용할 수 있겠지만, 여러분이 직접 개발환경을 구축하여 사용한다면 GPU가 있어도 이 과정에서 **False**가 나올 수 있으므로 반드시 확인하시기 바랍니다.

001	import torch print(torch.cuda.is_available())

실행 결과	True

이 상태에서 실습 5.3.1의 코드를 실행해 보겠습니다. 학습 속도가 빨라졌나요? 당연히 빨라지지 않았습니다. PyTorch가 GPU를 사용할 수 있는 상태이지만 사용하지 않고 있기 때문입니다.

그림 5.3.10을 보면 CPU와 GPU는 각각 자신의 메모리 공간을 가지고 있습니다. CPU에서 학습이 진행될 때는 디스크에 저장된 학습 데이터세트를 읽어 컴퓨터의 RAM에 불러온 후 RAM에서 데이터를 가지고 와서 CPU에서 연산하고 결과를 다시 RAM에 저장합니다. GPU에서 연산하려면 마찬가지로 데이터가 그래픽카드 내부에 설치된 GPU를 위한 RAM에 저장되어야 합니다. 여기서 중요한 것은 CPU가 사용하는 RAM과 GPU가 사용하는 RAM은 서로 다른 것이라는 점입니다. CPU가 사용하는 RAM은 컴퓨터 조립 시 우리가 직접 구매해서 장착하는 것인데, GPU의 RAM은 그래픽 카드 구매 시 기판에 이미 설치되어 있는 메모리입니다.

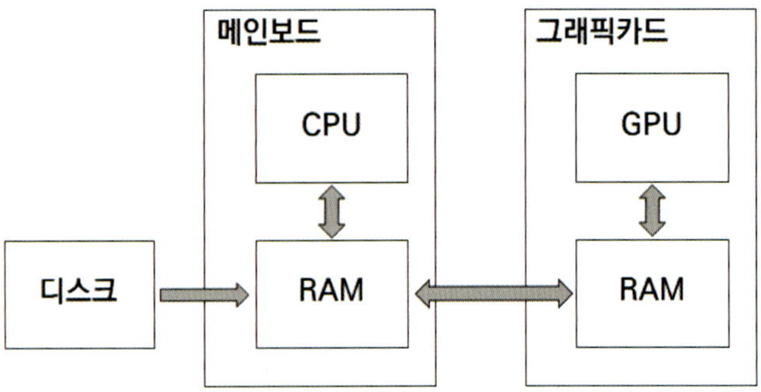

그림 5.3.10 컴퓨터 내부 연산 구조

따라서 GPU를 사용해 인공신경망을 학습하려면, 학습 데이터세트와 인공신경망의 가중치 등 GPU가 사용할 모든 데이터를 그래픽 카드의 RAM으로 이동시켜야 합니다. PyTorch에서는 `to()` 함수를 이용해서 CPU나 GPU 영역으로 원하는 데이터를 이동시킬 수 있습니다. 예를 들어 `to('cuda')`를 실행하면 해당 데이터를 GPU 영역으로 보내고, 반대로 `to('cpu')`를 실행하면 CPU 영역으로 다시 되돌릴 수 있습니다. 기본적으로 PyTorch에서 인공신경망을 선언하고 데이터를 디스크에서 불러오면 이들은 CPU 영역에 위치하므로, GPU 가속을 이용하려면 GPU 영역으로 보내야 합니다.

그러면 이제 실습 5.3.1을 수정해서 GPU에서 학습이 진행되는 코드를 작성해 보겠습니다.

실습 5.3.2

lab5_3_2_using_gpu.ipynb

실습 5.3.1을 수정해서 GPU에서 학습이 진행되는 코드를 작성하세요.

정답코드

```
import torchvision.datasets as datasets
import torchvision.transforms as transforms
from torch.utils.data import DataLoader
import torch
import matplotlib.pyplot as plt
import time

mnist_train = datasets.MNIST(root='MNIST_data/',
                             train=True,
                             transform=transforms.ToTensor(),
                             download=True)
mnist_test = datasets.MNIST(root='MNIST_data/',
                            train=False,
                            transform=transforms.ToTensor(),
                            download=True)

```

```
BATSIZE = 10000
train_loader = DataLoader(dataset=mnist_train,
                          batch_size=BATSIZE,
                          shuffle=True,
                          num_workers=0)
test_loader = DataLoader(dataset=mnist_test,
                          batch_size=len(mnist_test),
                          shuffle=False,
                          num_workers=0)

class Net(torch.nn.Module):
    def __init__(self):
        super(Net, self).__init__()
        self.fc1 = torch.nn.Linear(784, 1024)
        self.fc2 = torch.nn.Linear(1024, 512)
        self.fc3 = torch.nn.Linear(512, 256)
        self.fc4 = torch.nn.Linear(256, 128)
        self.fc5 = torch.nn.Linear(128, 10)
        self.relu = torch.nn.ReLU()

    def forward(self, x):
        x = x.view(-1, 784)
        x = self.relu(self.fc1(x))
        x = self.relu(self.fc2(x))
        x = self.relu(self.fc3(x))
        x = self.relu(self.fc4(x))
        z = self.fc5(x)
        return z

device = 'cuda' if torch.cuda.is_available() else 'cpu'

net = Net().to(device)
cel = torch.nn.CrossEntropyLoss()
optimizer = torch.optim.Adam(net.parameters(), lr=0.01)

EPOCHS = 10
loss_lst = []
acc_lst = []
```

```

start_time = time.time()
for epoch in range(EPOCHS):
    batch_time = time.time()
    print(f'====== Epoch: {epoch+1:2d} / {EPOCHS} ======')
    net.train()
    l_sum = 0
    for batch_idx, (x,y) in enumerate(train_loader):
        x, y = x.to(device), y.to(device)
        z = net(x)
        loss = cel(z, y)
        optimizer.zero_grad()
        loss.backward()
        optimizer.step()
        l_sum += loss.item()
        print(f'Batch: {batch_idx+1:2d}/{len(train_loader)} ',
              f'Loss: {loss.item():0.6f}')
    loss_lst.append(l_sum/len(train_loader))

    net.eval()
    correct = 0
    for batch_idx, (x,y) in enumerate(test_loader):
        x, y = x.to(device), y.to(device)
        z = net(x)
        yhat = torch.argmax(z, dim=1)
        correct += torch.sum(y==yhat)

    accuracy = correct / len(mnist_test)
    if device == 'cuda':
        accuracy = accuracy.to('cpu')
    acc_lst.append(accuracy)

    print(f'Accuracy: {accuracy.item()*100:0.2f}%')
    print("elapsed time:", time.time() - batch_time)

print("elapsed time:", time.time() - start_time)
plt.plot(range(EPOCHS), loss_lst)
plt.plot(range(EPOCHS), acc_lst)
```

```
plt.xlabel('Epochs')
plt.ylabel('loss and accuracy')
plt.legend(['loss', 'accuracy'])
plt.grid(True)
plt.show()
```

실행 결과

```
...중략...
====== Epoch: 10 / 10 ======
Batch:  1/6  Loss: 0.069082
Batch:  2/6  Loss: 0.060874
Batch:  3/6  Loss: 0.067665
Batch:  4/6  Loss: 0.061912
Batch:  5/6  Loss: 0.064823
Batch:  6/6  Loss: 0.057984
Accuracy: 97.24%
elapsed time: 8.609182357788086
elapsed time: 87.2037603855133
```

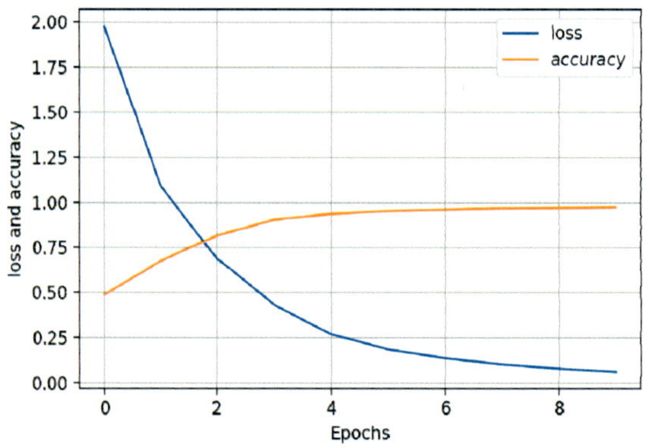

분석

먼저 연산 시간을 비교해보면, 단순히 GPU만 사용했을 뿐인데 기존 CPU 대비 1 epoch 당 학습 속도는 대략 2.8초 정도 빨라졌고, 전체 학습 속도는 27.7초가 단축되었습니다. 대단한 차이가 아니라고 생각할 수도 있으나, 우리 인공신경망이 생각보다는 그렇게 크지 않기 때문에 CPU와 차이가 크지 않지만, 구조가 더 커지고 복잡해질수록 GPU의 진가가 발휘됩니다.

이 책의 작성 시점에서 일반 사용자용으로는 가장 고가의 GPU인 NVIDIA의 RTX3090를 이용한 결과 1 epoch 당 3.5초, 전체 학습에 35.5초가 걸려 기존 AMD Ryzen 9 5900X CPU보다도 전체 학습에는 10초가 빠르고, Colab의 CPU 환경보다는 무려 80초가 빠릅니다. 따라서 비용이 허락하는 선에서는 GPU를 사용하는 것이 좋습니다.
그러면 이제 코드에서 어느 부분을 수정해 GPU를 사용할 수 있게 되었는지 확인해 보겠습니다.

```
046    device = 'cuda' if torch.cuda.is_available() else 'cpu'
```

46번 줄에서 GPU를 사용할 수 있으면 **torch.cuda.is_available()** 함수의 반환값이 **True**가 되므로 **device**변수 에는 **'cuda'**가 대입되고 GPU가 사용 불가능하면 **'cpu'**가 대입됩니다. 이 값은 GPU가 사용 가능한 경우 인공신경망과 학습 데이터를 GPU로 이동하는 용도로 사용됩니다.
다음으로 인공신경망을 GPU로 이동합니다.

```
net = Net().to(device)
```

.to() 함수는 인공신경망을 원하는 장치로 이동하는 기능을 합니다. **net.to('cuda')**라고 하면 인공신경망을 GPU 영역으로 이동시키며, **net.to('cpu')**라고 하면 인공신경망을 CPU 영역으로 이동시킵니다. 단순히 **Net.().to('cuda')**라고 작성해서 인공신경망을 GPU 영역으로 이동시킬 수도 있지만, 작성한 코드가 GPU가 있는 환경과 없는 환경 모두에서 문제없이 동작하기 위해 **net.to(device)**라고 하여 GPU가 사용 가능한 경우에만 인공신경망을 GPU 영역으로 보내도록 했습니다.
다음으로는 학습에 사용할 데이터를 GPU 영역으로 이동합니다. 학습 데이터세트 자체를 GPU 영역으로 이동하는 것은 GPU의 메모리 한계 등으로 인해 올바르지 않습니다. 따라서 현재 학습에 사용할 미니 배치 만을 GPU 영역으로 이동합니다.

```
for batch_idx, (x,y) in enumerate(train_loader):
        x, y = x.to(device), y.to(device)
```

학습 시에 **train_loader**로부터 미니 배치를 불러와 **x**와 **y**에 대입합니다. 처음에는 **x**와 **y**가

CPU 영역에 있습니다. 따라서 **x**와 **y**를 GPU 영역으로 이동해야 하는데, 인공신경망과 마찬가지로 **.to(device)** 함수를 이용합니다. 63번 줄과 같이 코드를 작성하면 CPU 영역에 있는 특징값 **x**와 정답 label **y**를 모두 GPU 영역으로 이동하여 다시 **x**와 **y**에 대입할 수 있습니다. 마지막으로 학습된 인공신경망의 평가 시에도 시험 데이터세트를 GPU 영역으로 이동해야 하므로 다음과 같이 코드를 작성합니다.

```
076 for batch_idx, (x,y) in enumerate(test_loader):
077         x, y = x.to(device), y.to(device)
078         z = net(x)
079         yhat = torch.argmax(z, dim=1)
080         correct += torch.sum(y==yhat)
081
082     accuracy = correct / len(mnist_test)
083     if device == 'cuda':
084         accuracy = accuracy.to('cpu')
085     acc_lst.append(accuracy)
```

77번 줄에서 시험 데이터세트의 미니 배치 **x**와 **y**를 GPU 영역으로 이동합니다. 80번 줄에서 **correct** 변수에 이번 미니 배치에서 정답을 맞힌 횟수를 대입합니다. 그런데 **y**는 77번 줄에서 GPU 영역으로 이동된 값이고, **yhat**은 **z**로부터 계산되는데 **z** 역시 GPU 영역의 인공신경망으로부터 나온 값이므로 **yhat** 역시 GPU 영역에 할당되어 있습니다. 따라서 **torch.sum(y==yhat)**의 결과 역시 GPU 영역에 저장됩니다. 따라서 **correct** 값 역시 GPU 영역에 할당되며, 82번 줄에서 계산된 **accuracy** 역시 GPU 영역에 할당됩니다. 그런데 정확도의 **list**인 **acc_lst**를 **matplotlib**을 이용해 그래프로 그리기 위해서는 CPU 영역에 **acc_lst**가 할당되어야 합니다. 따라서 83~84번 줄에서와같이 **accuracy**가 GPU 영역에 있다면 **to('cpu')** 함수를 이용해 CPU 영역으로 정확도 값을 이동한 후 **acc_lst**에 **append()** 합니다. 이렇게 함으로써 **acc_lst**의 값이 CPU 영역에 할당되어 **matplotlib**를 통해 그래프를 그릴 수 있습니다.

정리하면, 인공신경망, 학습 데이터세트의 미니 배치, 시험 데이터세트의 미니 배치를 GPU 영역으로 이동시키며, 추론된 결과 역시 GPU 영역에 할당되는데, 필요에 의해 다시 CPU 영역으로 되돌려야 하는 경우도 있습니다.

연습문제 다중 클래스 분류

5.1 다중 클래스 분류(multiclass classification)의 출력층의 활성화 함수로 시그모이드 함수(sigmoid function) 대신에 소프트 맥스 함수(softmax function)가 널리 사용된다. 그 이유를 자세히 기술하시오.

5.2 일반적인 소프트맥스 함수는 식 (5.1.2)과 같이 정의된다. 만약 식 (5.1.2)가 아래와 같이 정의된다면 매개변수 τ의 역할을 자세히 기술하시오. 그리고 매개변수 τ와 학습률의 관계를 기술하시오.

$$\sigma(\boldsymbol{x}, \tau)_i = \frac{e^{x_i/\tau}}{\sum_{j=1}^{N} e^{x_j/\tau}}$$

5.3 학습이 진행되는 시점에 따라 배치 학습(batch learning 혹은 offline learning)과 온라인 학습(online learning)이 있다. 두 학습 방법의 장단점을 조사하시오.

5.4 미니 배치 학습(mini-batch learning)는 배치 학습과 온라인 학습의 장점을 차용한 방법으로 대량의 학습 데이터에 대해서는 대부분 이 방법을 사용한다. 이 방법의 장점은 구체적으로 기술하시오.

5.5 GPU를 사용하여 얻는 이점을 논하시오.

5.6 일반적으로 전체 데이터세트를 학습 데이터세트(training dataset)와 시험 데이터세트(test dataset)로 분리하며, 학습 데이터세트로 신경망을 학습하고 시험 데이터로 신경망의 성능을 평가한다. 만약 전체 데이터세트의 양이 충분치 않아서 전체 데이터세트로 학습하고, 전체 데이터에서 임의로 추출한 몇 개의 데이터세트로 신경망을 평가할 경우, 어떤 문제가 발생할 수 있는가? 해결 방법을 제시하시오.

5.7 과적합(overfit)란 무엇이며, 이 현상을 방지하는 방법들을 조사해 보시오.

5.8 PyTorch에서 제공하는 옵티마이저의 종류를 조사하시오.

5.9 실습 5.3.2의 코드 7번째 줄에 아래와 같은 코드를 추가하고 10번째와 14번째 줄을 "`transform=mnist_transform`"으로 변경하여 두 프로그램의 성능을 비교해 보시오. 입력 데이터의 정규화(normalization)가 성능에 미치는 영향을 조사하시오.

```
mnist_transform = transforms.Compose(
    [transforms.ToTensor(),
     transforms.Normalize((0.1307,), (0.3081,))])
```

5.10 실습 5.3.2에서 설계된 신경망의 마지막 층은 Linear 층이며 특별한 활성화 함수를 가지고 있지 않다. 마지막 층의 활성화 함수를 소프트맥스 함수로 추가하여 성능을 비교해 보시오.

5.11 실습 5.3.2를 수정하여, fashion MNIST 데이터세트를 분류하는 코드를 작성하고, 결과를 확인하시오.

06

합성곱 신경망

5장에서 다뤘던 손 글씨 분류를 위한 인공신경망의 구조인 그림 5.3.6을 다시 생각해 보겠습니다. 편의상 그림 6.1.1에 다시 도식했습니다. 실제 입력은 손 글씨 이미지로 28×28 픽셀 크기의 2차원 tensor이지만, 인공신경망의 입력은 이를 늘여놓은 784 크기의 1차원 tensor입니다. 우리는 상하좌우에 있는 픽셀 간의 관계를 파악하여 이 이미지가 어떤 손 글씨에 해당하는지 판단하지만, 그림 6.1.1의 인공신경망은 픽셀 간의 위치 관계는 전혀 고려하지 않습니다. 단순히 각 픽셀 하나하나를 입력 데이터의 특징값으로 생각했을 뿐입니다.

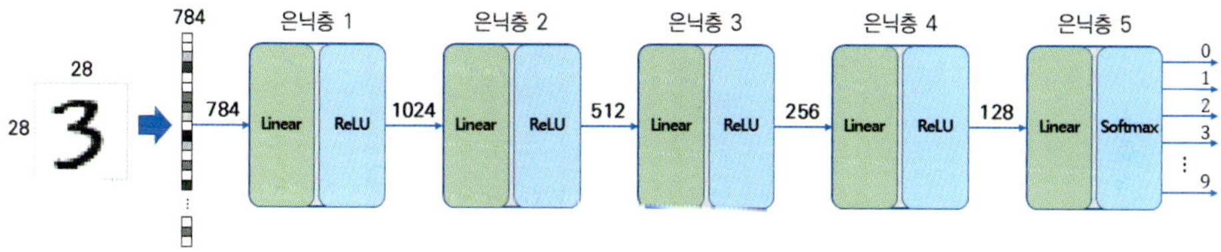

그림 6.1.1 손 글씨 분류를 위한 인공신경망의 구조

직관적으로 인공신경망이 2차원의 이미지를 그대로 입력받아서 처리해야 손 글씨를 더 잘 분류할 수 있을 것으로 생각됩니다. 이에 착안하여, 이번 장에서 다룰 합성곱 신경망은 2차원의 이미지를 그대로 입력받아 이미지를 추론합니다. 이러한 특성으로 기존의 fully connected 구조의 인공신경망에 비해 이미지 인식과 처리 분야에서 더 나은 성능을 낸다는 것이 입증되어 최근 활발한 연구가 진행되고 있습니다.

6.1 Convolution filter

컴퓨터에서의 이미지 표현

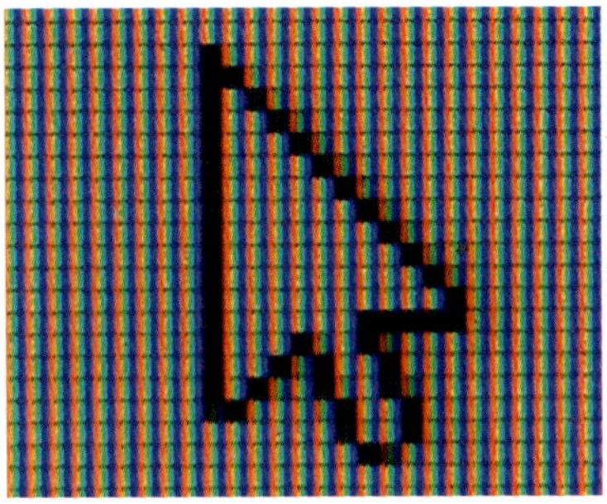

그림 6.1.2 모니터의 픽셀 구조

사람의 시신경계에서 3차원 공간상의 물체는 망막에 맺힌 2차원 평면 이미지로 뇌에 전달됩니다. 마찬가지로 컴퓨터의 이미지는 모니터를 통해 우리에게 2차원 컬러 이미지로 표현됩니다. 그렇다면 컴퓨터 내부에서도 2차원 이미지로 저장되어 있을까요? 그렇지 않습니다. 그림 6.1.2는 컴퓨터 모니터를 스마트폰을 이용해 근접해서 촬영한 이미지입니다. 모니터는 각 픽셀의 밝기를 다르게 하여 이미지의 명암을 표현합니다. 색을 표현하기 위해 각 픽셀이 빛나는 색 자체를 다르게 하면 좋겠지만, 그렇게 하지 않습니다. 대신, 하나의 픽셀 안에는 각각 빨간색, 초록색, 파란색으로만 빛날 수 있는 세 개의 빛 점이 있습니다. 각 픽셀의 크기는 매우 작은데, 이렇게 작은 픽셀 안에 그보다 작은 빛 점이 세 개가 모여있어, 모니터를 멀리서 보면 우리의 눈으로는 픽셀의 각 점을 구분해서 볼 수 없습니다. 따라서, 눈에는 세 개의 빛 점이 합쳐진 하나의 점으로 보입니다. 각 빛 점이 내는 색인 빨간색, 초록색, 파란색은 빛의 삼원색인데, 이론적으로는 이 세 가지 색의 조합으로 가시광선 영역의 모든 색을 표현할 수 있습니다. 실제 컴퓨터 내부에서는 그림 6.1.3과 같이 빨간색 성분만 저장한 이미지, 초록색 성분만 저장한 이미지, 그리고 파란색 성분만 저장한 이미지를 각각 저장해서 하나의 컬러 이미지를 표현합니다. 따라서 각 컬러 이미지를 표현하는 2차원 평면 세 개가 쌓아 올려진 3차원 tensor로 컬러 이미지가 표현됩니다.

그림 6.1.3 이미지의 빛의 삼원색 분리

실제 컴퓨터에 저장된 이미지 구조를 확인하기 위해, 이미지를 불러보고 이를 화면에 출력해 보는 코드를 작성해 보겠습니다.

실습 6.1.1

lab6_1_1_load_image.ipynb

이미지를 화면에 띄우고, 이미지의 차원과 값을 출력하세요.

정답코드

```
import urllib.request
from PIL import Image
from torchvision import transforms
import matplotlib.pyplot as plt

urllib.request.urlretrieve('https://upload.wikimedia.org/wi
kipedia/en/7/7d/Lenna_%28test_image%29.png',
                              'lenna.png')
img = Image.open('lenna.png')
```

```
T = transforms.Compose([transforms.ToTensor(),
                        transforms.ConvertImageDtype(dtype=torch.uint8)])

img = T(img)

plt.imshow(img)
plt.show()
print(img.shape)
print(img)
```

실행 결과

```
torch.Size([3, 512, 512])
tensor([[[226, 226, 223,  ..., 230, 221, 200],
         [226, 226, 223,  ..., 230, 221, 200],
         [226, 226, 223,  ..., 230, 221, 200],
         ...,
         [ 84,  84,  92,  ..., 173, 172, 177],
         [ 82,  82,  96,  ..., 179, 181, 185],
         [ 82,  82,  96,  ..., 179, 181, 185]],

        [[137, 137, 137,  ..., 148, 130,  99],
         [137, 137, 137,  ..., 148, 130,  99],
```

```
        [137, 137, 137,  ..., 148, 130,  99],
        ...,
        [ 18,  18,  27,  ...,  73,  68,  62],
        [ 22,  22,  32,  ...,  70,  71,  74],
        [ 22,  22,  32,  ...,  70,  71,  74]],

       [[125, 125, 133,  ..., 122, 110,  90],
        [125, 125, 133,  ..., 122, 110,  90],
        [125, 125, 133,  ..., 122, 110,  90],
        ...,
        [ 60,  60,  58,  ...,  84,  76,  79],
        [ 57,  57,  62,  ...,  79,  81,  81],
        [ 57,  57,  62,  ...,  79,  81,  81]]], dtype=torch.uint8)
```

분석

이번 실습에서는 Wikipedia 서버에 저장된 이미지를 내려받은 후, 이를 불러오는 코드를 작성하겠습니다. 코드에서 6~8번 줄은 서버에 저장된 이미지를 내려받는 부분입니다. 내려받는 이미지는 Lenna 이미지라고 하는데, 영상처리 알고리즘의 성능을 평가하기 위해 널리 사용되는 성능 평가용 이미지입니다. 9번 줄에서는 `PIL` library의 `Image` class를 이용해 내려받은 이미지를 불러옵니다.

이렇게 내려받은 이미지는 PyTorch의 `Tensor` 형이 아니므로 추후 여러 가지 처리를 위해서는 `Tensor` 형으로 변환할 필요가 있습니다. 이를 자동으로 처리해주는 것이 `torchvision` 모듈의 `ToTensor` class입니다. 기본적으로 `ToTensor` class는 입력된 이미지 형 데이터를 PyTorch의 `Tensor` 형으로 변환하는데, 이때 변환된 `Tensor` 형 내부의 각 원소는 0~1 사이로 normalized된 `float`형입니다. 그러나 실제 이미지는 각 픽셀당 1byte, 즉 정수로 0~255 범위로 표현되므로 `torchvision`의 `ConvertImageDtype` class를 이용해 `Tensor` 형으로 변환된 이미지의 각 원소를 0~255 사이의 정숫값으로 변환하였습니다. 10~11번 줄에서는 이 두 가지 변환 (`ToTensor`와 `ConvertImageDtype`)를 하나로 묶어 `T`라는 이름으로 정의했습니다.

13번 줄에서는 `PIL` 형의 `img` 변수를 변환 `T`를 이용해 0~255 범위의 정수를 원소로 갖는 `Tensor`형으로 변환하여 다시 `img` 변수에 대입했습니다. 17번 줄에서 `img.shape`를 통해 이미지를 표현하는 `Tensor` 형의 크기를 출력했더니 `[3, 512, 512]`가 출력되었습니다. 즉, 빨간색, 초록색, 파란색 각 이미지는 각각 512×512 픽셀 크기의 2차원 평면 이미지이고, 이 세 개의 이미지가 수직으로 적층되어 3차원의 tensor가 되었다는 의미입니다. 이미지의 각 픽셀값을 출력한 결과도 확인하시기 바랍니다. 마지막으로 15번의 `plt.imshow()` 함수를 통해 이미지를 화면에 출력했습니다.

Convolution filter

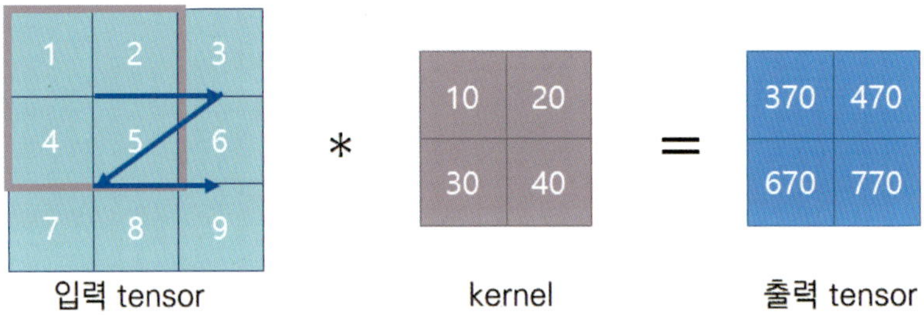

그림 6.1.4 합성곱 연산의 예

합성곱은 영어로 convolution (컨볼루션)인데, 합성곱보다는 원어인 convolution으로 일반적으로 통용됩니다. 이 책에서는 두 용어를 병행해서 사용하겠습니다.

합성곱은 입력 tensor와 filter 혹은 kernel이라고 불리는 tensor의 두 가지 피연산자로 구성됩니다. 그림 6.1.4는 간단한 합성곱 연산의 예를 보입니다. 먼저 입력 tensor는 3×3크기의 2차원 tensor이고, kernel은 2×2크기의 2차원 tensor입니다. 여기서 입력 tensor와 kernel의 크기는 서로 달라도 된다는 것을 알 수 있습니다. 일반적으로 kernel의 크기가 입력 tensor의 크기보다 작습니다. 다음으로 입력 tensor와 kernel의 차원이 서로 같아야 한다는 것도 알 수 있습니다. 그럼 연산 과정을 따라 진행해 보겠습니다. 먼저 kernel을 입력 tensor의 좌상단에 겹쳐 놓습니다. 겹쳐진 영역의 입력 tensor는 $\begin{bmatrix} 1 & 2 \\ 4 & 5 \end{bmatrix}$ 입니다. 그러면 겹쳐진 영역의 tensor와 kernel의 같은 위치에 있는 값끼리는 곱하고, 곱한 결과를 모두 더해서 출력 tensor의 좌상단 위치에 값을 씁니다. 첫 번째 연산에서 $1 \times 10 + 2 \times 20 + 4 \times 30 + 5 \times 40 = 370$의 결과를 얻습니다. 다음으로 kernel을 입력 tensor에서 우측으로 한 칸 이동합니다. 그러면 입력 tensor에서 겹쳐진 영역은 $\begin{bmatrix} 2 & 3 \\ 5 & 6 \end{bmatrix}$이 되므로, 두 번째 연산에서 $2 \times 10 + 3 \times 20 + 5 \times 30 + 6 \times 40 = 470$을 얻습니다. 두 번째 연산은 첫 번째 연산에서 우측으로 한 칸 이동한 후의 연산이므로, 앞서 얻은 370의 우측에 이번에 얻은 470을 적습니다. 이제 더 이상 우측으로 진행할 수 없으므로 이번에는 한 칸 아래의 좌측 끝으로 이동합니다. 그러면 겹쳐진 영역은 $\begin{bmatrix} 4 & 5 \\ 7 & 8 \end{bmatrix}$이므로 마찬가지로 연산 결과 $4 \times 10 + 5 \times 20 + 7 \times 30 + 8 \times 40 = 670$을 얻습니다. 여기서 얻은 670은 앞선 연산에서 한 칸 아래 좌측 끝으로 이동하여 얻은 결과이므로, 출력 tensor에서도 470에서 한 칸 아래 좌측 끝, 즉 370의 아래쪽에 670이 위치하게 됩니다. 마지막으로 입력 tensor에서 kernel을 우측으로 한 번 이동하여 770을 얻어 출력 tensor에서도 마지막 연산의 우측에 770을 적으면 최종적으로 그림 6.1.4와 같은 연산 결과를 얻습니다. 이것이 합성곱의 전부입니다.

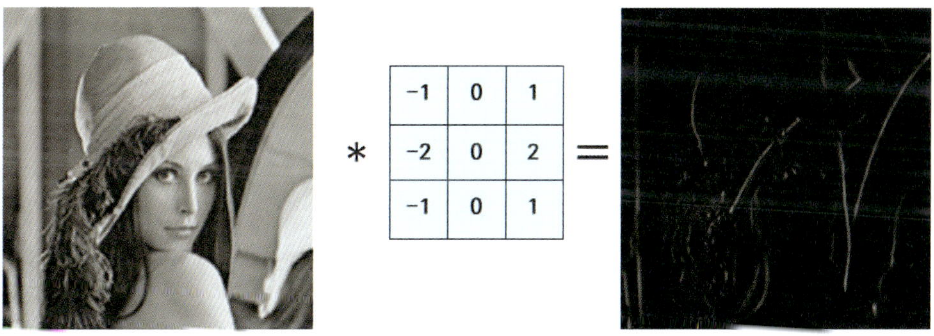

그림 6.1.5 Convolution filter의 예

방금 살펴본 합성곱을 이용한 convolution filter는 영상처리 분야에서 널리 사용되고 있습니다. 그렇다면 왜 kernel을 filter라고 부를까요? 그림 6.1.5를 보면, filter의 모양이 물리적으로 세로로 길쭉한 것만 통과할 수 있는 것처럼 보입니다. 실제로도 이

렇게 생긴 filter를 이미지에 적용하면 그림 6.1.5의 우측 결과와 같이 이미지의 세로 방향 성분만 걸러져 나오게 됩니다. 이렇게 이미지에서 원하는 성분만 뽑아낼 수 있으므로 convolution filter라는 명칭이 붙게 되었습니다.

Convolution filter를 이용하면 이미지의 수직 방향 성분을 추출할 수 있다는 것을 알아봤습니다. 당연하게도 filter의 값을 바꾸면 수평 방향이나 대각선 방향의 성분도 추출할 수 있고, 그 외에도 표면 질감이나 기타 다양한 특징(feature)을 추출할 수 있습니다.

5장에서 공부한 인공신경망은 각각의 픽셀 값 자체를 손 글씨 이미지의 특징으로 가정하여 손 글씨를 분류했습니다. 그러지 않고, convolution filter를 통해 이미지의 특징들을 추출한 다음 이를 기반으로 손 글씨를 분류하면 더 좋은 성능을 낼 수 있습니다. 픽셀 값 자체는 무의미한 값이지만, convolution filter를 통해 추출한 특징값은 그 자체로 유의미한 값이기 때문입니다. 이에 착안하여 convolution filter를 기반으로 하는 인공신경망 구조가 개발되었고, 이를 합성곱 신경망 또는 convolutional neural network, 줄여서 CNN이라고 합니다.

6.2 CNN

Convolution layer

그림 6.2.1은 이미지 분류를 위한 CNN 구조의 예를 보입니다. 일반적으로 CNN은 크게 두 부분으로 나눌 수 있습니다. 앞부분은 입력 이미지에 대해 convolution filter를 적용하여 특징(feature)을 추출(extraction)하는 특징 추출부입니다. 이 부분에서는 입력 이미지의 여러 특징을 추출합니다. 다음으로 이어지는 부분은 모든 뉴런이 서로 연

결되어 있다는 뜻의 fully connected layer로, 우리가 5장에서 살펴봤던 소프트맥스 분류기에 해당합니다. 즉, 5장의 소프트맥스 분류기가 이미지의 모든 픽셀을 1차원 tensor로 평탄화한 후 각 픽셀의 값 자체를 특징으로 입력받아 추론했다면, CNN에서는 특징 추출부에서 추출된 특징을 소프트맥스 분류기에 입력하여 이를 바탕으로 이미지를 분류합니다.

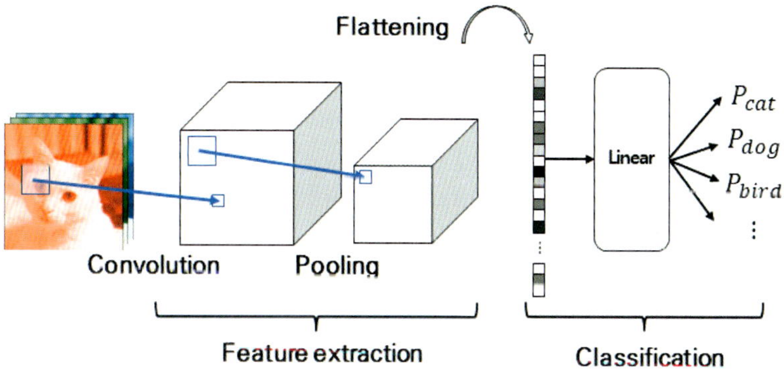

그림 6.2.1 CNN 구조의 예

먼저 convolution layer의 동작에 대해서 알아보겠습니다. Convolution layer에 입력되는 것은 이미지이거나 이미지에서 추출된 특징이므로, 이를 하나로 합쳐 feature map이라고 합니다. Feature map은 일반적으로 3차원의 tensor이므로 그림 6.2.2에서와 같이 직육면체로 표현하며, 이때 가로, 세로, 깊이를 각각 W_I, H_I, C_I라고 가정하면, 입력 feature map의 크기는 $W_I \times H_I \times C_I$로 표현할 수 있습니다. 여기서 가로와 세로는 이미지의 가로, 세로 길이에 해당하고, 깊이는 채널 수 (컬러 이미지의 경우 빨강, 초록, 파랑의 세 채널)에 해당합니다. 이후의 내용에서는 깊이와 채널의 수를 혼용해서 사용하겠습니다.

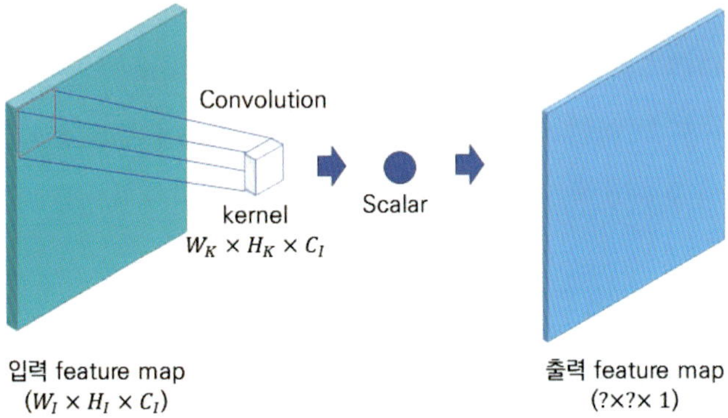

그림 6.2.2 Convolution layer에서의 연산

Convolution layer에서는 입력된 feature map과 kernel을 이용해 합성곱 연산을 합니다. 입력 feature map과 마찬가지로 kernel 역시 3차원 tensor로, 입력 feature map과 깊이가 서로 같습니다. 따라서 kernel의 가로와 세로를 각각 W_K와 H_K라고 가정하면, kernel의 크기는 $W_K \times H_K \times C_I$가 됩니다. 여기서 kernel의 가로와 세로 길이인 W_K와 H_K는 인공신경망의 설계자가 자유롭게 결정할 수 있는 값입니다.

그러면 이제 입력 feature map과 kernel의 합성곱 연산을 살펴봅시다. 먼저 kernel이 입력 feature map의 좌상단에 자리 잡은 후 같은 위치에 있는 원소끼리 곱셈을 하고, 곱한 값을 모두 더하여 하나의 값을 만들어 냅니다. 그림 6.1.4에서는 입력 feature map과 kernel의 깊이가 1이었을 때를 가정한 결과인데, 깊이가 1이 아니더라도 같은 자리의 원소끼리 모두 곱하여 더해 한 자리에서 하나의 수를 만들어 낸다는 것은 변함이 없습니다. 즉, 한 번의 연산에서 깊이가 C_I인 입력 feature map과 kernel의 합성곱 연산의 결과로 깊이가 1인 하나의 스칼라 값을 얻게 됩니다. 따라서 이러한 연산을 자리를 옮겨가며 모두 수행했을 때 그림 6.2.2에서와같이 항상 깊이가 1인 출력 feature map을 얻을 수 있습니다. 이것을 머릿속에 확실히 각인시킨 후 다음으로 넘어가야 앞으로의 내용의 이해에 어려움이 없습니다. 그렇다면 출력 feature map의 가로와 세로의 크기는 어떻게 될까요? 이를 결정하기 위해서는 앞으로 살펴볼 추가적인 정보가 필요합니다.

Stride

출력 feature map의 가로와 세로 크기를 결정하기 위해서는 stride라는 개념이 필요합니다. Stride는 우리말로 보폭을 의미하는데, 말 그대로 합성곱 연산 시에 kernel이 입력 feature map을 움직이는 보폭을 의미합니다. 그림 6.1.4에서는 kernel이 한 칸씩 움직였으므로, 이 경우에는 stride가 1이 됩니다. Stride는 인공신경망의 설계자가 자유롭게 결정할 수 있는 값입니다.

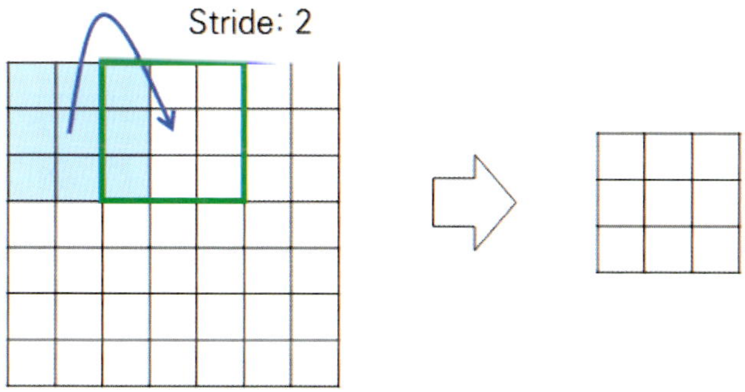

그림 6.2.3 Stride가 2인 경우의 예

그림 6.2.3은 stride가 2인 경우의 합성곱 연산의 예를 보입니다. 입력 feature map은 7×7×1의 크기를 가지고, kernel은 3×3×1의 크기를 가진다고 가정하겠습니다. 그렇다면, 그림에서처럼 입력 feature map에 3×3 크기의 상자를 그린 후 2칸씩 이동하면, 총 세 번 우측으로 이동할 수 있습니다. 마찬가지로, 아래쪽으로도 총 세 번 이동할 수 있기 때문에출력 feature map의 크기가 3×3×1이 됩니다.

지금은 크기가 크지 않았기 때문에 직접 손으로 그려가며 확인을 할 수 있었지만, 크기가 커진다면 이렇게 손으로 그려가며 확인하는 것은 상당히 비효율적인 작업입니다. 그러나 조금만 생각해보면 입력 feature map의 크기, kernel의 크기, 그리고 stride 값과 출력 feature map의 크기는 다음의 식으로 결정될 수 있음을 알 수 있습니다.

$$W_O = \frac{W_I - W_K}{S} + 1 \tag{6.2.1}$$

식에서 W_O는 출력 feature map의 가로 길이이고, S는 stride입니다. 세로 길이 역시 같은 방식으로 구할 수 있습니다. 식이 맞는지 그림 6.2.3의 경우를 대입해 보겠습니다. 이를 위해, $W_I = 7$, $W_K = 3$, $S = 2$를 식 (6.2.1)에 대입하면 $W_O = 3$이 나옴을 확인할 수 있습니다.

Zero padding

겨울에 입는 두툼한 오리털 점퍼를 패딩 점퍼라고 합니다. 패딩 점퍼는 오리털을 점퍼 안에 채워 넣었다는 의미로 사용되는데, 여기서 쓰인 패딩(padding)이 convolution layer에도 같은 의미로 사용됩니다. Zero padding은 그림 6.2.4와 같이 0(zero)를 입력 feature map의 네 모서리에 채워 넣는(padding) 것을 의미합니다. 채워 넣는 개수는 인공신경망의 설계자가 결정하는 것입니다.

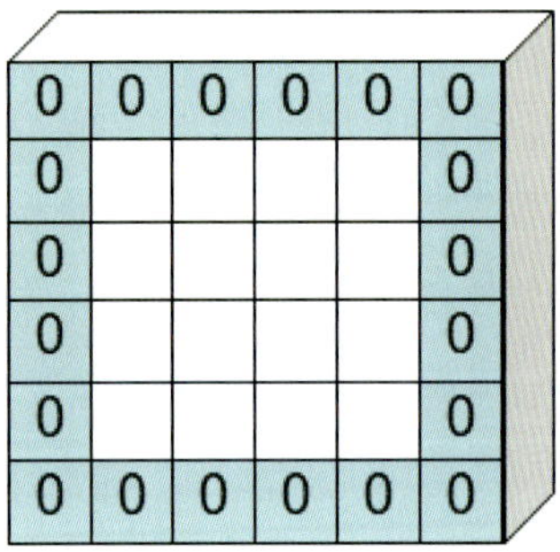

그림 6.2.4 Zero padding

Zero padding을 하는 데에는 여러 이유가 있지만, 대표적인 이유는 합성곱 연산

후의 출력 feature map의 크기를 유지하기 위함입니다. 식 (6.2.1)을 보면, 입력 feature map의 크기에 kernel의 크기를 빼는 형태이기 때문에 반드시 출력 feature map의 크기는 줄어들게 됩니다. Zero padding을 함으로써 입력 feature map의 크기를 크게 키운 효과를 내어 출력 feature map의 크기를 입력 feature map의 크기와 같게 유지할 수 있습니다. 또 다른 이유로는 인공신경망에게 이미지의 가장자리 부분에 대한 정보를 입력할 수 있기 때문입니다. 합성곱 연산의 특성상 가장자리 부분은 연산에 참여하는 횟수가 다른 부분에 비해 적기 때문에 가장자리 부분의 정보가 덜 중요하게 인식될 수 있는데, zero padding을 함으로써 이를 방지할 수 있습니다.

Zero padding을 한 후의 출력 feature map의 크기는 다음의 식으로 결정됩니다.

$$W_O = \frac{W_I - W_K + 2P}{S} + 1 \tag{6.2.2}$$

식 (6.2.1)와 달리 zero padding의 수 P를 통해 출력 feature map의 크기를 더 유연하게 조절할 수 있습니다. 그러면 그림 6.2.3의 경우에서 zero padding을 1칸 넣었다고 가정하면, 출력 feature map의 크기는 어떻게 될까요? 식 (6.2.2)에 $W_I = 7$, $W_K = 3$, $P = 1$, $S = 2$를 대입하면, $W_O = 4$가 됩니다.

출력 채널 수 조정

지금까지 출력 feature map의 가로와 세로 길이, 그리고 채널 수가 어떻게 결정되는지 살펴봤습니다. 그런데 한 가지 의아한 점이 있습니다. 바로, 출력 feature map의 채널 수가 반드시 1이 된다는 점입니다. 그렇다면, 컬러 이미지가 입력되면, 첫 번째 합성곱 연산에서만 입력 feature map의 채널 수가 3이고, 나머지 모든 합성곱 연산에서는 입력 feature map의 채널 수가 1이 됩니다. 당연하게도 feature map의 깊이가 깊을수록 더 많은 특징 정보를 포함하므로, 합성곱 연산이 계속되더라도 깊이를 유지하거나 혹은 더 늘릴 수 있어야 합니다.

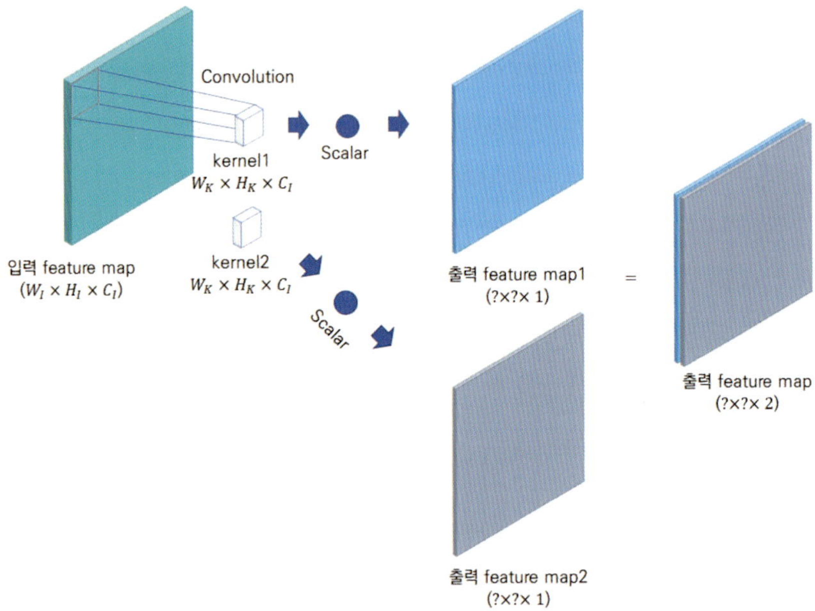

그림 6.2.5 여러 kernel을 사용한 예

하나의 kernel을 통해서는 반드시 깊이 1의 출력 feature map을 얻습니다. 따라서 같은 크기의 kernel을 두 개 사용해서 하나의 입력 feature map에 두 번 합성곱 연산을 하면, 각 kernel이 입력 feature map에 대해 깊이가 1인 출력 feature map을 하나씩 만들어 내어 총 두 개의 feature map을 얻습니다. 두 kernel의 크기가 같기 때문에 계산된 두 출력 feature map의 크기도 같을 것입니다. 그러면 이 두 출력 feature map을 적층할 수 있고, 그렇게 함으로써 깊이가 2인 출력 feature map을 얻게 됩니다. 그림 6.2.5는 이상의 내용을 정리한 것입니다.

따라서 하나의 입력 feature map에 대해 같은 크기의 kernel을 C_O개 사용한다면, 출력 feature map의 깊이는 C_O가 될 것입니다. 물론 이들 kernel의 각 원소가 가지는 값은 당연히 서로 다릅니다. 즉, kernel 들은 서로 크기만 같을 뿐이고, 입력에 대해 서로 전혀 다른 특징을 추출합니다.

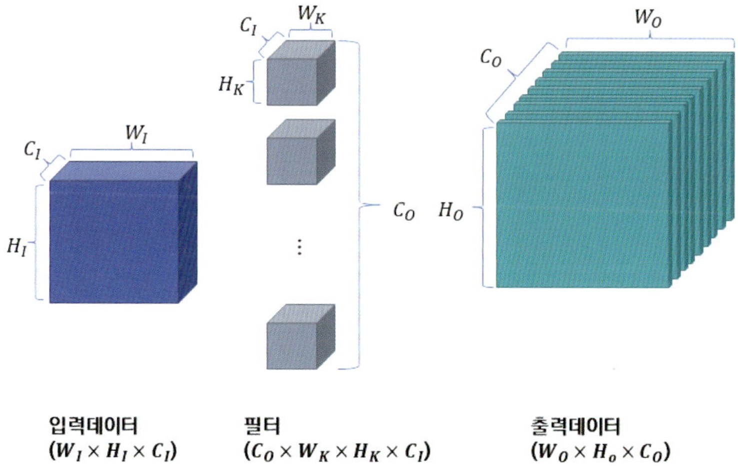

그림 6.2.6 Convolution layer 정리

정리하면 convolution layer에서 각 요소 들의 크기는 그림 6.2.6에서와같이 결정됩니다. 먼저, 입력 feature map의 크기는 이미 결정되어 있는 값이므로 설계자가 바꿀 수 없습니다. Kernel은 가로와 세로 길이를 설계자가 자유롭게 선택할 수 있지만, 깊이는 입력 feature map의 깊이와 반드시 같아야 합니다. 한편, kernel의 개수는 설계자가 자유롭게 선택할 수 있고, 이는 출력 feature map의 깊이에 해당합니다. 마지막으로 출력 feature map의 가로와 세로 길이는 식 (6.2.1)이나 (6.2.2)에 의해 결정됩니다.

사실 우리는 PyTorch를 이용해 convolution layer를 결정할 것이기 때문에 내부에서 어떻게 합성곱 연산이 되어 출력이 나오는지를 자세히 알 필요까지는 없습니다. 단지 우리가 알아야 할 것은 입력 feature map과 kernel의 크기가 얼마일 때 출력 feature map의 크기가 얼마가 되는가입니다. 크기 정보는 코드로 구현할 때 우리가 직접 입력해서 넣어주어야 하므로 반드시 계산할 수 있어야 합니다.

Pooling

feature map은 입력된 정보(여기서는 이미지)에서 인공신경망이 학습에 필요한 특징들을 추출하여 만들어 낸 tensor입니다. 직관적으로, 판단할 수 있는 특징 정보가 많을수록 이미지를 더 잘 인식할 수 있습니다. 그리고 feature map의 크기가 클수록 더 다양한 특징 정보가 포함됩니다. 따라서 Feature map이 클수록 인공신경망의 성능이 더 좋아질 것으로 생각됩니다.

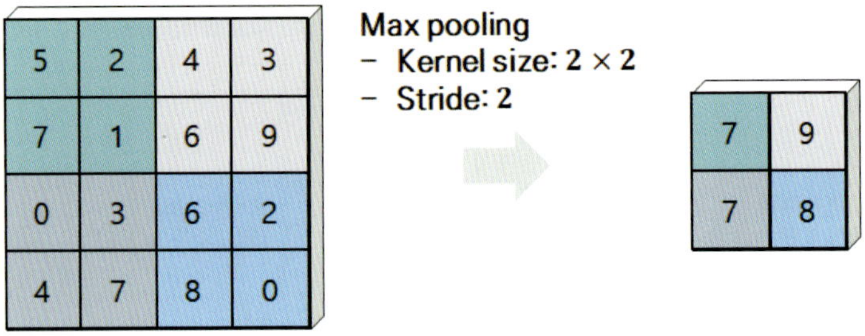

그림 6.2.7 Max pooling의 예

그림 6.2.1의 CNN 구조를 다시 보면, 특징 추출부에 방금 살펴본 convolution layer 외에 pooling layer라는 것도 있습니다. Pooling layer는 합성곱의 연산 없이 단순히 feature map의 크기를 줄이는 역할만 수행하는 layer입니다. Feature map의 크기가 크면, 이와 비례해서 합성곱의 연산량이 증가합니다. 연산량이 증가하면, 실시간으로 이미지를 인식하는 것이 어려워지고, 알고리즘을 구현하는 데에 고사양의 하드웨어가 필요하게 됩니다. 따라서 특징 정보를 최대한 잃지 않으면서 feature map의 크기를 줄여 연산량을 줄일 수 있다면 여러 가지로 좋을 것 같습니다.

Pooling layer는 feature map의 가로, 세로 크기를 줄이는 연산을 수행합니다. 그림 6.2.7은 pooling의 기법의 하나인 max pooling의 연산 예를 보입니다. 입력된 feature map은 4×4의 크기를 가집니다. 만약 kernel의 크기가 2×2이고, stride가 2라면, 식 (6.2.1)에 의해 출력 feature map의 크기는 2×2가 됩니다. Pooling layer도 convolution layer와 똑같이 kernel의 크기와 stride를 이용해 출력 feature map의 크기를 결정합니다. 다만, kernel은 단순히 sliding window의 역할만 할 뿐, kernel이 실

체가 있는 것은 아닙니다. 그림 6.2.7을 보면, 입력 feature map에서 좌상단에 2×2크기의 상자(2×2크기의 kernel)를 만듭니다. 그러면, 그 상자 내부에 포함된 원소 중 가장 큰 값을 출력 feature map의 원소로 결정합니다. 그림 6.2.7에서는 7이 됩니다. 이제 sliding window를 우측으로 이동해야 하는데, stride를 2로 선택했으므로 두 칸을 이동합니다. 그러면 그림 6.2.7에서 이 영역 내의 최댓값인 9를 출력으로 내보냅니다. 이런 식으로 연산이 완료되면, 4×4 크기의 입력 feature map에 비해 출력 feature map은 크기가 2×2이 되어 내포하고 있는 특징 정보의 수가 16개에서 4개로 25% 줄어들게 됩니다. 그러나, 입력 feature map의 원소 중 크기가 작은 값들은 합성곱에서 크게 영향을 미치지 않기 때문에 정량적으로 25%의 정보를 잃었다고 생각할 수는 없습니다. 대신 연산량은 확실히 25% 줄어들게 되니, 연산량 감소 면에서는 pooling layer이 효과적입니다.

방금 살펴본 max pooling은 sliding window에서 최댓값을 출력으로 내보내는 pooling 연산입니다. 이와 달리 average pooling은 각 sliding window 내의 원소들의 평균값을 출력으로 내보냅니다. 인공신경망의 특성에 따라 설계자가 average pooling이나 max pooling 중 하나를 선택하면 됩니다.

마지막으로 pooling 연산에서 feature map의 채널의 수는 변하지 않습니다. pooling 연산 시에 sliding window는 입력 feature map의 각 채널에 대해 따로 수행되기 때문에 채널의 수는 변하지 않습니다.

CNN

그림 6.2.8은 이미지 분류를 위한 일반적인 CNN 구조를 나타냅니다. 이 인공신경망의 입력은 3차원 tensor인 이미지이고, 출력은 해당 이미지가 각 클래스에 속할 확률이 됩니다. 입력된 이미지는 feature extractor에 전달됩니다. Feature extractor 부분은 방금 살펴본 convolution layer와 pooling layer 등로 구성되어 있습니다. 입력된 이미지에 kernel을 적용해 특징 정보를 추출하는데, 인공신경망의 학습 목표는 학습

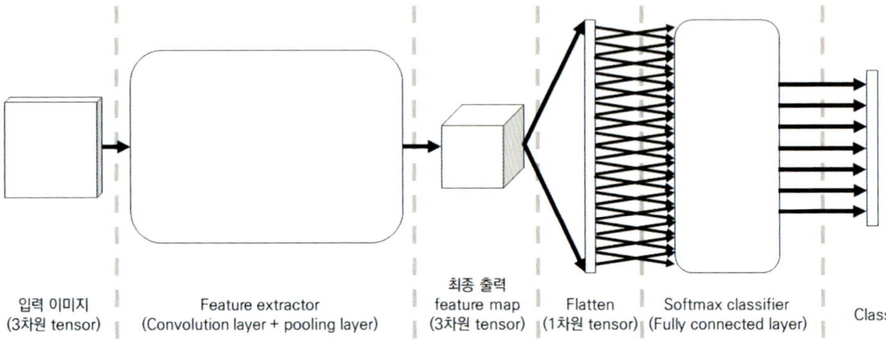

그림 6.2.8 이미지 분류를 위한 CNN의 구조

오차가 최소화되어 이미지 분류 성능이 높아지도록 kernel의 각 원소(가중치)를 결정하는 것입니다. 기존 이미지 처리 분야에서는 알고리즘 설계자가 이미지에서 어떤 특징을 추출할 것인지를 선택하고, 이를 달성하기 위해 kernel을 수학적으로 결정했습니다. 이와 달리 CNN에서 인공신경망은 학습 과정을 통해 자신이 이미지 분류를 더 잘할 수 있는 방향으로 추출하고자 하는 특징을 스스로 선택하게 됩니다. 그렇기 때문에 기존의 이미지 처리 알고리즘들의 성능을 대폭 개선할 수 있어, CNN이 이미지 처리 분야에서 최근 주목받고 있는 것입니다. 그림 6.2.9는 CNN을 통해 추출된 feature map의 예시 이미지를 보입니다. 여기서 추출된 특징 정보는 CNN이 학습 데이터세트로부터 스스로 학습하여 결정한 kernel로부터 추출된 특징입니다. 그림을 보면 각 feature map에는 물체의 서로 다른 특징 정보가 추출된 것을 확인할 수 있습니다. 웹사이트[20]에 접속해서 실시간으로 CNN이 학습되는 과정을 확인할 수 있으니 한 번 확인해 보시기 바랍니다.

20) https://cs.stanford.edu/people/karpathy/convnetjs/demo/cifar10.html

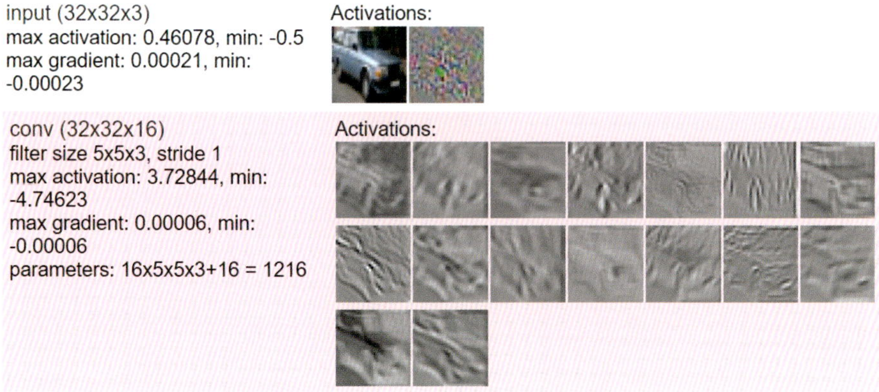

그림 6.2.9 입력 이미지와 추출된 feature map의 예

Feature extractor에서 추출된 특징 정보는 3차원 tensor인 출력 feature map이 되는데, 이들 5장에서 다룬 소프트맥스 분류기에 입력하기 위해서 평탄화(flattening)를 거칩니다. 평탄화된 특징 정보는 1차원 tensor가 되며, 이것이 소프트맥스 분류기에 입력되어 최종적으로 이미지가 각 클래스에 속할 확률로 계산되고, 그중에서 가장 큰 확률값을 가지는 클래스에 이미지가 속한다고 판단합니다.

이제 CNN을 구현하기 위한 기초적인 지식은 완성이 되었습니다. 이어지는 내용에서는 PyTorch를 이용해 CNN을 구현하기 위한 기초적인 class 사용법을 알아본 후, 그림 6.2.10의 간단한 CNN 구조를 PyTorch로 구현해 보겠습니다.

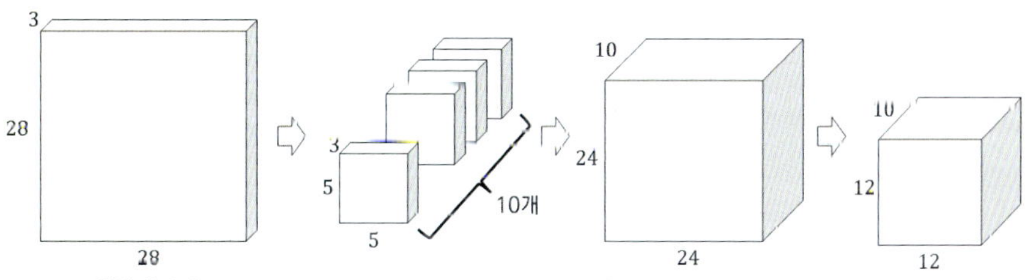

그림 6.2.10 실습 CNN 구조

먼저 그림 6.2.10의 CNN 구조를 분석해 봅시다. 입력 이미지가 28×28×3의 크기를 가지므로, convolution layer의 kernel의 깊이는 3이 되어야 합니다. 그림 6.2.10에서는 kernel의 가로 및 세로 크기를 임의로 5×5로 선택했으므로, kernel은 5×5×3의 크기를 가집니다. Stride는 1로 선택하고, zero padding을 하지 않는다고 가정하면, 식 (6.2.1)에 의해 각 kernel의 합성곱 연산 결과로 24×24×1의 feature map이 출력됩니다. 그런데 convolution layer를 살펴보니, 총 10개의 kernel이 존재합니다. 따라서 첫 번째 출력 feature map의 크기는 24×24×10이 됩니다. 그다음으로 max pooling을 하는데, kernel의 크기를 2×2, stride를 2로 선택하면 식 (6.2.2)에 의해 12×12×10의 두 번째 출력 feature map을 얻습니다. 이렇게 얻은 feature map을 이제 ReLU와 같은 활성화 함수에 통과시켜 다음 convolution layer나 fully connected layer에 전달하면 됩니다. 중요한 것은 다음 convolution layer나 fully connected layer에 연결하기 전에 반드시 활성화 함수를 거쳐야 한다는 것입니다.

PyTorch에서 합성곱을 위한 kernel은 `torch.nn.Conv2d` class로 구현됩니다. 생성자의 매개변수가 여러 가지 있지만, 우리가 사용할 것은 `in_channels`, `out_channels`, `kernel_size`, `stride`, `padding`입니다. `in_channels`는 입력 feature map의 채널 수로 그림 6.2.10에서는 3이 됩니다. `out_channels`는 출력 feature map의 채널 수가 되는데, 이는 kernel의 수와 같습니다. 그림 6.2.10에서는 kernel의 수인 10이 됩니다. `kernel_size`는 kernel의 가로, 세로 크기인데, 값을 하나만 입력하면 가로와 세로 크기가 같은 kernel이 생성됩니다. 여기서는 5를 입력하면 됩니다. 마지막으로 `stride`는 1이고, `padding`은 0으로 선택하겠습니다.

```
cnv1 = torch.nn.Conv2d(in_channels, out_channels, kernel_size,
                       stride, padding)
```

위의 코드와 같이 `Conv2d`의 인스턴스를 `cnv1`로 생성하면 그림 6.2.10의 kernel이 만들어집니다. 이제 kernel에 입력 이미지를 입력해야 하는데, 입력 이미지는 `[N, 3, 28,`

28]의 크기를 가져야 합니다. 여기서 N은 미니 배치의 크기를 의미합니다. 즉, 입력 이미지는 28×28×3의 3차원 tensor인데 실제 입력 이미지는 28×28×3×N의 4차원 tensor이고, 순서는 배치 크기, 채널 수, 세로, 가로가 됩니다. 여기서는 한 장의 이미지만 이용할 것이지만 그래도 형식을 4차원 tensor로 갖추어 입력해 주어야만 합니다. 크기를 맞춘 후에는 다음의 코드와 같이 작성하면 합성곱 연산이 수행됩니다.

```
out_feature1 = cnv1(input_img)
```

합성곱 연산 결과 **out_feature1**의 **shape**는 **[N, 10, 24, 24]**가 될 것입니다. 다음으로 pooling layer를 만들어 보겠습니다. Max pooling은 **torch.nn.MaxPool2d** class를 이용해 구현할 수 있습니다. 생성자에는 **kernel_size**, **stride**, **padding** 등을 지정할 수 있습니다. 그런데, 편의상 **kernel_size**만 입력하면 **stride**는 자동으로 **kernel_size**와 같게 대입됩니다. 그림 6.2.10에서는 2×2 kernel size와 2의 stride를 사용한다고 했으므로, 생성자에 2만 입력하면 됩니다.

```
max_pool = torch.nn.MaxPool2d(kernel_size, stride, padding)
```

Kernel과 마찬가지로 **max_pool** 인스턴스에 feature map을 입력하면 max pooling이 된 feature map이 출력됩니다.

```
out_feature2 = max_pool(out_feature1)
```

out_feature2의 **shape**는 **[N, 10, 12, 12]**가 될 것입니다. 다음 실습을 통해 그림 6.2.10을 구현하고 입력 이미지에 값을 대입해 출력 feature map을 얻어 보겠습니다.

실습 6.2.1

lab6_2_1_convolution_layer.ipynb

그림 6.2.10의 CNN 구조를 PyTorch로 구현해보세요.

정답코드

```
001  import torch
002  import torch.nn as nn
003  
004  cnv1 = nn.Conv2d(in_channels=3, out_channels=10,
005                   kernel_size=5, stride=1, padding=0)
006  max_pool = nn.MaxPool2d(kernel_size=2)
007  
008  input_img = torch.rand((1,3,28,28))
009  out_feature1 = cnv1(input_img)
010  out_feature2 = max_pool(out_feature1)
011  
012  print(input_img.shape)
013  print(out_feature1.shape)
014  print(out_feature2.shape)
```

실행 결과

```
torch.Size([1, 3, 28, 28])
torch.Size([1, 10, 24, 24])
torch.Size([1, 10, 12, 12])
```

분석

이번 실습에서는 convolution layer와 max pooling layer를 선언하고 출력 feature map을 얻는 과정을 실험해 보는 것이 목적입니다. 따라서 실제 이미지가 아닌, 8번 줄에서와 같이 `torch.rand()` 함수를 이용해 임의의 값으로 초기화된 4차원 tensor를 입력 이미지로 가정합니다.

한편, 4~6번 줄에서는 convolution layer와 max pooling layer를 만들었습니다. 9~10번 줄에서는 임의로 초기화된 tensor를 convolution layer와 max pooling layer에 차례로 통과시켜 **out_feature1**과 **out_feature2**를 얻었습니다.

12~14번 줄에서 각 feature map의 크기를 출력한 결과 우리가 예상했던 것과 같은 결과를 얻었음을 확인할 수 있습니다. 이어지는 절에서는 실제 CNN 구조를 이용해 손 글씨 이미지를 분류하는 CNN을 설계하고 학습하는 코드를 작성해 보겠습니다.

6.3 손 글씨 분류를 위한 CNN 설계

모델 구조

이번 장에서는 앞서 학습한 CNN 구조를 응용하여 손 글씨를 분류하는 인공신경망을 설계해 보겠습니다. 5장에서 배운 소프트맥스 분류기와 마찬가지로 CNN 내부의 convolution layer나 pooling layer의 수, 이들을 구성하는 kernel의 크기나 채널 깊이 등은 모두 설계자가 자유롭게 선택할 수 있는 파라미터입니다. 즉, 얼마나 깊고 넓게 층을 쌓느냐는 전적으로 설계자의 직관에 달려 있고, 이에 따라 같은 CNN이라도 분류 성능과 계산 효율 등이 천차만별로 달라집니다. 따라서 여러 가지 조합으로 실험을 해 보고 목표로 하는 성능에 잘 맞는 CNN 구조를 선택해야 합니다.

이번 장에서는 그림 6.3.1의 CNN 구조를 이용해서 손 글씨를 분류해 보겠습니다. 어째서 그림 6.3.1과 같은 CNN 구조를 설계했는지는 중요하지 않습니다. 여러분은 '이 책의 저자는 이렇게 구조를 설계했구나' 정도로 이해하시면 되고, 실습을 완료한 후에는 여러분들이 직접 구조를 새롭게 하여 실습을 진행해 보고 성능을 비교해 보시기 바랍니다.

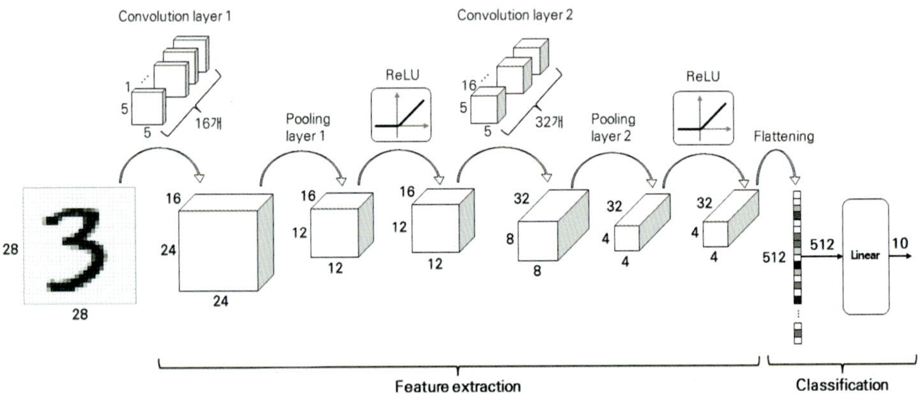

그림 6.3.1 손 글씨 분류를 위한 CNN의 구조

그림 6.3.1의 CNN은 크게 feature extration과 classification 부로 나뉩니다. 먼저 feature extraction 부는 두 개의 convolution layer와 두 개의 pooling layer로 구성됩니다. 각 convolution layer에서 stride는 1이고, padding은 없습니다. 그리고 pooling layer는 max pooling을 하는데, kernel 크기는 2×2이고, stride도 2로 선택해서 입력 feature map의 크기를 반으로 줄이는 동작을 하도록 설정했습니다.

그러면 이제 각 layer의 동작을 분석해 보겠습니다. 첫 번째 convolution layer는 16개의 kernel로 이루어져 있는데, 각 kernel은 5×5×1의 크기를 가집니다. 채널 깊이가 1인 이유는 입력 이미지가 28×28×1크기의 흑백 이미지이기 때문입니다. 첫 번째 convolution layer를 지나면 식 (6.2.1)에 의해 24×24×16의 feature map이 출력됩니다. 다음으로 첫 번째 pooling layer를 거쳐 12×12×16의 feature map이 됩니다. 다음으로 두 번째 convolution layer로 넘어가는데, 이때 주의해야 할 점은 다음 convolution으로 넘어가기 전에 반드시 활성화 함수를 거쳐야 한다는 점입니다. 이번 실습에서는 활성화 함수로 ReLU를 사용합니다. ReLU를 거친 feature map을 다시 두 번째 convolution layer에 통과시키는데, 이때는 32개의 5×5×16 kernel을 사용합니다. 따라서 출력 feature map은 8×8×32의 크기가 되고, 두 번째 pooling layer를 거쳐 출력 feature map은 4×4×32의 크기가 됩니다. 다음으로 ReLU 활성화 함수를 거쳐서 최종적으로 feature extraction 부에서는 4×4×32의 feature map을 얻습니다. 즉, 입력으로 들어온 28×28×1의 크기의 흑백 이미지로부터 4×4×32 = 512개의 특징 정보를 추출합니다. 각각의 총 512개의 특징값은 모두 실수입니다. 이제 512개의 특징값을 소프트맥스 분류기에 입력해 줍니다.

5장에서는 설계한 인공신경망에서는 이미지의 각 픽셀이 특징값이 되어, 총 28×28 = 784개의 특징값을 입력했습니다. 784개의 특징은 사실 단순한 이미지 픽셀 정보이므로 같은 숫자 '0'을 쓴 이미지더라도 숫자의 크기나 방향 등에 따라 전혀 다른 특징 정보를 가집니다. 그리고 픽셀 간의 기하학적인 관계도 잃어버리게 되는 문제가 있었습니다. 그에 반해 CNN에서는 feature extraction을 통해 총 512개의 특징 정보가 추출되었고, 이 값 하나하나가 이미지로부터 추출된 특징 정보이기 때문에 단순히 이미지를 일렬로 평탄화하여 입력한 것보다 더 나은 성능을 낼 것이 분명합니다. 따라서 소프트맥스 분류기는 512개의 특징을 입력받게 되고, 이 값을 바탕으로 10개의 출력을 내보냅니다. 5장에서와 달리 중간 계층은 모두 제거 하고 classification 부는 하나의 linear 계층으로 연결되도록 하겠습니다. 물론 이 부분도 더 깊게 쌓는다면 더 좋은 결과를 얻을 수도 있습니다.

이상의 내용을 정리하여 이어지는 절에서는 그림 6.3.1의 CNN을 코드로 구현하고 실제 MNIST 학습 데이터세트를 이용해 학습을 진행해 보겠습니다.

코드 구현

실습 6.3.1

lab6_3_1_mnist_cnn.ipynb

그림 6.3.1의 CNN을 PyTorch로 구현하고 MNIST 데이터를 학습하여 손 글씨 숫자를 분류하는 코드를 작성하세요.

정답코드

```
import torchvision.datasets as datasets
import torchvision.transforms as transforms
from torch.utils.data import DataLoader
import torch
import matplotlib.pyplot as plt
import time

mnist_train = datasets.MNIST(root='MNIST_data/',
                             train=True,
                             transform=transforms.ToTensor(),
                             download=True)

mnist_test = datasets.MNIST(root='MNIST_data/',
                            train=False,
                            transform=transforms.ToTensor(),
                            download=True)

BATSIZE = 10000
train_loader = DataLoader(dataset=mnist_train,
                          batch_size=BATSIZE,
                          shuffle=True,
                          num_workers=0)
test_loader = DataLoader(dataset=mnist_test,
                         batch_size=len(mnist_test),
                         shuffle=False,
                         num_workers=0)

class Net(torch.nn.Module):
    def __init__(self):
        super(Net, self).__init__()

        self.cnv1 = torch.nn.Conv2d(in_channels=1,
                                    out_channels=16,
                                    kernel_size=5,
                                    stride=1,
                                    padding=0)
        self.cnv2 = torch.nn.Conv2d(in_channels=16,
```

```
                                     out_channels=32,
                                     kernel_size=5,
                                     stride=1,
                                     padding=0)

        self.fc = torch.nn.Linear(512, 10)

        self.mp = torch.nn.MaxPool2d(2)
        self.relu = torch.nn.ReLU()

    def forward(self, x):
        x = self.relu(self.mp(self.cnv1(x)))
        x = self.relu(self.mp(self.cnv2(x)))

        x = x.view(-1, 512)
        z = self.fc(x)
        return z

net = Net()

cel = torch.nn.CrossEntropyLoss()
optimizer = torch.optim.Adam(net.parameters(), lr=0.01)

EPOCHS = 10
loss_lst = []
acc_lst = []

start_time = time.time()
for epoch in range(EPOCHS):
    batch_time = time.time()
    print(f'====== Epoch: {epoch+1:2d} / {EPOCHS} ======')
    net.train()
    l_sum = 0
    for batch_idx, (x,y) in enumerate(train_loader):
        z = net(x)
        loss = cel(z, y)
        optimizer.zero_grad()
        loss.backward()
```

```
            optimizer.step()
            l_sum += loss.item()
            print(f'Batch: {batch_idx+1:2d}/{len(train_loader)} ',
                  f'Loss: {loss.item():0.6f}')
        loss_lst.append(l_sum/len(train_loader))

        net.eval()
        correct = 0
        for batch_idx, (x,y) in enumerate(test_loader):
            z = net(x)
            yhat = torch.argmax(z, dim=1)
            correct += torch.sum(y==yhat)

        accuracy = correct / len(mnist_test)
        acc_lst.append(accuracy)

        print(f'Accuracy: {accuracy.item()*100:0.2f}%')
        print("elapsed time:", time.time() - batch_time)

    print("elapsed time:", time.time() - start_time)

    plt.plot(range(EPOCHS), loss_lst)
    plt.plot(range(EPOCHS), acc_lst)
    plt.xlabel('Epochs')
    plt.ylabel('loss and accuracy')
    plt.legend(['loss', 'accuracy'])
    plt.grid(True)
    plt.show()
```

실행 결과

```
...중략...
Batch:  1/6  Loss: 0.096504
Batch:  2/6  Loss: 0.089412
Batch:  3/6  Loss: 0.085073
Batch:  4/6  Loss: 0.083697
Batch:  5/6  Loss: 0.086904
Batch:  6/6  Loss: 0.092595
```

```
Accuracy: 97.79%
elapsed time: 9.583757638931274
elapsed time: 95.07671332359314
```

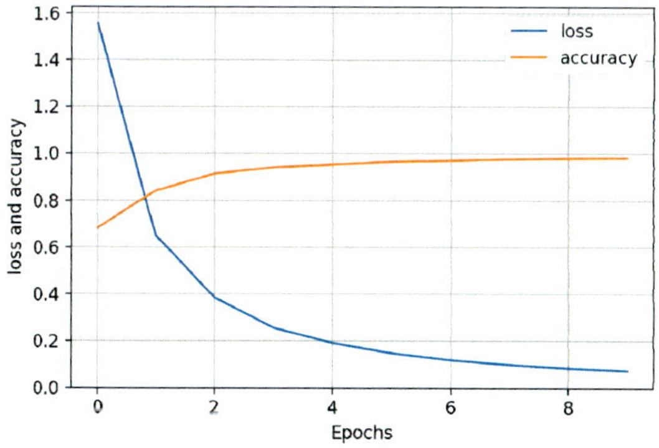

분석

전체 코드는 실습 5.3.2의 소프트맥스 분류기 코드와 같습니다. 다만 Net class의 구조가 CNN에 맞게 수정되어 있습니다. 따라서 이번 실습 분석에서는 Net class 위주로 코드를 분석하겠습니다.

```
    def __init__(self):
        super(Net, self).__init__()

        self.cnv1 = torch.nn.Conv2d(in_channels=1,
                                    out_channels=16,
                                    kernel_size=5,
                                    stride=1,
                                    padding=0)
        self.cnv2 = torch.nn.Conv2d(in_channels=16,
                                    out_channels=32,
                                    kernel_size=5,
                                    stride=1,
                                    padding=0)

        self.fc = torch.nn.Linear(512, 10)
```

```
044
045         self.mp = torch.nn.MaxPool2d(2)
046         self.relu = torch.nn.ReLU()
```

29~46번 줄에서는 CNN 구조를 설계하는 데 필요한 모듈들을 선언합니다. 그림 6.3.1에서 첫 번째 convolution layer는 1채널의 이미지가 입력되어 16채널의 출력 feature map을 생성합니다. 그리고 kernel의 크기는 5×5이고, stride는 1, zero padding은 없습니다. 이상의 내용을 PyTorch로 구현하면 32~36번 줄과 같습니다. 마찬가지로 두 번째 convolution layer는 37~41번 줄을 통해 구현할 수 있습니다. 그리고 소프트맥스 분류기는 한 개의 fully connected layer로 구성되는데, 입력은 512개이고 출력은 분류할 숫자의 수인 10개입니다. 따라서 43번 줄과 같이 선언합니다. 다음으로 pooling layer는 별도로 학습할 파라미터가 없으므로 하나만 선언하고 여러 층에서 계속 공유해서 사용합니다. 이번 실습에서는 45번 줄에서와 같이 선언했습니다. 마지막으로 46번 줄에서 ReLU 함수를 선언했습니다.

```
048     def forward(self, x):
049         x = self.relu(self.mp(self.cnv1(x)))
050         x = self.relu(self.mp(self.cnv2(x)))
051
052         x = x.view(-1, 512)
053         z = self.fc(x)
054         return z
```

49~50번 줄에서는 그림 6.3.1에서 feature extraction 부를 코드로 구현한 부분입니다. 50번 줄이 실행되고 난 후 변수 x에는 [N, 32, 4, 4] 크기의 Tensor가 저장되어 있습니다. 여기서 N은 배치의 크기입니다. 이제 이 Tensor를 fully connected layer에 입력하기 위해서 1차원 tensor로 변환해야 합니다. 평탄화를 거치면 4×4×32=512개의 원소를 가지는 1차원 tensor가 됩니다. 그런데 단순히 1차원 tensor로 평탄화하면 안 되고 미니 배치를 고려해야 합니다. 따라서 1차원이 아닌 2차원의 [N, 512]의 크기로 평탄화합니다. 미니 배치의 크기를 모르더라도 한 차원의 크기가 512라면 나머지 차원의 크기는 미니 배치의 크기가 될 것이므로 52번 줄에서와같이 평탄화합니다. 그 후 평탄화된 tensor를 fully connected layer에 입력하여 얻은 출력을 인공신경망의 최종 출력으로 내보냅니다.

나머지 코드는 실습 5.3.2와 같으므로 여기서 코드 분석을 마칩니다. 실행 결과를 보면, 10 epoch 학습 후 97.79%의 정확도를 얻었습니다.

6.4 전이 학습

ILSVRC

ILSVRC는 ImageNet large scale visual recognition challenge의 약사로 2010년에 시작된 이미지 인식 경진대회를 의미합니다. 여기서 ImageNet이란 대회에서 사용하는 이미지 학습 데이터세트를 의미합니다. 각 이미지는 224×224 픽셀의 RGB 이미지이며, 총 1,000개의 클래스로 이루어져 있습니다. 공식 홈페이지[21]에서 본인이 교육 및 연구의 목적으로 데이터세트를 이용하겠다는 것을 인증하면 무료로 내려받을 수 있는데, 가장 유명한 데이터세트는 2012년 대회에서 사용된 것으로 학습 데이터세트의 용량이 약 150GB이며, 포함된 이미지의 수는 학습 데이터세트가 1,281,167장, 검증 데이터세트가 50,000장입니다.

그림 6.4.1은 각 년도 별 ILSVRC 대회 우승 알고리즘의 인식 정확도를 나타냅니다. 2010년 우승 알고리즘의 인식률은 28%이고, 2011년은 2%가 개선되어 26% 인식률을 달성했습니다. 그런데 2012년에 우승한 AlexNet 알고리즘은 전년도보다 무려 10%나 개선된 16%의 인식률을 달성했는데, 이름에서 알 수 있듯이 CNN을 이용한 알고리즘입니다. 이때부터 CNN에 관한 연구가 주목받기 시작했습니다. 그 후로도 CNN 기반 알고리즘으로 인식률이 매년 개선되고 있습니다. ImageNet 데이터세트를 사람

21) https://www.image-net.org/

이 분류했을 때 정확도가 대략 5% 정도 되는데, 2015년의 ResNet은 무려 3.6%로 사람보다 더 나은 인식률을 자랑합니다.

AlexNet, ZFNet, VGGNet 등 우승 알고리즘들은 모두 CNN 기반입니다. 그렇다면 이들 CNN은 우리가 6.3장에서 실습했던 CNN과는 완전히 다른 것일까요? 놀랍게도 그렇지 않습니다. 물론 최근에는 기존 CNN 구조를 변형하는 연구도 있지만, 대회 초기에 우승한 알고리즘은 우리가 배운 CNN과 구조가 크게 다르지 않습니다. 이어지는 절에서는 VGGNet의 구조를 배우고 실습으로 구현해 보겠습니다.

VGGNet

VGGNet는 2014년 대회에서 준우승한 알고리즘입니다. GoogLeNet에 비해 인식률은 조금 낮지만 구조가 매우 간단하여 최근에도 많이 쓰이고 있습니다. VGGNet의 구조는 2014년에 Oxford 대학 연구진에 의해 arXiv에 출판된 논문 "Very deep convolutional networks for large-scale image recognition[22]"에 소개되어 있습니다. 논문이 어렵지 않기 때문에 한 번 읽어보시는 것을 추천합니다.

논문에서 저자들은 층의 깊이를 달리하며 인공신경망의 이미지 인식 성능을 분석했는데, 그중에서 가장 유명한 것은 19층의 VGG-19로 그림 6.4.2의 구조와 같습니다. ImageNet을 분류하기 위한 인공신경망이므로 입력은 224×224×3의 RGB 이미지이며, 총 1,000개의 클래스를 분류하는 문제이므로 최종 출력은 1,000개의 클래스에 대한 확률값이 됩니다. VGG-19에서 모든 convolution layer의 kernel은 3×3의 크기를 가지고, stride와 zero padding은 모두 1입니다. 따라서 식 (6.2.2)에 의하면 convolution layer를 지나도 feature map의 크기는 변하지 않습니다. 또한, max pooling은 kernel 크기와 stride가 모두 2이므로, 식 (6.2.2)에 의해 feature map의 크기가 반으로 줄어들게 됩니다.

22) https://arxiv.org/abs/1409.1556

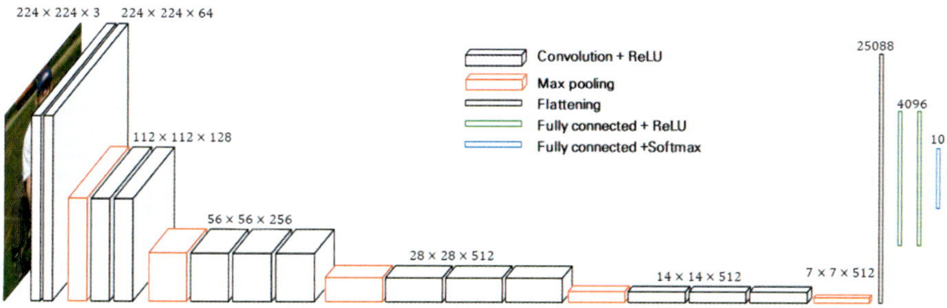

그림 6.4.2 VGGNet의 구조

마지막 max pooling layer를 지나면 feature map의 크기가 7×7×512가 됩니다. 즉, 7×7×512 = 25,088개의 특징이 추출됩니다. 7×7×512의 최종 출력 feature map을 평탄화하여 원소가 25,088개인 1차원 tensor를 만듭니다. 평탄화된 tensor는 첫 번째 fully connected layer를 거쳐 4096개의 원소를 가지는 1차원 tensor가 되고, 다시 한번 fully connected layer를 거쳐 또 4096개의 원소를 가지는 1차원 tensor가 됩니다. 마지막으로 1000개의 출력을 내는 fully connected layer를 거친 후 softmax 연산을 하여 총 1,000개의 클래스에 각각 속할 확률이 결정됩니다. 그리고 모든 활성화 함수는 ReLU를 사용합니다. 6.3장에서 설계했던 CNN과 비교해 보면 층이 깊어지고 넓어진 것을 제외하면 전체적인 구조는 크게 다르지 않습니다. 그러면 이제, 실습을 통해 VGGNet을 구현하는 class를 설계해 보겠습니다.

실습 6.4.1

lab6_4_1_vggnet.ipynb

그림 6.4.2의 VGGNet 구조를 PyTorch를 이용해 구현하세요

전단코드

```
import torch
import torch.nn as nn

```

```
class VGGNet(nn.Module):
    def __init__(self, num_classes):
        super(VGGNet, self).__init__()

        self.layer1 = nn.Sequential(
            nn.Conv2d(in_channels=3, out_channels=64,
                      kernel_size=3, stride=1, padding=1),
            nn.ReLU(),
            nn.Conv2d(in_channels=64, out_channels=64,
                      kernel_size=3, stride=1, padding=1),
            nn.ReLU(),
            nn.MaxPool2d(2)
        )

        self.layer2 = nn.Sequential(
            nn.Conv2d(in_channels=64, out_channels=128,
                      kernel_size=3, stride=1, padding=1),
            nn.ReLU(),
            nn.Conv2d(in_channels=128, out_channels=128,
                      kernel_size=3, stride=1, padding=1),
            nn.ReLU(),
            nn.MaxPool2d(2)
        )

        self.layer3 = nn.Sequential(
            nn.Conv2d(in_channels=128, out_channels=256,
                      kernel_size=3, stride=1, padding=1),
            nn.ReLU(),
            nn.Conv2d(in_channels=256, out_channels=256,
                      kernel_size=3, stride=1, padding=1),
            nn.ReLU(),
            nn.Conv2d(in_channels=256, out_channels=256,
                      kernel_size=3, stride=1, padding=1),
            nn.ReLU(),
            nn.Conv2d(in_channels=256, out_channels=256,
                      kernel_size=3, stride=1, padding=1),
            nn.ReLU(),
            nn.MaxPool2d(2)
```

```
        )

        self.layer4 = nn.Sequential(
            nn.Conv2d(in_channels=256, out_channels=512,
                      kernel_size=3, stride=1, padding=1),
            nn.ReLU(),
            nn.Conv2d(in_channels=512, out_channels=512,
                      kernel_size=3, stride=1, padding=1),
            nn.ReLU(),
            nn.Conv2d(in_channels=512, out_channels=512,
                      kernel_size=3, stride=1, padding=1),
            nn.ReLU(),
            nn.Conv2d(in_channels=512, out_channels=512,
                      kernel_size=3, stride=1, padding=1),
            nn.ReLU(),
            nn.MaxPool2d(2)
        )

        self.layer5 = nn.Sequential(
            nn.Conv2d(in_channels=512, out_channels=512,
                      kernel_size=3, stride=1, padding=1),
            nn.ReLU(),
            nn.Conv2d(in_channels=512, out_channels=512,
                      kernel_size=3, stride=1, padding=1),
            nn.ReLU(),
            nn.Conv2d(in_channels=512, out_channels=512,
                      kernel_size=3, stride=1, padding=1),
            nn.ReLU(),
            nn.Conv2d(in_channels=512, out_channels=512,
                      kernel_size=3, stride=1, padding=1),
            nn.ReLU(),
            nn.MaxPool2d(2)
        )

        self.classifier = nn.Sequential(
            nn.Linear(512*7*7, 4096),
            nn.ReLU(),
            nn.Linear(4096, 4096),
```

```
            nn.ReLU(),
            nn.Linear(4096, num_classes)
        )

    self.initialize_weights()

    def forward(self, x):
        x = self.layer1(x)
        x = self.layer2(x)
        x = self.layer3(x)
        x = self.layer4(x)
        x = self.layer5(x)

        x = torch.flatten(x, 1)

        z = self.classifier(x)
        return z

    def initialize_weights(self):
        for m in self.modules():
            if isinstance(m, nn.Conv2d):
                nn.init.kaiming_normal_(m.weight,
                                 mode='fan_out',
                                 nonlinearity='relu')
                if m.bias is not None:
                    nn.init.constant_(m.bias, 0)
            elif isinstance(m, nn.Linear):
                nn.init.normal_(m.weight, 0, 0.01)
                nn.init.constant_(m.bias, 0)

vgg = VGGNet(num_classes=10)

X = torch.rand((5, 3, 224, 224))
Yh = vgg(X)
print(Yh.shape)
```

실행 결과	`torch.Size([5, 10])`

분석

VGGNet은 우리가 지금까지 다루었던 어떤 인공신경망보다도 깊은 구조를 가집니다. 이렇게 깊은 층의 인공신경망을 PyTorch로 구현할 때 기존과 같은 방식을 이용하면 코드가 매우 길어지고, 그에 따라 코드 작성 시 실수할 염려가 있습니다. 이를 방지하기 위해서 PyTorch에는 `torch.nn.Sequential`이라는 class를 제공합니다. 일반적으로 인공신경망은 입력이 각각의 layer를 순차적으로 통과하여 지나가게 되는데, `torch.nn.Sequential`는 이런 순차적인 구조를 간단하게 구현할 수 있는 class입니다. 8~16번 줄을 보면, 그림 6.4.2에서 처음 두 개의 convolution layer의 묶음이 구현되어 있습니다. 이렇게 구현된 `self.layer1`을 하나의 `torch.nn.Module`이라고 생각할 수 있습니다. `forward()` 함수에서 86번 줄을 보면, 입력된 이미지 `x`가 `self.layer1`에 입력됩니다. 그러면, 입력된 `x`가 convolution layer, ReLU, convolution layer, ReLU, max pooling을 차례대로 통과하여 크기는 112×112이고, 채널의 수는 64인 feature map이 됩니다. 이번 실습에서는 이런 식으로 feature extrction 부분은 총 5단계로 나누어 구현했고, `forward()` 함수에서는 86~96번 줄이 이에 해당합니다.

다음으로 소프트맥스 분류 부분 역시 세 개의 fully connected layer로 이루어져 있기 때문에 `torch.nn.Sequential`을 이용해 76~82번 줄과 같이 구현했습니다. 93번 줄에서는 평탄화를 수행했는데, 기존 `x.view(-1, 25088)` 대신 `torch.flatten(x, 1)`의 명령어를 사용했습니다. 91번 줄에 입력되는 x는 마지막 max pooling layer를 통과한 feature map으로 미니 배치의 크기를 N이라 했을 때, 크기가 `[N, 512, 7, 7]`이 됩니다. 평탄화의 목표는 feature map이 크기를 [N, 512×7×7 = 25088]로 바꾸는 것입니다. 즉, 첫 번째 차원의 크기 (여기서는 N) 만 남기고 나머지는 모두 하나로 합치는 것입니다. 따라서 `torch.flatten(x, 1)`과 같이 1을 입력해 주면 됩니다. 이 함수로 평탄화되어 반환된 tensor는 `[N, 25088]`의 크기를 가집니다. 만약 `torch.flatten(x, 2)`와 같이 실행하면, `[5, 512, 49]`와 같이 두 번째 차원까지 살려놓고 나머지 차원을 합쳐 평탄화하게 됩니다. `view()` 함수대신 `torch.flatten()` 함수를 사용하면 feature map의 크기를 사전에 알고 코드를 작성할 필요가 없기 때문에 훨씬 편리합니다.

다음으로 VGGNet class에는 `initialize_weights()`라는 함수가 새롭게 추가되었습니다. 이 함수는 문자 그대로 인공신경망의 가중치를 초기화하는 함수인데, 기본적으로 별도에 언급이 없다면 PyTorch는 모든 가중치를 임의의 값으로 초기화합니다. 인공신경망의 학습은 가중치의 값을 수정하며 오차 함수라는 골짜기를 따라 오차가 최소화되는 지점을 찾는 것입니다. 산에서 골짜기를 따라 내려간다고 했을 때, 시작하는 지점이 어디냐에 따라 산을 더 쉽게 내려올 수도 있고, 그렇지 않을 수도 있습니다. 마찬가지로 가중치의 초깃값에 따라 학습이 잘 될 수도 있고, 그렇지 않을 수도 있습니다. 최근 연구에서는 uniform distribution을 따라 임의의 값으로 가중치를 초기화하는 것보다 나은 방법들이 제시되고 있습니다. 이번 실습에서는 convolution layer의 가중치는 Kaiming normalization 방법을 이용해 초기화했고, fully connected layer는 정규분포를 따라 초기화했습니다. 이와 관련한 코드는 84번 줄에서 `initialize_weights()` 함수로 구현되어 있습니다. 실제로 이 함수를 호출하냐 하지 않냐에 따라 학습 성능이 매우 차이 나는 것을 확인할 수 있습니다.

일반적으로 인공신경망의 학습에는 많은 시간이 소요됩니다. 따라서, 학습을 먼저 수행하기 전에 인공신경망에 tensor를 입력하여 출력된 tensor가 예상했던 크기를 가지는지 확인할 필요가 있습니다. 여기서는 98번 줄과 같이 입력 tensor `X`를 임의로 `[5, 3, 224, 224]`의 크기를 가지는 tensor로 초기화했습니다. 5는 미니 배치의 크기, 3은 이미지의 채널 수, 224, 224는 이미지의 가로와 세로에 해당합니다. 이렇게 해서 나온 출력 tensor의 크기가 `[5, 10]`이라면 우리가 예상한 값이 됩니다. 여기서 5는 미니 배치의 크기이고 10은 분류할 클래스의 수로 110번 줄에서 입력한 값입니다. 결과가 예상한 것과 같게 나왔으므로, 잘 설계되었다고 할 수 있습니다.

실습 6.4.1에서는 실제 학습은 수행하지 않았습니다. 만약 여러분이 실습 6.4.1에서 구현한 VGGNet class를 이용해 MNIST 학습 데이터세트를 분류하도록 코드를 구현한다면 반드시 오류가 발생할 것입니다. 그 이유는 VGGNet의 입력은 $224 \times 224 \times 3$의 컬러 이미지인데, MNIST는 $28 \times 28 \times 1$의 흑백 이미지이기 때문입니다.

이미지의 크기를 늘리고, 흑백 이미지를 컬러 이미지로 변환하면 해결할 수 있습니다. 그러나, 이어지는 실습에서는 더 재밌는 예를 보이기 위해, MNIST와 같은 흑백 이미지가 아닌 컬러 이미지 학습 데이터세트를 이용해 VGGNet을 학습해 보겠습니다. 컬러 이미지 학습 데이터세트는 CIFAR-10[23]을 이용하겠습니다. CIFAR-10 데이터세트는 그림 6.4.3과 같이 비행기, 자동차, 새, 고양이 등 총 10개의 클래스를 분류하는 학습 데이터세트입니다. 각 이미지는 32×32×3의 컬러 이미지이고, 클래스별로 6,000장의 이미지가 있어 총 60,000장의 이미지로 구성된 데이터세트입니다. 그중 50,000장은 학습 데이터세트이고, 나머지 10,000장은 검증 데이터세트입니다. 실습 6.4.1에 이어서 CIFAR-10 학습 코드를 구현해 보겠습니다.

그림 6.4.3 CIFAR-10 데이터세트

실습 6.4.2

lab6_4_2_vggnet_cifar10.ipynb

실습 6.4.1의 VGGNet 모델을 CIFAR-10 학습 데이터세트를 이용하여 훈련시키는 코드를 작성하세요.

정답코드

23) https://www.cs.toronto.edu/~kriz/cifar.html

```
from torchvision.datasets import CIFAR10
import torchvision.transforms as T
from torch.utils.data import DataLoader
import time

DEVICE = 'cuda' if torch.cuda.is_available() else 'cpu'

transform = T.Compose([T.ToTensor(),
                       T.Resize((224,224))])

train_set = CIFAR10(root='CIFAR10_data/',
                    train=True,
                    transform=transform,
                    download=True)
test_set = CIFAR10(root='CIFAR10_data/',
                   train=False,
                   transform=transform,
                   download=True)

BATCH_SIZE = 50
train_loader = DataLoader(dataset=train_set,
                          batch_size=BATCH_SIZE,
                          shuffle=True,
                          num_workers=0)
test_loader = DataLoader(dataset=test_set,
                         batch_size=BATCH_SIZE,
                         shuffle=False,
                         num_workers=0)


net = VGGNet(num_classes=10).to(DEVICE)

cel = torch.nn.CrossEntropyLoss()
optimizer = torch.optim.Adam(net.parameters(), lr=0.0001)

EPOCHS = 10
loss_lst = []
acc_lst = []
```

```
start_time = time.time()
for epoch in range(EPOCHS):
    batch_time = time.time()
    print(f'====== Epoch: {epoch+1:2d} / {EPOCHS} ======')
    net.train()
    l_sum = 0
    for batch_idx, (x,y) in enumerate(train_loader):
        x, y = x.to(DEVICE), y.to(DEVICE)
        z = net(x)
        loss = cel(z, y)
        optimizer.zero_grad()
        loss.backward()
        optimizer.step()
        l_sum += loss.item()
        if (batch_idx+1) % 10 == 0:
            print(f'Batch: {batch_idx+1:2d}/{len(train_loader)}',
                  f'Loss: {loss.item():0.6f}')

    loss_lst.append(l_sum/len(train_loader))

    net.eval()
    correct = 0
    for batch_idx, (x,y) in enumerate(test_loader):
        x, y = x.to(DEVICE), y.to(DEVICE)
        z = net(x)
        yhat = torch.argmax(z, dim=1)
        correct += torch.sum(y==yhat)

    accuracy = correct / len(test_set)
    acc_lst.append(accuracy)
    print(f'Accuracy: {accuracy.item()*100:0.2f}%')
    print("elapsed time:", time.time() - batch_time)

print("elapsed time:", time.time() - start_time)
```

실행

```
...중략...
```

결과

```
Batch: 960/1000  Loss: 1.269684
Batch: 970/1000  Loss: 1.404084
Batch: 980/1000  Loss: 1.312951
Batch: 990/1000  Loss: 1.565866
Batch: 1000/1000  Loss: 1.092869
Accuracy: 58.93%
elapsed time: 254.14928817749023
...생략...
```

분석

실습 6.4.1의 코드에서 코드 블록을 하나 추가한 후 위의 정답 코드를 입력하면 됩니다. 전체적인 학습 코드는 기존의 것과 같으므로 분석하지 않고, 여기서는 CIFAR-10 학습 데이터세트를 불러오는 부분을 중점적으로 분석하겠습니다.

8~9번 줄을 보면, `torchvision.transforms`의 `Compose` 인스턴스를 생성합니다. `torchvision`의 `transforms`는 입력되는 이미지에 여러 변환을 적용하는 기능을 제공합니다. `Compose`는 여러 변환을 하나로 묶어 일괄적으로 처리하는 기능을 구현하는 데 사용됩니다. 이번 실습에서는 두 가지 변환을 사용합니다. 먼저 데이터세트에서 이미지를 불러오면 `PIL.Image.Image` class 타입으로 지정됩니다. 이를 PyTorch에서 사용할 수 있는 `Tensor`형으로 변환해주기 위해 `ToTensor`를 사용합니다. `ToTensor`는 이미지의 각 픽셀값을 0~1 사이의 실수로 매핑하고, `[채널, 높이, 너비]`의 크기의 `Tensor` 형으로 변환합니다. 다음으로 CIFAR-10은 32×32 크기의 이미지로 구성되어 있으므로, 이를 224×224로 크기를 바꾸기 위해 `Resize`를 이용했습니다. 이렇게 구성된 `transform`을 `Dataset`의 생성자에 입력하여 데이터를 불러올 때 이 변환이 적용되도록 합니다.

다음으로 CIFAR-10 데이터세트는 이미 PyTorch 내에 구현되어 있으므로 `torchvision.datasets`에서 `CIFAR10`을 불러와 이를 이용해 구현했습니다. 학습 시에는 이미지의 크기가 꽤 큰 편이므로, MNIST를 학습할 때처럼 미니 배치의 크기를 크게 하기가 쉽지 않습니다. 우리가 실습에 사용하는 Colab에서는 GPU의 메모리가 약 12GB 정도 할당 가능하므로, 이에 맞춰 배치 크기를 선택해야 합니다. 이번 실습에서는 배치 크기를 50으로 선택했습니다.

실제로 학습을 진행해 보면 매우 많은 시간이 걸리는 것을 확인할 수 있습니다. 그 이유는 이미지의 크기 및 CNN의 구조가 크기 때문에 연산량이 많고, 배치 크기가 작아서 한 번에 연산되는 이미지의 수가 적기 때문입니다. 오래 걸리지만, 인내심을 가지고 끝까지 실행해 보시기 바랍니다.
마지막으로 실습 결과를 보면 1 epoch 학습 후에 58.93%의 정확도를 얻을 수 있었는데, 이는 총 10,000장의 이미지 중 5,893장의 이미지에 대해 정답을 맞혔다는 의미입니다. 아직 1 epoch만 진행했을 뿐이므로, 앞으로 학습을 계속 진행해서 더 많은 수의 epoch의 학습한다면 꽤 준수한 성능을 얻을 수 있을 것입니다.

전이 학습

실습 6.4.2에서 CIFAR-10을 분류하는 VGGNet을 학습했습니다. 만일 이 상태에서 CIFAR-10에는 없는 새로운 다섯 가지의 객체를 분류하는 인공신경망을 설계하라는 업무를 받았다고 가정합시다. 가장 쉽게 생각할 수 있는 방법은 처음부터 새롭게 인공신경망을 설계하고 새로 학습을 수행하는 것입니다. 하지만 한 번 모델을 만들고 학습하는 데에 시간이 오래 걸리니, 기존에 잘 설계된 모델을 재활용할 수 있다면 좋지 않을까요?

이러한 점에 착안해서 개발된 학습법이 전이 학습(transfer learning)입니다. 전이 학습에서는 기존에 학습이 완료된 인공신경망을 기반으로 기능이 추가된 인공신경망을 추가로 학습시켜 새로운 객체를 분류하는 능력을 만들어 내는 방법입니다. 장점은 다음과 같습니다.

1. 학습 속도가 빠르다.
2. 학습 데이터세트가 적더라도 정확도를 높일 수 있다.

전이 학습을 하면 인공신경망이 이미 다른 모델에 대해서 어느 정도 학습이 완료된 상태이므로 추가적인 이미지에 대해서만 학습을 하면 됩니다. 따라서 완전히 처음부터 학습할 때보다 더 적은 epoch에서 요구되는 성능을 만족할 수 있으므로 더 빠르게 학습을 완료할 수 있습니다. 또한, CNN은 feature extraction 부와 classification 부로 나뉘는데, feature extraction은 이미지의 일반적인 특징들을 추출합니다. 따라서 추가 학습 데이터의 수가 적은 경우에도 기존에 학습된 인공신경망이 이미지의 특징을 추출하는 능력을 이미 갖추고 있기 때문에 전이 학습을 했을 때 좋은 결과를 얻을 가능성이 큽니다.

또한, 학습 데이터가 부족한 경우 전이 학습을 수행하지 않으면 이미지의 일반적인 특징을 추출하지 않고 적은 수의 학습 데이터에 대한 지엽적인 특징만을 추출하기 때문에 과적합(overfitting)이 일어날 확률이 매우 높습니다.

정리하자면, 기존에 잘 설계되어 학습이 완료된 인공신경망 모델이 있고, 현재 데이터세트의 수가 많지 않다면 전이 학습을 하는 것이 좋습니다. 전이 학습에는 크게 두 가지 방법이 있습니다.

1. 전체 인공신경망을 fine-tuning하는 방식
2. 사전 학습된 인공신경망을 고정된 특징 추출기로 사용하는 방법

두 방법 모두 feature extraction 부, 즉 convolution layer 쪽은 사전에 학습이 완료된 모델을 그대로 사용하고, 소프트맥스 분류기 쪽만 새롭게 정의하는 점은 같습니다.

다만, 첫 번째 방법에서는 feature extraction 부 역시 새로운 학습 데이터세트를 이용해 추가로 학습합니다. 즉, 현재 학습이 완료된 모델의 가중치가 가중치의 초깃값이라고 생각하고, 이 상태에서 새로운 학습을 수행하는 것입니다. 이렇게 하면 일반적으로 두 번째 방법보다 더 나은 성능을 얻을 수 있지만, feature extraction 부를 학습해야 하므로, 연산량 측면에서는 전이 학습의 이점이 전혀 없다는 한계가 있습니다.

반면, 두 번째 방법에서는 feature extraction 부는 학습을 수행하지 않습니다. 고정된 특징 추출기가 인공신경망의 외부에 있다고 생각하고 소프트맥스 분류기만을 처음부터 학습하는 것입니다. 이렇게 하면, feature extraction 부분에 대해서는 경사를 구하지 않아도 되기 때문에 연산량이 매우 줄어들게 되어 빠른 학습을 할 수 있습니

다. 반면에, feature extraction 부분은 새로운 학습 데이터세트에 대해 더이상 학습이 이루어지지 않아 새로운 특징을 추출하지 못합니다. 따라서 최종적으로 달성되는 분류 정확도 성능이 첫 번째 방법에 비해 좋지 않을 수 있습니다. 두 방법 모두 장단점이 확실하므로, 설계자는 주어진 문제에 대해 더 나은 성능을 내는 방법을 결정하여 적용하면 됩니다.

PyTorch에는 유명한 몇 가지 인공신경망의 모델 구조 및 사전 학습이 완료된 가중치 값을 제공하는데, 사전 학습은 ImageNet 데이터세트에 대해 진행되었습니다. 먼저 PyTorch에서 사전 학습된 VGGNet을 불러오는 과정을 살펴보겠습니다.

```
import torch
from torchvision.models import vgg19

net = vgg19(pretrained=True)

print(net)
```

실행 결과

```
Downloading:                                                          "
https://download.pytorch.org/models/vgg19-dcbb9e9d.pth" to
100%
548M/548M [00:50<00:00, 11.3MB/s]

VGG(
  (features): Sequential(
    (0): Conv2d(3, 64, kernel_size=(3, 3), stride=(1, 1),
padding=(1, 1))
    (1): ReLU(inplace=True)
    (2): Conv2d(64, 64, kernel_size=(3, 3), stride=(1, 1),
padding=(1, 1))
    (3): ReLU(inplace=True)
    (4): MaxPool2d(kernel_size=2, stride=2, padding=0,
dilation=1, ceil_mode=False)
    (5): Conv2d(64, 128, kernel_size=(3, 3), stride=(1, 1),
```

```
padding=(1, 1))
    (6): ReLU(inplace=True)
    (7): Conv2d(128, 128, kernel_size=(3, 3), stride=(1, 1),
padding=(1, 1))
    (8): ReLU(inplace=True)
    (9): MaxPool2d(kernel_size=2, stride=2, padding=0,
dilation=1, ceil_mode=False)
    (10): Conv2d(128, 256, kernel_size=(3, 3), stride=(1, 1),
padding=(1, 1))
    (11): ReLU(inplace=True)
    (12): Conv2d(256, 256, kernel_size=(3, 3), stride=(1, 1),
padding=(1, 1))
    (13): ReLU(inplace=True)
    (14): Conv2d(256, 256, kernel_size=(3, 3), stride=(1, 1),
padding=(1, 1))
    (15): ReLU(inplace=True)
    (16): Conv2d(256, 256, kernel_size=(3, 3), stride=(1, 1),
padding=(1, 1))
    (17): ReLU(inplace=True)
    (18): MaxPool2d(kernel_size=2, stride=2, padding=0,
dilation=1, ceil_mode=False)
    (19): Conv2d(256, 512, kernel_size=(3, 3), stride=(1, 1),
padding=(1, 1))
    (20): ReLU(inplace=True)
    (21): Conv2d(512, 512, kernel_size=(3, 3), stride=(1, 1),
padding=(1, 1))
    (22): ReLU(inplace=True)
    (23): Conv2d(512, 512, kernel_size=(3, 3), stride=(1, 1),
padding=(1, 1))
    (24): ReLU(inplace=True)
    (25): Conv2d(512, 512, kernel_size=(3, 3), stride=(1, 1),
padding=(1, 1))
    (26): ReLU(inplace=True)
    (27): MaxPool2d(kernel_size=2, stride=2, padding=0,
dilation=1, ceil_mode=False)
    (28): Conv2d(512, 512, kernel_size=(3, 3), stride=(1, 1),
padding=(1, 1))
    (29): ReLU(inplace=True)
```

```
    (30): Conv2d(512, 512, kernel_size=(3, 3), stride=(1, 1),
padding=(1, 1))
    (31): ReLU(inplace=True)
    (32): Conv2d(512, 512, kernel_size=(3, 3), stride=(1, 1),
padding=(1, 1))
    (33): ReLU(inplace=True)
    (34): Conv2d(512, 512, kernel_size=(3, 3), stride=(1, 1),
padding=(1, 1))
    (35): ReLU(inplace=True)
    (36): MaxPool2d(kernel_size=2, stride=2, padding=0,
dilation=1, ceil_mode=False)
  )
  (avgpool): AdaptiveAvgPool2d(output_size=(7, 7))
  (classifier): Sequential(
    (0): Linear(in_features=25088, out_features=4096, bias=True)
    (1): ReLU(inplace=True)
    (2): Dropout(p=0.5, inplace=False)
    (3): Linear(in_features=4096, out_features=4096, bias=True)
    (4): ReLU(inplace=True)
    (5): Dropout(p=0.5, inplace=False)
    (6): Linear(in_features=4096, out_features=1000, bias=True)
  )
)
```

VGGNet은 **torchvision.models**의 **vgg19()** 함수를 통해 생성할 수 있습니다. **vgg19()** 함수는 매개변수로 **pretrained**를 가지는데 이 값이 **True**로 입력되면 ImageNet 데이터 세트에 대해 사전 학습된 약 548MB에 달하는 가중치를 내려받아 VGGNet을 구성합니다.

vgg19()를 통해 생성된 VGGNet은 크게 **features**와 **classifier**의 두 부분으로 나뉩니다. **features**는 feature extraction을 위한 convolution layer 부분을 의미하고, **classifier**는 추출된 특징 정보로부터 이미지의 클래스를 분류하는 소프트맥스 분류기 부분을 의미합니다. 화면 출력 결과를 보면 우리가 지난 실습에서 구현했던 VGGNet과 크게 다르지 않음을 알 수 있습니다.

우리는 지금 전이 학습을 구현할 것이므로, **features** 부분은 그대로 둔 상태에서 **classifier** 부분만 새롭게 설계할 것입니다. 다음의 코드를 통해 **classifier** 부분만 자세히 보겠습니다.

```
001  print(net.classifier)
```

실행 결과

```
Sequential(
  (0): Linear(in_features=25088, out_features=4096, bias=True)
  (1): ReLU(inplace=True)
  (2): Dropout(p=0.5, inplace=False)
  (3): Linear(in_features=4096, out_features=4096, bias=True)
  (4): ReLU(inplace=True)
  (5): Dropout(p=0.5, inplace=False)
  (6): Linear(in_features=4096, out_features=1000, bias=True)
)
```

위의 코드에서 1번 줄과 같이 **classifier**에 접근할 수 있습니다. 자세히 보면 **classifier**는 총 세 개의 fully connected layer를 가집니다. 사전 학습된 VGGNet은 ImageNet으로 학습이 되었다고 언급했는데, ImageNet은 총 1,000개의 클래스로 구성되어 있습니다. 따라서 마지막 fully connected layer의 **out_features**가 1000으로 설정되어 있습니다. 우리는 CIFAR-10을 분류하도록 전이 학습을 할 것이기 때문에 최종 출력은 10개가 되어야 합니다. 따라서 **net.classifier**의 (0)~(5)까지는 수정할 것이 없고, (6)번인 **Linear** 블록만 **out_features**가 10이 되도록 새롭게 정의하면 됩니다.

```
net.classifier[6] = torch.nn.Linear(4096, 10)
print(net.classifier)
```

실행 결과

```
Sequential(
  (0): Linear(in_features=25088, out_features=4096, bias=True)
```

```
    (1): ReLU(inplace=True)
    (2): Dropout(p=0.5, inplace=False)
    (3): Linear(in_features=4096, out_features=4096, bias=True)
    (4): ReLU(inplace=True)
    (5): Dropout(p=0.5, inplace=False)
    (6): Linear(in_features=4096, out_features=10, bias=True)
)
```

1번 줄에서와 같이 출력의 수가 10이 되도록 새로운 **Linear** 모듈을 선언하고 이것을 (6)번 모듈과 바꿔주면 됩니다. 실행 결과의 마지막을 보면 최종 출력의 수가 10개로 바뀐 것을 알 수 있습니다.

이렇게 해서 첫 번째 방법으로 전이 학습을 하기 위한 준비는 모두 완료되었습니다. 이제 실습 6.4.2에서 VGGNet 부분만 위의 코드로 바꿔주면 전이 학습이 진행됩니다. 자세한 내용은 다음 실습으로 확인할 수 있습니다.

실습 6.4.3

lab6_4_3_transfer_learning_1.ipynb

실습 6.4.2를 수정해서 전이 학습을 구현하세요.

정답코드

```
import torch
import torch.nn as nn
from torchvision.datasets import CIFAR10
import torchvision.transforms as T
from torch.utils.data import DataLoader
import time
from torchvision.models import vgg19

DEVICE = 'cuda' if torch.cuda.is_available() else 'cpu'

transform = T.Compose([T.ToTensor(),
```

```
                         T.Resize((224,224))])

train_set = CIFAR10(root='CIFAR10_data/',
                    train=True,
                    transform=transform,
                    download=True)
test_set = CIFAR10(root='CIFAR10_data/',
                   train=False,
                   transform=transform,
                   download=True)

BATCH_SIZE = 50

train_loader = DataLoader(dataset=train_set,
                          batch_size=BATCH_SIZE,
                          shuffle=True,
                          num_workers=12)
test_loader = DataLoader(dataset=test_set,
                          batch_size=10,
                          shuffle=False,
                          num_workers=0)

net = vgg19(pretrained=True)
net.classifier[6] = torch.nn.Linear(4096, 10)
net.to(DEVICE)

cel = torch.nn.CrossEntropyLoss()
optimizer = torch.optim.Adam(net.parameters(), lr=0.0001)

EPOCHS = 10
loss_lst = []
acc_lst = []
start_time = time.time()

for epoch in range(EPOCHS):
    batch_time = time.time()
    print(f'====== Epoch: {epoch+1:2d} / {EPOCHS} ======')
    net.train()
```

```
    l_sum = 0
    for batch_idx, (x,y) in enumerate(train_loader):
        x, y = x.to(DEVICE), y.to(DEVICE)
        z = net(x)
        loss = cel(z, y)
        optimizer.zero_grad()
        loss.backward()
        optimizer.step()
        l_sum += loss.item()
        if (batch_idx+1) % 10 == 0:
          print(f'Batch: {batch_idx+1:2d}/{len(train_loader)}',
                f'Loss: {loss.item():0.6f}')

    loss_lst.append(l_sum/len(train_loader))

    net.eval()
    correct = 0
    for batch_idx, (x,y) in enumerate(test_loader):
        x, y = x.to(DEVICE), y.to(DEVICE)
        z = net(x)
        yhat = torch.argmax(z, dim=1)
        correct += torch.sum(y==yhat)

    accuracy = correct / len(test_set)
    acc_lst.append(accuracy)
    print(f'Accuracy: {accuracy.item()*100:0.2f}%')
    print("elapsed time:", time.time() - batch_time)

print("elapsed time:", time.time() - start_time)
```

실행 결과

```
...중략...
Batch: 960/1000  Loss: 0.172109
Batch: 970/1000  Loss: 0.399689
Batch: 980/1000  Loss: 0.352065
Batch: 990/1000  Loss: 0.301220
Batch: 1000/1000  Loss: 0.225531
```

```
Accuracy: 87.45%
elapsed time: 265.76773285865784
...생략...
```

분석

실습 6.4.2와 결정적으로 차이가 나는 부분은 34~36번 줄입니다. 이 부분에서 사전 학습된 VGGNet 모델을 불러오고, classifier 부분의 출력 수를 10개로 조절했습니다.

그 외의 코드는 실습 6.4.2와 같으니 바로 실행 결과를 보겠습니다. 실행 결과는 첫 번째 epoch의 학습이 완료된 후의 정확도를 보이는데 87.45%로 첫 epoch 만에 상당히 높은 정확도에 도달했습니다. 특히, 실습 6.4.2의 결과와 비교하면, 거의 30% 가까이 정확도가 증가했습니다. 그 이유는 사전 학습된 모델의 feature extraction 부분이 이미 이미지의 일반적인 특징을 추출하는 능력을 갖추도록 ImageNet이라는 방대한 양의 데이터세트로부터 학습된 상태이기 때문입니다. 따라서 처음 보는 CIFAR-10 데이터세트이더라도 이로부터 적절한 특징값을 추출해서 이미지를 분류하므로 높은 성능을 얻을 수 있습니다. 그렇기 때문에 전이 학습을 사용하면 적은 수의 데이터로도 충분한 성능을 낼 수 있게 됩니다.

다음으로 두 번째 방법을 이용한 전이 학습에 대해서 알아보겠습니다. 두 번째 방법에서도 feature extraction 부분은 그대로 사용합니다. 첫 번째 방법에서는 feature extraction 부분도 새로운 학습 데이터세트를 이용해 가중치를 업데이트하지만, 두 번째 방법에서는 feature extraction 부분은 가중치를 업데이트하지 않습니다. 즉, 특징을 추출하는 부분은 학습을 진행하지 않습니다. PyTorch에서 오차 역전파를 이용해 가중치를 업데이트하기 위해서는 해당 `Tensor`의 `requires_grad` 변수가 `True`로 설정되어야 합니다. 만약 이 값이 `False`로 설정되어 있다면, forward pass를 계산할 때 역전파를 위한 값을 추적하지 않으므로, 오차를 역전파 하더라도 가중치 값이 변하지 않습니다. 두 번째 방법에서 feature extraction 부분의 가중치는 학습이 진행되더라도 변하면 안 되므로, feature extraction에 속한 모든 가중치의 `requires_grad` 값은 `False`로 설정되어야 합니다. 다음의 코드는 feature extraction에 속한 모든 가중치의 requires_grad를 False로 설정합니다.

```
001  import torch
002  from torchvision.models import vgg19
003
004  net = vgg19(pretrained=True)
005
006  for param in net.features.parameters():
007      param.requires_grad = False
008
009  net.classifier[6] = torch.nn.Linear(4096, 10)
```

위의 코드에서 6~7번 줄은 feature extraction 부분이 학습되지 않도록 설정하는 부분이고, 9번 줄은 마지막 소프트맥스 분류기의 출력을 10개로 조절하는 부분으로 위의 코드를 통해 두 번째 방법을 통한 전이 학습을 구현할 수 있습니다. 이상의 내용을 종합하여, 이어지는 실습에서는 두 번째 방법을 통한 전이 학습을 구현해 보겠습니다.

실습 6.4.4

lab6_4_4_transfer_learning_2.ipynb

실습 6.4.3을 수정해서 두 번째 방법의 전이 학습을 구현하세요.

정답코드

```
import torch
import torch.nn as nn
from torchvision.datasets import CIFAR10
import torchvision.transforms as T
from torch.utils.data import DataLoader
import time
from torchvision.models import vgg19
DEVICE = 'cuda' if torch.cuda.is_available() else 'cpu'

transform = T.Compose([T.ToTensor(),
                       T.Resize((224,224))])

train_set = CIFAR10(root='CIFAR10_data/',
                    train=True,
                    transform=transform,
                    download=True)
test_set = CIFAR10(root='CIFAR10_data/',
                   train=False,
                   transform=transform,
                   download=True)

BATCH_SIZE = 50
train_loader = DataLoader(dataset=train_set,
                          batch_size=BATCH_SIZE,
                          shuffle=True,
                          num_workers=12)
test_loader = DataLoader(dataset=test_set,
                         batch_size=10,
                         shuffle=False,
                         num_workers=0)
net = vgg19(pretrained=True)
```

```

for param in net.features.parameters():
    param.requires_grad = False

net.classifier[6] = torch.nn.Linear(4096, 10)
net.to(DEVICE)

cel = torch.nn.CrossEntropyLoss()
optimizer = torch.optim.Adam(net.parameters(), lr=0.0001)

EPOCHS = 10
loss_lst = []
acc_lst = []
start_time = time.time()
for epoch in range(EPOCHS):
    batch_time = time.time()
    print(f'====== Epoch: {epoch+1:2d} / {EPOCHS} ======')
    net.train()
    l_sum = 0
    for batch_idx, (x,y) in enumerate(train_loader):
        x, y = x.to(DEVICE), y.to(DEVICE)
        z = net(x)
        loss = cel(z, y)
        optimizer.zero_grad()
        loss.backward()
        optimizer.step()
        l_sum += loss.item()
        if (batch_idx+1) % 10 == 0:
          print(f'Batch: {batch_idx+1:2d}/{len(train_loader)}',
                f'Loss: {loss.item():0.6f}')

    loss_lst.append(l_sum/len(train_loader))

    net.eval()
    correct = 0
    for batch_idx, (x,y) in enumerate(test_loader):
        x, y = x.to(DEVICE), y.to(DEVICE)
        z = net(x)
```

```
070             yhat = torch.argmax(z, dim=1)
071             correct += torch.sum(y==yhat)
072
073         accuracy = correct / len(test_set)
074         acc_lst.append(accuracy)
075         print(f'Accuracy: {accuracy.item()*100:0.2f}%')
076         print("elapsed time:", time.time() - batch_time)
077
078     print("elapsed time:", time.time() - start_time)
```

실행 결과

```
...중략...
Batch: 960/1000  Loss: 0.574271
Batch: 970/1000  Loss: 0.724821
Batch: 980/1000  Loss: 0.590533
Batch: 990/1000  Loss: 0.583074
Batch: 1000/1000  Loss: 0.667920
Accuracy: 78.21%
elapsed time: 123.84137535095215
...생략...
```

분석

코드의 33~34번 줄의 내용이 실습 6.4.3에서 추가된 내용입니다. 이 부분을 통해 feature extraction 부분이 학습되지 않도록 설정했습니다.

결과를 분석해 보겠습니다. 우선, 실습 6.4.3과 비교하면 정확도가 조금 낮지만 1 epoch에 소요되는 학습 시간은 거의 반절밖에 걸리지 않았음을 알 수 있습니다. 여기서는 분석하지 않았지만, GPU에 할당되는 메모리 역시 대략 2~3GB 정도 적게 측정되었습니다. 그 이유는 전체 신경망 구조에서 대부분을 차지하는 convolution layer 쪽의 학습이 진행되지 않았기 때문입니다. 다만, 정확도가 첫 번째 방법을 이용한 실습 6.4.3에 비해 약간 떨어졌지만, 여전히 실습 6.4.2에 비하면 높은 수치를 기록한 것을 알 수 있습니다. 따라서 주어진 상황에 따라서 적절한 방법을 선택하는 것이 중요합니다.

이것으로 CNN의 구조와 원리, 대표적인 모델인 CNN 모델인 VGGNet, 그리고 전이 학습 방법까지 알아보고 PyTorch로 구현해 보았습니다. VGGNet은 일반적인 convolution과 pooling layer로 구성된 매우 기초적인 인공신경망 구조입니다. 이 책에서 다루지는 않았지만, 최근에는 개선된 구조의 convolution layer를 사용함으로써 더 효율적이고 더 나은 인식 정확도를 보이는 CNN 구조가 많이 연구되고 있습니다.

GoogLENet[24]은 inception 모듈이라는 독특한 구조의 convolution layer를 사용함으로써 VGGNet 보다 더 나은 인식 정확도를 보입니다. 인공신경망의 구조를 깊게 쌓았을 때 발생하는 성능 하락을 방지하기 위해 ResNet[25]에서는 residual 구조를 이용합니다. Residual 구조는 이전 layer의 feature map과 몇 단계 후의 feature map을 더해주는 방식으로 깊은 층을 쌓아 인식 정확도를 개선했습니다. MobileNet[26]은 depthwise separable convolution이라는 구조를 이용해 더 적은 수의 연산으로 비슷한 수준의 인식 정확도를 달성하는 인공신경망입니다. 이 외에도 다양한 연구가 진행되고 있는데, 기초적으로 요구되는 지식은 이 책의 내용으로 충분하므로 논문이나 기타 인터넷 자료를 통해 충분히 익힐 수 있을 것입니다.

24) https://arxiv.org/abs/1409.4842
25) https://arxiv.org/abs/1512.03385
26) https://arxiv.org/abs/1704.04861

연습문제 합성곱 신경망

6.1 이미지를 분류할 때는 주로 합성곱 신경망이 널리 사용된다. 그 이유를 상세히 기술하시오.

6.2 입력 이미지(오른쪽)와 kernel(왼쪽)이 아래와 같을 때 합성곱의 결과를 구하시오. `stride=(1, 1)`이고 zero padding을 통해서 입력 이미지의 크기와 출력 이미지의 크기가 같게 하시오.

1	0	0	0	1
0	1	0	0	1
0	0	1	1	0
1	0	0	0	1
0	1	0	0	1

1	0	0
0	1	0
0	0	1

6.3 연습문제 6.2의 결과에서 max pooling의 결과를 구하시오. 단, `kernel=(2, 2)`, `stride=(2, 2)`이다.

6.4 연습문제 5.9와 같은 방법으로 입력 이미지를 정규화하도록 실습 6.3.1의 코드를 수정하여 시험 데이터세트에 대해서 성능을 비교하시오.

6.5 연습문제 5.10와 같은 방법으로 마지막 층의 활성화 함수가 소프트맥스 함수가 되도록 실습 6.3.1의 코드를 수정하여 시험 데이터세트에 대해서 성능을 비교하시오.

6.6 전이 학습(transfer learning)의 장점을 기술하고, 전이 학습이 적용될 수 있는 환경을 구체적으로 기술하시오.

6.7 torchvision 모듈에서 제공하는 이미지 분류를 위한 다섯 종류의 CNN 모델을 조사하고 각 모델을 구조를 비교하시오.

6.8 실습 6.4.2의 VGGNet을 수정하여, 본인이 설계한 CNN 모델을 CIFAR-10 데이터세트에 대해 학습시키고, 성능을 분석하시오.

6.9 실습 6.4.4의 VGGNet을 torchvision에서 제공하는 ResNet으로 수정하고, 성능을 비교 분석하시오.

6.10 이미지 데이터는 데이터 증식(data augmentation)을 통해서 성능을 크게 향상시킬 수 있다. 이미지 데이터 증식 방법을 조사하시오. 증식 방법 `T.RandomHorizontalFlip()`는 이미지를 일정 확률로 수평 방향으로 반전하는 기능을 구현한다. 실습 6.4.4의 10~11번째 줄을 아래의 코드로 수정하고, 15번째과 19번째 줄을 각각 "`transform=train_transform`"과 "`transform=test_transform`"으로 수정한 후에 성능을 비교하고 분석해보시오.

```
train_transform = transforms.Compose([
    transforms.Resize((224,224)),
    transforms.RandomHorizontalFlip(), # 데이터 증식 중 하나
    transforms.ToTensor() ])
test_transform = transforms.Compose([
                  transforms.Resize((224,224)),
                  transforms.ToTensor() ])
```

참고문헌

PyTorch

[1] PyTorch 튜토리얼 (https://tutorials.pytorch.kr)

Python

[2] Do it! 점프 투 파이썬, 박응용 저, 이지스퍼블리싱

[3] 파이썬 express, 천인국 저, 생능출판

딥러닝 개요

[4] 밑바닥부터 시작하는 딥러닝, 사이토 고키 저, 개앞맵시 옮김, 한빛미디어

[5] 모두의 딥러닝, 조태호 저, 길벗 출판사

[6] 파이썬 날코딩으로 알고 짜는 딥러닝, 윤덕호 저, 한빛미디어

[7] 모두를 위한 딥러닝 강좌, 홍콩 과기대학 김성훈 강의 (https://youtu.be/SKq-pmkekTk)

[8] Various optimizers based on gradient descent (https://github.com/ilguyi/optimizers.numpy)

[9] S. Ruder, An overview of gradient descent optimization algorithms (arXiv:1609.04747)

데이터세트

[10] MNIST (https://ieeexplore.ieee.org/document/6296535)

[11] Iris flower dataset (https://www.kaggle.com/arshid/iris-flower-dataset)

[12] Heart attack analysis and prediction dataset (https://www.kaggle.com/rashikrahmanpritom/heart-attack-analysis-prediction-dataset)

[13] CIFAR-10 (https://www.cs.toronto.edu/~kriz/cifar.html)

CNN

[14] CS231n Convolutional Neural Networks for Visual Recognition (https://cs231n.github.io)

CNN 모델

[15] K. Simonyan and A. Zisserman, Very deep convolutional networks for large-scale image recognition (arXiv:1409.1556)

[16] C. Szegedy, W. Liu, Y. Jia, P. Sermanet, S. Reed, D. Anguelov, D. Erhan, V. Vanhoucke, and A. Rabinovich, Going deeper with convolutions (arXiv:1409.4842)

[17] K. He, X. Zhang, S. Ren, and J. Sun, Deep residual learning for image recognition (arXiv:1512.03385)

[18] A. G. Howard, M. Zhu, B. Chen, D. Kalenichenko, W. Wang, T. Weyand, M. Andreetto, and H. Adam, MobileNets: Efficient convolutional neural networks for mobile vision applications (arXiv: 1704.04861)

찾 아 보 기

ㅅ

ㅇ

ㅈ

ㅊ

ㅌ

ㅍ

ㅎ